2015年山东理工大学人文社会科学发展基金资助

改革开放以来中国区域合作理论研究

王在亮　著

中国社会科学出版社

图书在版编目(CIP)数据

改革开放以来中国区域合作理论研究/王在亮著.—北京：中国社会科学出版社，2016.1

ISBN 978-7-5161-7063-2

Ⅰ.①改… Ⅱ.①王… Ⅲ.①国际合作—区域经济合作—研究—中国 Ⅳ.①F125.4

中国版本图书馆CIP数据核字(2015)第268341号

出 版 人 赵剑英
责任编辑 周晓慧
责任校对 无 介
责任印制 戴 宽

出 版 中国社会科学出版社
社 址 北京鼓楼西大街甲158号
邮 编 100720
网 址 http://www.csspw.cn
发 行 部 010-84083685
门 市 部 010-84029450
经 销 新华书店及其他书店

印 装 三河市君旺印务有限公司
版 次 2016年1月第1版
印 次 2016年1月第1次印刷

开 本 710×1000 1/16
印 张 16.75
插 页 2
字 数 289千字
定 价 66.00元

凡购买中国社会科学出版社图书，如有质量问题请与本社营销中心联系调换
电话：010-84083683

目　　录

前　言

一　研究问题的提出

区域合作古已有之。早在1500年的地理大发现之前，以部落、部落联盟、城邦、封建王朝和帝国等为主要代表的“类国家”相互之间就已经产生了区域互动。这种区域互动既有冲突，也有竞争，还有合作。其主要代表有古代东亚封贡体系、伊斯兰世界以及中世纪欧洲秩序。在这些“大陆性区域世界”的行为过程中，区域合作开始在两个维度上得到不断深入发展：一是这些大陆性区域世界之间的合作仍然不断发展、增长；二是大陆性区域世界内部的合作和交往更加频繁。当然，在自然条件落后，生产力极度不发达，交往工具相对原始的艰苦条件下，这种区域合作仍然是偶然性的、单一的、断断续续的、可有可无的。但是，不管怎么样，区域合作已经产生。总的来说，古代时期的区域合作还是比较缓慢的，甚至出现了某种循环往复的现象。

尽管区域合作在古代世界就已经出现，但是，本书的研究对象并不是古代意义上的区域合作，而是近现代意义上的区域合作，即产生于20世纪初期的，在“欧洲联合”、“欧洲统一”和“泛欧运动”思潮①的推动下所形成的区域合作潮流。这主要分为四个发展阶段：一是19世纪末20世纪初。这一时期的区域合作潮流主要和自由国际贸易体系的出现相关，由于大体上发生在欧洲，因此只是一个“欧洲现象”。二是20世纪30年

① 这股思潮的代表性活动有：1900年6月在法国巴黎召开的法国政治科学自由学派会议，主要探讨形成“欧洲联邦”的可能性；1909年5月在意大利罗马召开的第一届欧洲联邦大会；1929年9月，法国外长白里安在欧洲联盟会议上提出建立“欧洲联盟”的设想和计划；1923年，泛欧联盟成立，分别在1926年、1932年、1935年和1943年召开了“泛欧会议”。

代。由于第一次世界大战的爆发，英国主导的金本位制终结，1933 年召开的国际经济会议的失败更加说明了英国世界霸主地位的终结，而后来的世界霸主接替者美国在当时还没有表现出应有的实力，在这种背景下，以贸易保护主义、重商主义、贸易歧视为主要特征的区域合作正式走上国际舞台。三是 20 世纪五六十年代。1951 年欧洲煤钢共同体建立，1958 年欧洲经济共同体成立，欧洲区域经济合作初步取得成功。随着区域经济合作的顺利开启和成功推进，世界其他区域如北美、南美以及亚洲也都充斥着各种区域经济合作的构想。四是 20 世纪八九十年代。80 年代末 90 年代初，国际政治发生了根本性的变化，东欧发生了社会制度的巨变、苏联解体、主导国际政治长达半个世纪的两极格局瞬间崩塌，在这种大变革的背景下，区域合作再次显现出强大的力量，主要表现为欧洲共同市场的建立、欧共体升级成为欧盟，北美自由贸易区和亚太经济合作组织顺势建立。这种以区域为单位，以区域内部整合和区域之间竞争与合作为主要特点的新型区域合作发展形成了。之所以称其为“新”，是因为与以前的“旧”的区域合作相比，新型区域合作不仅超越了简单的区域经济合作层面，而且还真正具有全球政治的意味。当前的区域合作可能正在形成一种新的区域政治风景，以不断增多的、区域层面上的、跨越相互联系的多重领域（安全、发展、贸易、环境、文化等）的行为体（国家和非国家）为主要特征。

中国在 1978 年开启改革开放进程时，适逢第四次区域合作浪潮的兴起，此时，包括美国、欧盟、日本、中国、巴西等在内的世界主要国家或国家集团都对区域化做出正面回应，积极建立、参与甚至主导各种区域组织或区域制度，制定与本国国情相符合的区域合作战略，并将其作为本国经济发展战略的一个重要组成部分。中国借助这次区域合作潮流，实现了综合国力的不断增强，以 GDP 为例，中国的 GDP 先后超越加拿大、意大利、法国、英国、德国等西方老牌资本主义国家，并在 2010 年超越日本，成为仅次于美国的世界第二大经济体。在中国综合国力不断增长的同时，中国在世界上的地位也不断提升，如今的中国已经成为一个具有世界重要影响力的亚洲强国。

中国综合国力的增强和国际地位的提高都离不开中国区域合作理论与实践的成功发展。尽管区域合作已经成为国内外很多学者的研究重心，但是，他们还极少从中共党史的角度对“改革开放以来的中国区域合作理论”这一主题进行深入研究，因此，笔者希望通过对这一主题的探究，回答以下几个主要问题：其一，改革开放以来，中国的区域合作理论究竟发生了什么样的变化，其理论演变的基本脉络是什么？其二，推动中国区域合作理论向前发展的影响要素有哪些？其三，中国区域合作理论与西方主流区域合作理论相互之间有着什么样的关系？其四，中国区域合作理论的未来发展前景和方向如何？中国区域合作理论的发展对世界区域合作理论的创新有着怎样的影响？笔者希望通过对以上问题所做的“形而上”的思考和回答，初步建构一个适合中国自身发展实际的区域合作理论体系，以指导中国未来的区域合作实践。

二 研究意义

20 世纪 70 年代中期尤其是冷战结束以来，区域合作已经和全球化并行成为世界两大主要趋势之一，世界各国都开始将区域合作作为实现本国经济发展的主要战略之一。1989 年，美国与加拿大签署了《美加自由贸易协定》，1992 年欧洲各国启动了单一市场，亚洲的日本开始在环太平洋周边积极推动经济一体化。在此大环境下，中国也与时俱进地积极介入区域合作大潮当中。从这个角度上说，对改革开放以来中国区域合作理论进行研究就具有相当大的现实意义和学术价值。

（一）现实意义

区域合作是中国改革开放以来遇到的重大现实问题。20 世纪 80 年代以来，中国开始酝酿并实施区域合作战略，经过一段时间的探索和磨合，2002 年的中共十六大会议首次明确提出要“加强区域合作”，这标志着区域合作已经正式被纳入中国总体外交战略的布局之中。2007 年中共十七大进一步提出要“积极开展区域合作”，并且首次明确提出要实施自由贸易区战略，这说明中国已经将区域合作上升到一个前所未有的高度。2011 年的《中华人民共和国国民经济和社会发展第十二个五年规划纲要》（以下简称“十二五规划”）将“积极参与全球经济治理和区域合作”单列出来，使其自成一段，并且明确提出要“引导和推动区域合作进程，加快实施自由贸易区战略”。2012 年 11 月中共十八大又提出“统筹双边、多边、区域次区域开放合作，加快实施自由贸易区战略”，这说明中国不仅将区域合作上升到前所未有的高度，而且还提出要主动“引导和推动”区域合作朝着对中国国家利益有利的方向发展。这充分说明，随着中国区域合作战略的不断实施，中国的政治、经济、文化以及安全等各个方面融入区域的程度更加深入，更加全面，中国同区域内各国之间的互动频度不断加强，中国积累了相当丰富的区域合作经验，在未来区域合作的实践上也将更加自信，更加理性，更加从容。鉴于区域合作对于中国特色社会主义外交的极端重要性，笔者针对改革开放以来的中国区域合作理论所进行的研究，不仅有助于中国顺利地实现经济的快速发展，推动新时期中国国家核心利益的区域实现，也有助于更好地服务于统筹国内和国际两个大局，为实现区域命运共同体夯实基础，还有助于为实现中华民族伟大复兴的中国梦创造和平、稳定、安全、发展的区域环境。

（二）理论价值

区域合作之初，中国完全是以“摸着石头过河”的改革开放精神来指导区域合作实践的，几乎没有关于区域合作理论的“理论自觉”和“顶层设计”，直至今天，中国也没有完全形成一个适合中国自身发展实际的中国区域合作理论。在这个意义上可以说，关于中国区域合作的理论形成与发展得比较薄弱和落后，中国学者很少在理论和概念上做出实质性的创新努力，尤其是我们的当代区域合作研究多止于经验层面，或是多借鉴现有的西方区域合作理论，本土理论方面的创新成果寥寥无几。换句话说，我们现在最缺少的是形而上的思考、概念化的意识、理论化的建构。因此，本书意图从中共党史角度系统研究“改革开放以来中国区域合作理论”这个课题，希望能够为中国区域合作理论的创新贡献自己的一份力量。为此，笔者在深刻研读并理解马克思、恩格斯、列宁等马克思主义经典作家的文献基础上，在对毛泽东、邓小平、江泽民、胡锦涛和习近平等主要国家领导人的相关著作和重要讲话进行梳理的过程中，提出了“改革开放以来中国区域合作理论研究”这一课题，以中国特色社会主义建设道路探索为视角，通过对改革开放三十多年来中国历届领导人有关区域合作思想、政策、理论之间的相互作用及其显著变化进行梳理，系统阐述了中国区域合作的理论渊源、理论演进，并在总结国际社会有关区域合作理论的基础上，进一步拓宽和深化中国区域合作的理论研究，提出“面向未来中国区域合作的前瞻思考”这一命题，意图构建符合改革开放以来中国自身发展实际的、能够指导中国未来区域合作实践的区域合作理论体系。

三 研究思路和框架

（一）研究思路

在研究思路上，本书沿循传统的政治学研究路径。笔者在搜集大量原始文献资料，进行相关文献阅读的基础上，选择出一个比较具有现实意义的研究问题，即区域合作。之后，围绕着区域合作这个主题，笔者进行了大量的理论分析，从而选出一个比较独特的研究视角，即从国别角度，特别是从中国角度对区域合作理论进行研究。在选定研究主题和研究视角之后，笔者按照政治学的基本研究路径，按照从普遍到具体，从历史到现在，再到未来，从国际到国内的趋向，围绕"改革开放以来中国区域合作理论研究"这个主题进行多层次、多维度和多视角的条分缕析，最终得出一个深化的、升华的中国区域合作理论创新体系。

（二）研究框架

根据研究的基本思路，本书分为五章展开分析：

第一章着重对区域合作的一般理论进行分析，主要对区域合作的理论起点、衍生概念、影响要素以及主要内容四个方面进行系统分析。其中，区域合作的理论起点是区域、合作以及区域合作，区域合作的衍生概念包括区域化、区域性、区域主义、区域间主义，区域合作的影响要素主要包括全球化、国际体系、国内政治、文化因素、国家利益、重大事件以及生产力发展水平，区域合作的基本内容主要分为区域经济合作、区域政治合作、区域安全合作以及区域文化合作。

第二章主要从马克思主义基本理论角度，对改革开放以来中国区域合作的理论渊源进行分析，主要对马克思的世界交往理论、列宁的世界历史理论以及以毛泽东为核心的第一代中央领导集体关于区域合作的主要观点进行系统梳理，并总结出它们对改革开放以来中国区域合作的基本启示。

第三章对西方社会中那些相对成熟的、具有很强认可度和现实执行力的区域合作理论进行选择性总结，并对那些能够对中国区域合作理论产生借鉴意义的理论进行归纳，主要包括欧洲视角下的区域合作理论和美国视角下的区域合作理论两个部分。

第四章是本书的重点，从历史角度对改革开放以来中国区域合作理论的演进过程进行梳理。以邓小平为核心的第二代中央领导集体有关区域合作理论的主要观点为改革开放三十多年来的中国区域合作总体理论与实践提供了理论指导，而以江泽民为核心的第三代中央领导集体丰富和发展了以邓小平为核心的第二代中央领导集体有关区域合作理论，以胡锦涛为总书记的中央领导集体的区域合作理论则是对前二者的进一步完善，三者之间环环相扣，构成一个相对完整的、全面的中国区域合作理论体系。

第五章也是本书的一个重点，运用马克思主义的科学观点、立场和方法，通过理论自觉意识的主动建构和理论顶层设计的具体落实，对面向未来的中国区域合作理论体系进行前瞻性思考，主要包括中国区域合作的指导思想、基本原则、目标设定以及手段选择四个方面，希望建构一个符合中国自身发展实际的、能够指导中国未来区域合作实践的区域合作理论体系。

四　研究方法

在研究方法上，本书在坚持马克思主义辩证唯物主义和历史唯物主义的理论指导基础上，具体采用了比较分析法、历史分析法和案例分析法三种基本方法。

（一）比较分析法

比较分析法主要是指通过对两个相反的事物进行对比，或者对两个相似的事物进行类比，从而寻求、得到这个事物的本质，或其所包含的规律。本书主要在两个方面进行了比较分析：一是在横向上，对中国的区域合作理论和西方国家社会的主流区域合作理论进行比较，剔除对中国区域合作理论无益的理论，选择出对中国区域合作理论有利的理论；二是在纵向上，分别对西方社会各个阶段或不同区域的合作理论以及对中国各个阶段的区域合作理论进行了比较分析。通过这两种比较分析能够更为全面地理解中国区域合作理论的本质和内在变化规律，从而对中国当前及未来一段时期里的区域合作理论创新奠定良好的基础。

（二）历史分析法

历史分析法主要是指对所要研究的相关主题进行历史回顾，得出一些历史经验或者教训，从而对现今乃至未来的相关主题进行预见性思考。本书主要在第三章和第四章里分别对改革开放以来区域合作的理论渊源和理论演进进行了历史梳理。在梳理过程中，笔者尽量选用了一些相对比较客观的、准确的、公开出版的历史文献资料，如《马克思恩格斯选集》《列宁选集》《毛泽东年谱（1949—1976）》《毛泽东文选》《邓小平文选》《邓小平年谱》《江泽民文选》等。笔者希望通过对改革开放以来中国区域合作的理论渊源和理论演进过程所进行的较为全面的历史考察，对未来的中国区域合作理论做出前瞻思考提供理论依托和支持。

（三）案例分析法

案例分析法，是指运用一些具体案例来说明和证明所要阐释主题的主旨精神，既可以将其运用于全章的分析，也可以用于局部内容的分析。本书主要采用后一种形式。比如，在第二章论述以毛泽东为核心的中国第一代中央领导集体所具有的国际主义色彩的时候，就用20世纪50—70年代中后期中国对亚洲范围内的朝鲜、越南等社会主义国家的援助案例进行了具体说明。比如，本书在第三章论述功能主义区域合作理论、沟通区域合作理论的时候，分别以欧洲区域合作实践作为具体案例进行了形象化的说明。

第一章　区域合作的基本理论

理论是对已有现实的总结和抽象。区域合作的基本理论是对区域合作现实的归纳、演绎、比较与综合。区域合作理论的产生、发展、深化与完善是建立在现实世界中区域合作实践基础之上的，二者密不可分。关于区域合作的基本理论，本章主要从区域合作的理论起点、衍生概念、影响要素以及主要内容四个方面进行阐述。

第一节　区域合作的理论起点

理论起点是指一种基本理论中最简单的、最一般的、最直接的、最基本的本质规定，是一种基本理论赖以建立起来的起始范畴、思维起点和核心要素。一般而言，理论起点的确定主要基于该理论的研究对象。区域合作理论的研究对象就是“一个区域范围内的各个国家、国家集团、区域性组织、跨国公司以及个人等行为体相互之间发生的区域合作行为及其一般规律”，因此，其理论起点也应该是区域合作，但是，由于“区域合作”是一个由“区域”和“合作”这两个独立的词语构成的复合性词语，而且这两个词语相互之间并没有任何语法上的修饰关系，因此，笔者认为，区域合作的理论起点有三个：一是区域；二是合作；三是区域合作，它们都是“衍生新理论的原初种子或发源地”①。对区域、合作以及区域合作的深入阐释，有助于推动区域合作理论的进一步深入和可持续发展，从而形成一个比较科学的、成熟的区域合作理论体系。

---

① 王一川：《探访被覆盖的理论原点》，《中国教育报》2008 年 4 月 24 日第 7 版。

一　区域

对区域有不少的定义。比如，《辞海》关于区域有两个解释词条：一是土地的界划。列举的例子是《周礼·地官·序官》“廛人”郑玄注：“廛，民居区域之称。”二是界限、范围。列举的例子是晋陆机《吊魏武帝文》：“死生者性命之区域。”[①]《现代汉语词典》对区域的解释更为简单——地区、范围，列举的例子是区域自治和区域经济。[②]《牛津英语大字典》对区域的解释主要有五个解释词条，其中第三条指由在社会上、经济上和政治上相互依赖的相邻国家组成的空间。[③]《牛津高阶英汉双解词典》对区域有三个解释词条，其中一条认为，区域通常指没有明确的界限或边界的一大片陆地。[④]《韦氏词典》对区域主要有六个解释词条，其中第二条与本书所讨论的区域有密切联系，具体是世界上或宇宙中拥有不确定界限的空间，以及由类似特点构成的一个广泛的地理空间。[⑤]从这些中外比较权威的词典的定义来看，知识界对区域还是有一定的共识的，如果将这种共识用最简洁的语言表述出来，即区域是带有一定范围的空间。

（一）区域概念的历史演进

区域作为一个专业概念进入学者们的研究视野是从地理学科开始的，换句话说，区域是作为一个地理概念出现的。区域的概念“自从古代地理学萌生以来，经过近现代理论的演化推进已经成为一个具有清晰轮廓和明确内涵的科学研究对象”[⑥]，是地理学的核心概念之一。区域在地理学中具有分割地表的良好分辨性，是地理学逻辑分析和科学推演的基础。总

---

① 辞海编辑委员会：《辞海》（中），上海辞书出版社 2010 年版，第 3188 页。

② 中国社会科学院语言研究所词典编辑室编：《现代汉语词典》，商务印书馆 2005 年版，第 1124 页。

③ 具体英语解释为：An area of the world make up of neighboring countries which are considered socially, economically, or politically interdependent. 参见《牛津英语大字典》（简编本），上海外语教育出版社 2004 年版，第 2513 页。

④ 具体解释词条为：a large of land, usually without exact limits or borders. 参见《牛津高阶英汉双解词典》，商务印书馆、牛津大学出版社 2009 年版，第 1672 页。

⑤ 第二条英文词条为：a：an indefinite area of the world or universe；b：a broad geographic area distinguished by similar features. 参见韦氏在线词典，http：//www. merriam-webster. com/dictionary/region。

⑥ 郑冬子：《地理学区域研究中的哲学观》，《经济地理》1999 年第 3 期。

而言之，在地理学家的研究中，区域无疑是由那些地表自然因素和人文社会因素组成的，包括地质、地貌、土壤、生物、水体、大气和人类活动等，这些因素在分布不均衡和差异演变中形成具有不同特色的地理区域。[①]

地理学中的区域无论是被理解成单纯的自然地理，还是自然与人文的结合体，都是一个既定的研究对象。而在社会科学中，学者们对区域的理解和使用就显得比较随意，要么奉行“拿来主义”，直接使用地理学科中关于区域的概念，要么从一些历史著作和历史文献中直接截取并使用一段话作为对区域的界定等，这使得区域变成一个比较模糊的、十分有争议的概念。20 世纪以来，随着全球化的发展，人类活动与自然地理之间的交互影响不断加宽、加深，不同学科、不同地域的学者们对区域的具体理解开始出现交集并产生碰撞，加上全球化背景下区域所反映的现实往往是模糊不清的、范围不明的、看不见摸不着的，这就使得学者们对区域的理解更加混乱。基于此，学者们开始把区域概念纳入专业研究的视野，并且朝着多学科和跨领域的方向发展，这时的区域概念开始具有综合化、多样化、科学化的特点。就像布鲁斯·卢塞特（Bruce M. Russett）所说的那样，不同的分析家对区域有着不同的定义和不同的标准，找不到两个完全相同的界定标准，不能用单一标准去满足复杂的、多样的需求。[②] 然而，由于各个学科的局限性，学者们对区域的各种“科学”理解实际上并没有对区域的内涵和外延做出明确的界定。

20 世纪 50 年代，区域概念真正进入国际政治话语系统中。从历史上看，国际政治学界对区域概念的认知主要经历了两个阶段。

第一个阶段：从 20 世纪 50 年代到 20 世纪 70 年代初。这个时期，国际政治学者们将大量的研究精力用在了如何科学界定区域这个新鲜概念上，这一努力一直持续到 20 世纪 70 年代初。随着欧洲范围内区域合作进程的长时间停滞以及世界范围内区域合作陷入低潮，尤其以拉丁美洲区域合作的失败最为典型，学者们对区域的研究戛然而止。以卡尔·多伊奇

---

① 郑冬子、陈慧琳：《地理学区域概念的哲学思考》，《自然辩证法研究》1999 年第 4 期。

② Bruce M. Russett, *International Regions and the International System: A Study in Political Ecology* (Chicago: Rand Mcnally & Company, 1967), pp. 1-13.

(Karl W. Deutsch)、布鲁斯·卢塞特(Bruce M. Russett)、约瑟夫·奈(Joseph S. Nye)、威廉·汤姆森(William R. Thompson)等学者为主要研究代表。1957年,卡尔·多伊奇在《政治共同体和北大西洋地域:历史经验视角下的国际组织》中认为,包含经济交易、交往沟通以及政治价值在内的多样化内容之间的高层次相互依赖决定着一群国家能否构成一个区域。[①] 在这里,多伊奇着重强调了交往沟通对形成区域的重要性,认为沟通是形成一个区域的必要条件,是维系区域存在的一种黏合剂。通过不同形式的交往沟通能够使人们形成一种社会性的网络,这是能否形成一个区域的关键所在。[②] 1967年,英国学者布鲁斯·卢塞特运用行为主义方法在其著作《国际区域与国际体系:一项政治生态学研究》中对区域进行了实证分析。[③] 布鲁斯·卢塞特的行为主义研究方法大大开拓了对区域概念的研究,对后来的学者们产生了巨大的影响,其中不得不说的是荷兰学者汤姆·涅洛普。他在1994年出版了《全球政治中的系统和区域:外交、国际组织和贸易的一项经验分析(1950—1991)》,该书是利用行为主义研究方法对区域进行实证分析的又一部集大成之作,但是和布鲁斯·卢塞特无处不在的国家中心意识不同,汤姆·涅洛普更加强调非国家行为体对国际政治系统的重要性,他断言:"一种非全球性的、区域性的行为主体或行为方式可能已经走到了国际政治舞台的最前面"[④]。1970年,坎托瑞(L. J. Cantori)和斯皮盖尔(S. L. Spiegal)在吸取前人研究成果的基础上,将区域界定为包含两个以及更多的,在政治、经济和地理等方面不断互动的国家。由于这些国家拥有共同的民族、语言、文化、社会和历史联系,它们之间的认同感可能会通过对体系外部国家的行为和态度而得到增

① Karl W. Deutsch, *Political Community and the North Atlantic Area: International Organization in the Light of Historical Experience* (Princeton: Princeton University Press, 1957).

② 秦亚青:《国际关系理论:反思与重构》,北京大学出版社2012年版,第16页。

③ 首先,他提出世界主要有五类区域的假设,它们分别是社会和文化类似的区域、政治态度和外交政策类似的国家组成的区域、政治上相互依赖的区域、经济上相互依赖的区域以及地理位置临近的区域。其次,他选取82个国家作为样本,从这些国家中寻找经验、数据,重点对这五类区域进行了实证分析。最后,他得出结论——区域是地理上的临近性、社会和文化相似性、共同的政治态度和政治制度、经济相互依赖等因素的综合。参见Bruce M. Russett, *International Regions and the International System: A Study in Political Ecology* (Chicago: Rand Mcnally & Company, 1967), pp. 1-13.

④ Tom Nierop, *System and Regions in Global Politics, An Empirical Study of Diplomacy, International Organization and Trade: 1950-1991* (New Jersey: John Wiley and Sons, 1994), p. 6.

强。基于这个定义，他们将世界划分为 15 个有明显区别的“次体系”(subordinate system)。[①] 这个定义的独特之处在于，它明确提出区域（特别是其界限）是不断变化的，并且强调了国内政治因素对界定一个区域的重要性。1971 年，美国著名学者约瑟夫·奈在《局部和平：区域组织中的一体化和冲突》中提出，区域是基于地理上的关系和一定程度的相互依赖而导致有限数量的国家联系在一起。[②] 这个定义主要有两大亮点：一是认为地理临近（而不是接壤）和相互依赖（政治、经济、文化、社会）是形成一个区域的两个主要条件；二是认为区域不是无限扩大的，只能包含有限数量的国家。奈的这个定义至今仍然被当代国际政治学者们广为引用，成为区域的经典定义。1973 年，威廉·汤姆森在评介前人关于区域概念研究成果的基础上，从次体系角度对区域概念进行了一番新的解读。他在《区域次体系：概念说明和观点明细》一文中，总结出区域的 21 个基本特征，从而得出结论——区域是包含两个或两个以上的、在地理位置上临近、密集互动、对不同的现象有共同看法的国家。在该书中，威廉·汤姆森提出区域存在的四个条件：其一，行为主体之间体现出某种程度的规制的、密集的互动关系或者模式；其二，行为主体之间一般是相互临近的（不一定接壤）；其三，无论是区域内部的还是外部的观察者和行为主体都承认其是一个明显的区域；其四，该区域在逻辑上应当至少包括两个或者更多的行为主体。[③] 学者们在第一波区域概念研究浪潮[④]中形成了相对多元化的区域概念，并且开始强调区域的非地理内涵。由于受到行为主义研究方法的深刻影响，这个阶段，国际政治学者们主要依据模式化的、数量化的研究方法，如计算机模拟方法和系统分析方法，通过数据收集和分析，并在此基础上建立了一个可供观察和衡量的、客观的、

---

① Cantori, Louis J. and Steven L. Spiegal, *The International Politics of Regions: A Comparative Framework* (New Jersey: Prentice-Hall, 1970) pp. 6-7.

② Joseph S. Nye, *Peace in Parts: Integration and Conflict in Regional Organization* (Boston: Little, Brown and Company, 1971), p. vii.

③ William R. Thompson, “The Regional Subsystem: A Conceptual Explication and Propositional Inventory,” *International Studies Quarterly*, 1973, 17 (1): 89-117.

④ 高程：《历史经验与东亚秩序研究：中国国际关系理论的创新视角》，《外交评论》2013 年第 3 期。

价值中立的、科学的区域概念。①

第二个阶段：20 世纪 80 年代末 90 年代初至今。这个阶段，区域概念受到全球化的剧烈冲击，面临着“空洞、无意义”的风险，科学地界定区域已经成为一个几近不可能完成的工作。过去的区域概念被形象地称为“游戏拼图观”，认为世界用一种非常明确、具体的方式将原本分离的、完全不受约束的、静态的地理单元拼成一个地理世界。但是在今天，全球化背景下的区域并不是由如此简单的方式构成的，相反，经济、政治和文化等不同因素分别在全球、区域和国家三个层面上以一种类似“组合拳”的方式重新界定区域的概念，使得区域在“消失”和“重现”之间不断发生转变。② 所以说，科学地界定区域已经成为一个不可能完成的工作。就像简索普（Jessop）所说的那样，没有完美的、理想的区域，与其将时间和精力耗费在界定区域的科学概念这个难以实现的目标上，还不如将区域视为一个新出现的、由社会建构的现象。③

在这种背景下，无论是区域自身特征和功能的客观变化，还是学者们对区域概念的主观理解都发生了天翻地覆的变化。这种变化主要体现在三个方面：其一，学者们划分区域的标准更加多元，区域类型更加多样。根据区域范围的不同，弗雷德里克·索德鲍姆（Fredrik Söderbaum）认为，区域包括微观区域（micro-regions）和宏观区域或世界区域（macro-regions）两种类型。微观区域主要是以国内政治经济层面的问题作为研究主题的；宏观区域则是国际（政治、经济、安全等）领域研究的主题。但是索德鲍姆也承认，这种划分并不是必然的，因为在全球化背景下，国内（领域）和国际（领域）之间的界限日渐模糊，微观区域方面的议题可能会超越（国家）边界从而影响宏观区域领域，而宏观区域的议题也

① 英国学者布鲁斯·卢塞特运用行为主义方法在其著作《国际区域与国际体系：一项政治生态学研究》中对区域概念进行了实证分析。具体参见 Bruce M. Russett, *International Regions and the International System: A Study in Political Ecology* (Chicago: Rand Mcnally & Company, 1967), pp. 1-13.

② Martin Levis and Karen E. Wigen, *The Myth of Continents: A Critique of Metageography* (Berkeley: University of California Press, 1997).

③ Robert Jessop, "The Political Economy of Scale and the Construction of Cross-Border Regions," in Fredrik Söderbaum and Timothy M. Shaw eds., *Theories of New Regionalism. A Palgrave Reader* (Basingstoke: Palgrave, 2003), p. 183.

有可能会突破（国家）边界而影响国内区域议题。[①] 事实上，通过索德鲍姆的论述我们可以看出，他所谓的微观区域与宏观区域的划分实际上就是我们所说的国内区域与国际区域之别。雷蒙·万里尼（Raimo Vayrynen）根据区域内活动主体的不同将区域分为有形区域和功能型区域。有形区域强调国家—区域的层次，以国家作为主要的行为主体，它又具体包括地理型区域和战略型区域两种类型；功能型区域则以全球—区域层次为重点，具体包括经济型区域、环境型区域、文化型区域。有形区域主要与被国家行为主体控制的地域、军事和经济空间相关，而功能型区域主要由文化或市场等非地域因素界定，它们往往处在非国家行为主体的影响范围内。[②] 其二，学者们在分析、看待区域的角度、方法上发生了显著变化。过去，区域不仅仅表示一个地理事实，也表示一个在全球层面上享有共同空间的国家群，这种区域可能是一个大洲，也可能是一小群接壤的国家。然而，这个定义已经跟不上形势发展的需要了，我们需要有一个能够超越地理、超越国家的多层次的、多种目的的区域定义。我们对区域的界定需要不断更新，将共性、互动、合作等新内容包含在内。[③] 与过去单纯从国家角度对区域进行一维分析不同，目前国外学者分别从全球、区域和国家三维及其三者之间的相互关系上对不同的区域进行不同的层次分析，区域已经被置入一个全球化的背景下。冷战后，次区域和微观区域大量出现，这主要出于两方面的原因：一方面，冷战后美苏两极结构的破裂使部分区域产生了权力的真空，为了弥补这种真空状态，次区域和微观区域大量产生；另一方面，经济全球化对区域各国造成外在的压力，区域国家通过建立次区域和微观区域来应对经济全球化所造成的压力。另外，冷战的结束和经济全球化浪潮的到来使国内因素成为影响区域的一个重要变量。就像索林根（Solingen）所说的那样，区域已经被纳入不同国内政治联盟的、具有代表性的大战略中考虑，区域的范围是由占主导地位的联盟成员国决定的。因此，区域范围是由通过扩展到其他区域的以及大战略中主导国内联盟的

---

① Fredrik Söderbaum, *Consolidating Comparative Regionalism: From Euro-centrism to Global Comparison*, 3rd, GARNET Annual Conference on Mapping Integration and Regionalism in a Global World: The EU and Regional Governance outside the EU in Bordeaux, France, 17-20 September. 2008.

② Raimo Vayrynen, "Regionalism: Old and New," *International Studies Review*, 2003, 5 (1): 25-51.

③ Louise Fawcett, "Exploring Regional Domains: A Comparative History of Regionalism," *International Affairs*, 2004, 80 (3): 429-446.

变化而导致的持续不断的再定义决定的。[①] 其三，学者们对区域的理解经历了一个本体论上的根本转变。理性主义者（本质上是物质主义本体论者）认为区域是既定存在的，采用的是一种描述性的定义方法；而建构主义者（本质上是理念主义本体论者）着重研究区域是怎么形成的，认为区域可以被看作“想象的共同体”，是由具有共同经历、共同身份、共同风俗、共同实践的国家和人们组织在一起的。[②] 过去，对区域的定义往往是描述性的，并利用国家之间经济和制度性联系方面的数据分别从时间和空间上进行比较。与这种对区域的物质的、有形的和描述性的定义不同，建构主义强调区域内国家的共有身份，[③] 着重强调区域是如何从政府、公民团体和商业公司等不同行为体对规范和身份的再定义中产生的。因此，区域不仅仅可以直接用地图描述和准确代表的超越地理空间的物品和人口流动的物质实体而存在，区域也是根植于社会实践而建构的。区域的社会建构意味着区域是由对身份和意图的共同看法塑造的，这种身份和意图有着模糊的甚至截然相反的界限。这种观点认为，区域是一个不断变化的，通过共同制度和经济纽带得以不断加强的认知结构，不同于对区域的静态认识。

（二）区域概念的重构

通过对区域概念的历史考察可以看出，在关于什么是区域、区域由哪些因素构成这个基本问题上，不同研究领域学者的回答有天壤之别，甚至相互矛盾、相互对立，即便是同一领域（比如国际政治、国际关系学科）内的研究学者对区域的理解也不尽相同。为了能够全面、准确地把握区域的概念，笔者尝试从本体论[④]角度对区域概念进行剖析。本体论是一个哲学术语，哲学层面上关于本体论的观点、流派众多，主要有物质本体

---

① E. Solingen, *Regional Orders at Century's Dawn: Global and Domestic Influences on Grand Strategy* (Princeton: Princeton University Press, 1998).

② E. Adler, "Imagined (Security) Communities: Cognitive Regions in International Relations," *Millennium-Journal of International Studies*, 1997, 26 (2): 249-277.

③ T. Risse-Kappen, *Cooperation among Democracies: The European Influence on U. S. Foreign Policy* (Princeton: Princeton University Press, 1995).

④ 本体论原本是哲学层面上的基本问题，与认识论相对应，德国经院哲学家郭克兰纽（Goclenius, 1547—1628）首先使用这个词语，后经康德发扬光大。恩格斯认为，本体论是哲学的两个基本问题中的第一个层面，即思维和存在何者为第一性。

论[①]、实践本体论[②]两种观点。具体到社会科学研究领域，不同的学者关于本体论的观点存在着差别，大致可以将他们分为物质主义本体论者和理念主义本体论者。物质主义本体论者认为，社会世界同自然科学一样，其本原都是物质存在，这种物质存在既包括自然存在，也包括社会存在。社会科学是以客观的物质存在作为本体，以发现客观规律为根本目标，以说明和描述作为基本的认知方法。理念主义本体论者认为，社会世界的本原是观念，社会科学研究的对象是“社会事实”，这种社会事实是“人通过实践活动而形成的社会性建构”，以理解和阐释作为主要的认知形式。[③]在区域化研究领域也存在类似情况，学者们在使用区域这个概念的时候大都有意或无意地在自己的界定中嵌入了本体论的色彩，要么属于物质主义本体论，要么属于理念主义本体论。所以说，我们对区域这个概念理解上千差万别的根源就在于本体论的不同，只有抓住这个本体论，我们才能从根本上厘清区域这个概念。基于以上对本体论的分析，本节将对区域概念的理解分为物质主义区域观和理念主义区域观。

1. 物质主义区域观

该观点认为：区域是天然的、客观存在的；区域有明确的界限；区域有一个可以被科学定义的“内核”。它采用的是一种描述性的定义方法。“内核”是划分区域的基本标准，在本质上决定了一个区域区别于另外一个区域。根据“内核”的不同，可以将物质主义区域观主要分为：

其一，物质主义地理区域观。这种观点认为海洋、陆地、湖泊、山川等自然地理存在是划分区域的本质内核，以此为基础，可以将世界划分为11个区域（七大洲、四大洋），不同区域之间存在明确的界限。地理位置的不同是定义区域的最基本因素。爱德华·曼斯菲尔德（Edward D. Mansfield）和海伦·米勒（Helen V. Milner）就认为，地理上的相近性

---

① 物质本体论以马克思主义哲学为代表，它承认客观世界的存在，认为这个客观世界是包括自然世界和社会世界的一个整体。

② 实践本体论分为极端和温和两种观点，前一种观点认为实践是世界的本原，用实践来解释万物（自然世界、社会世界和思维世界）的产生、存在、发展及其规律，认为存在就是被实践，实践创造世界，离开实践，世界就是无。后一种观点也叫社会本体论，或劳动本体论，认为实践是社会存在的本原，其所研究的世界只是与实践相关的自然世界、社会世界和思维世界“三位一体”的世界，即实践的世界，离开了实践的自然界不在讨论的范围内，这种观点以实践为本体揭示了社会世界的本质。

③ 秦亚青：《国际关系理论：反思与重构》，北京大学出版社2012年版，第6—7页。

和特殊性是界定区域的关键变量，这一点必须得到强调。[①]

其二，物质主义政治区域观。这种观点认为政治态度和政治制度是界定区域的核心，拥有共同的政治态度和政治制度是形成一个区域的关键所在。

其三，物质主义经济区域观。这种观点认为，经济上的相互吸引和相互依赖是形成一个区域的核心因素。

其四，物质主义文明区域观。这种观点认为，文明是由人类在漫长的历史过程中创造出来的物质成就和精神文化（语言、宗教、艺术、价值观、制度）的总和，[②] 它作为一种带有主观色彩的“客观存在”也是能够决定区域构成的。

2. 理念主义区域观

理念主义区域观强调理念而不是物质在界定区域中的决定性作用，认为没有天然的或者科学的关于区域的概念，区域是主观建构的，应当着重研究区域是怎么形成的。理念主义区域观视角下的区域概念是动态变化的，对区域的界定会根据不同的研究问题而相应变化，这种对区域的主观性理解可能会产生争议，并受到不同程度的质疑，使得当代区域化比较研究面临更大变数，这是不得不面临的巨大挑战。根据对理念因素的重视程度不同，理念主义区域观又可以被细分为建构主义区域观[③]和后现代主义区域观。

其一，建构主义区域观。这种观点认为，区域包含物质和理念两个层面的内容，区域在物质（即自然地理区域）层面上本身是没有多少社会

---

① Edward D. Mansfield, Helen V. Milner, *The Political Economy of Regionalism* (New York: Columbia University Press, 1997).

② ［保加利亚］亚历山大·利洛夫：《文明的对话——世界地缘政治大趋势》，马细谱等译，社会科学文献出版社2007年版，第6页。

③ 为方便论述，本书所指的建构主义就是指亚历山大·温特的结构建构主义理论。事实上，建构主义理论内部派别众多，不同的学者有不同的分类方法。袁正清教授在《国际政治理论的社会学转向》中总结了11种分类方法，分别是霍普夫的传统派和批判派；鲁杰的新古典派、后现代派和自然主义派；温特的现代主义派、后现代主义派和女性主义派；卡赞斯坦、基欧汉和克拉斯纳的传统派、批判派和后现代派等。秦亚青教授在《文化与国际社会：建构主义国际关系理论研究》中将建构主义分为卡赞斯坦的安全文化理论、江忆恩的战略文化理论、鲁杰的体系演进理论、温特的结构建构主义理论、克拉托赫威尔的规范建构主义、奥努弗的规则建构主义等。参见袁正清《国际政治理论的社会学转向》，上海人民出版社2005年版，第37—42页；秦亚青《文化与国际社会：建构主义国际关系理论研究》，世界知识出版社2006年版，第19页。

意义的，只有在人类社会的互动实践活动中才能产生社会意义。也就是说，建构主义区域观在强调理念的决定性作用的同时，并没有完全否定自然地理区域的客观存在及其一定作用，因而，建构主义区域观也可以被称为“弱式物质主义”区域观。对于建构主义区域观来说，区域既不是唯心主义者所说的“主观臆造”，也不是物质主义者所说的“物质事实”，而是在互动实践中产生的一种社会事实。这种社会事实不同于对区域的静态认识，是一种不断变化的存在，是通过有意识的、有意义的、有意图的互动实践活动逐渐创造出来的、不断加强的认知结构。通过“三有”互动实践，不同的行为体（如政府、公民团体和商业公司等）产生了一种“自我”和“他者”的身份符号意识，“自我”意识不断加强，最终会造就区域的形成。

其二，后现代主义区域观。这种观点完全忽视物质性力量在塑造区域过程中的作用力和影响力，认为行为主体在互动过程中都是通过语言实现的，语言不仅可以用来“指示”、“揭示”、“说明”区域的概念，还有建构和解构区域的功能，区域是通过语言建构的。这就是后现代主义区域观和物质主义区域观、建构主义区域观的差别所在。在物质主义区域观中，语言只是作为描述区域客观存在的一种工具，由于区域这个物质事实是先于语言而存在的，所以物质主义区域观的重点在于如何在逻辑上准确地、真实地描述已有的区域存在。建构主义区域观反对物质主义区域观中的语言和客观区域存在之间的自然指涉关系，强调语言在互动实践中的功能性，即语言不仅仅是描述区域的一种工具，也能够在互动实践过程中发挥一定的建构区域的作用，这种“由语言和行动（指与语言交织在一起的那些行动）所组成的整体”被维特根斯坦称为“语言游戏”[①]。而后现代主义区域观相比建构主义区域观则更进一步，不仅强调语言在互动实践中的功能性，还看到了语言在“语言之间”的功能性，赋予了语言以实践意义。就像福柯所说的那样：“我们生活在一个由符号和语言组成的世界。……不存在什么真实的事物，存在的只是语言，我们谈论的是语言，我们是在语言中谈论。”[②] 后现代主义区域观还认为，既然区域是通过语

① ［英］维特根斯坦：《哲学研究》，李步楼译，商务印书馆 1996 年版，第 7 页。

② Barry Cooper, Michel Foucault, *An Introduction to the Study of His Thought* (New York: E. Mellen Press, 1981), pp. 28, 34-35. 转引自严翅君、韩丹、刘钊《后现代理论家关键词》，凤凰出版传媒集团、江苏人民出版社 2011 年版，第 131 页。

言建构的，那么区域也可以通过语言进行解构。解构就是对区域概念这个文本进行结构分解，在重视文本内涵的同时，发掘文本的真正价值，使文本的概念得以充分地体现出来。[①] 这种对区域概念文本的解构并不是由行为主体施加的，而是一种“自行发生的”、具有“寄生性”的分析，离开了它所要处理的文本就不可能存在，它主要采用“误读”、延异、踪迹、撒播、替补等策略。[②] 通过这些策略，解构可以大量获得关于区域的概念，同时也不断创造着关于区域的新概念，直到使别人掌握和理解这些概念为止。

透过对区域概念的历史考察和本体论解读，本节对国际政治学科下的区域概念有了一个比较准确的理论解读。但是也应该看到，物质主义本体论区域观、建构主义本体论区域观和后现代主义本体论区域观各自都拥有重要的、有益的但不是完整的解释力，单纯运用其中任何一种区域观点都无法对一个区域事实进行完美的解释，因为现实往往会出现与理论不相符的现象。因此，本节需要采取一种“折中”的方式，采取“兼收并蓄”的方式，将各种区域观点融合起来，形成一种新的综合视角，即在强调区域概念的物质主义（自然地理、政治、经济和文明等）意义的同时，也要重视互动和实践对形成不同的区域概念的塑造作用，还要重视语言（主要是认同）等非物质因素的影响力。换句话说，区域就是受自然地理、政治、经济、文明等物质性基础因素综合影响的、处于不断互动与实践过程中的、受到语言等非物质性因素影响的空间。

根据区域的概念，本节总结了构成一个区域的基本要素，分别是[③]：其一，确定的地理空间，即区域内各种自然地理条件的综合，这是形成一个区域的客观物质基础，是一个区域发挥其影响力和作用力的主要场所，为区域内的各成员提供了保障其生存和发展的各种资源，没有确定的地理空间，区域就失去了其存在的依靠。与此同时，我们不需要考虑这个地理空间的大小和边界是否完全被划分确定。其二，一定数量的人

---

① ［法］雅克·德里达、［法］伊丽莎白·卢迪内斯库：《明天会怎样》，苏旭译，中信出版社 2002 年版。

② ［法］雅克·德里达：《声音与现象》，杜小真译，商务印书馆 1973 年版，第 130 页。

③ 关于区域概念的构成要素这一部分内容，是本书作者主持的“中国共产党区域合作战略研究（1978—2011）”的阶段性研究成果，是《区域间主义：逻辑起点和研究对象》一文的部分内容。具体参见王在亮、高英彤《区域间主义：逻辑起点和研究对象》，《当代亚太》2014 年第 2 期。

口，人口是区域内一切活动的基本出发点，是区域存在和发展的基础，人口的数量多少、质量高低、密度大小、结构层次、分布和流动状况决定了区域的发展水平和发展高度。其三，一定的组织结构形式是保障区域有组织、有秩序的重要基础，区域内各成员通过不同层次的、不同规模的、不同功能的、日益多样化的组织结构形式进行互动，并进而联系在一起，是各成员参与社会生活的重要平台。其四，相近或相似的文化，这里的文化是宽泛意义上的，是对该区域的自然地理空间、长期的人口实践以及不断演变的组织结构形式等的历史积淀和现实生活的典型反映，是不同区域之间相互区别的一个重要标志。这四个要素是相互依存、相互影响、相互不可缺少的辩证统一关系。其中，确定的地理空间是区域构成的客观地理基础，拥有一定数量的人口是区域构成的主体条件，一定的组织结构形式是区域内各成员交流、互动和整合得以实现的客观制度条件，而拥有相近或相似的文化则是区域内各成员交流、互动和整合得以实现的主观精神条件。

二　合作[①]

对合作也有不少的含义。《辞海》（上）关于“合作”的词条共有四个，其中第一个和第三个词条与本书所研究的主题相近或基本相同。第一个是共同创作或共同经营一事。《诗·周南·关雎序》“《关雎》，后妃之德也”，陆德明释文：“沈重云：‘案郑《诗谱》意，大序是子夏作，小序是子夏、毛公合作。’”第三个是社会互动的一种方式，指个人或群体之间为达到某一确定目标，彼此通过协调作用而形成的联合行动。其特征是指行为的共同性，目的的一致性，甚至合作本身也可能会成为一种目的。人类社会越发展，合作的范围就越扩大。[②]《现代汉语词典》对合作的解释相对简单，它认为，合作是指“相互配合做某事或共同完成某项任

---

① 关于合作概念这一部分内容，是本书作者主持的“中国共产党区域合作战略研究（1978—2011）”的阶段性研究成果，是本书作者与王柏松副教授共同署名、公开发表在《理论与现代化》期刊上的《多维理论视角下的合作行为探析》一文的部分内容，现已征得王柏松副教授的同意，将其作为本书的一部分，在此一并说明。具体参见王柏松、王在亮《多维理论视角下的合作行为探析》，《理论与现代化》2013 年第 6 期。

② 辞海编辑委员会：《辞海》（上），上海辞书出版社 2010 年版，第 1491 页。

务"[①]。《牛津高阶英汉双解词典》对合作的解释词条主要有两个：第一，与某人共同努力以达到某种目的；第二，按照某人的要求或请求，配合、协助某人做某事。[②]《牛津英语大字典》认为，合作主要有三个意思：第一，关于事情：共同产生一个效应；第二，关于人：为了共同目标和共同任务而共同努力，一个人采取联合行动或与他人共同参与联合或互利企业；第三，实行经济或工业合作。[③]《朗文当代高级英语词典》关于合作的词条主要有两个：第一，与某人共同努力，为了达到两人共同的目的；第二，去做某人要求你做的事情。[④]《韦氏词典》对合作的解释主要有两条：第一，个人或群体之间共同努力；第二，为了共同利益，个人或群体之间联合行动。[⑤]

从这些中外比较权威的词典的定义来看，知识界对合作还是有一定的共识的，即合作是个人或群体之间基于相似的认识，通过协调或配合等方式而采取共同行动，以达到彼此之间的共同目标。

事实上，合作的语言学定义并没有太大的争议，但是，合作在各个学科里面的含义就有所不同，生物学、社会学、经济学和心理学等不同学科大都对合作给出了自己的理论解释，这些理论解释既有共同点，也有不同点，既有相一致的方面，也有相冲突的方面。

（一）生物学以基因为核心变量阐释合作

现代生物学对行为体之间的合作进行了较早的、具有开创性的研究，其主要研究对象是生物个体（或物种），具体如动物或人类。目前的现代

---

① 中国社会科学院语言研究所词典编辑室编：《现代汉语词典》，商务印书馆2005年版，第550页。

② 具体解释词条为：to work together with somebody else in order to achieve something; to be helpful by doing what somebody asks you to do. 参见《牛津高阶英汉双解词典》，商务印书馆、牛津大学出版社2009年版，第440页。

③ 具体解释词条为：of things: concur in producing an effect; of people: work together for the same purpose or in the same task, of an individual, act jointly with or with another, participate in a joint or mutual enterprise; practice economic or industrial cooperation. 参见《牛津英语大字典》（简编本），上海外语教育出版社2004年版，第513页。

④ 具体解释词条为：to work with someone else to achieve something that you both want; to do what someone wants you to do. 参见《朗文当代高级英语词典》，外语教学与研究出版社、培生朗文出版社2010年版，第482页。

⑤ 具体解释词条为：to act or work with another or others: act together or in compliance; to associate with another or others for mutual benefit. 参见韦氏在线词典，http://www.merriam-webster.com/dictionary/cooperate。

生物学界主要有两种解释性观点，分别是亲缘合作观点和互惠合作观点。

1. 亲缘合作观点

这种观点认为，亲缘关系是影响生物个体之间合作行为发生和维持的关键变量，也就是说，具有亲缘关系的生物个体之间发生合作行为的可能性更大，而不具有亲缘关系的生物个体之间的合作行为就难以发生，即便发生，也是偶然现象，也难以得到维持。这种用“亲缘关系”来阐释生物个体之间合作行为的观点最早是由英国著名生物学家汉密尔顿（Hamilton W. D.）在1964年提出的。他认为，合作行为与亲缘关系密切相关，“亲缘关系越近，同物种之间就越有可能具有相同或相似的遗传基因，这种相同或相似的遗传基因使同物种之间发生合作行为的趋向也越强烈；反之，亲缘关系越远，物种之间的基因差异就越大，这种根本不同或差异巨大的遗传基因使物种之间发生合作行为的可能性越小”[①]。汉密尔顿提出的亲缘合作观点被认为是解释生物个体之间合作行为发生和维持的一个很好的注解，能够解释自然界中部分存在的合作行为，如兵蚁保护蚁王的行为，工蜂为蜂王从事劳动而自身却付出很高的代价，鸟类的报警行为等。

2. 互惠合作观点

这种观点认为，“互惠”预期的存在使得不具有亲缘关系的行为体之间也会发生合作行为，它本质上是一个交换利益或好处的互动过程，即一个行为体愿意付出一定的代价来帮助（help）另外一个行为体，为的是日后能够得到另外一个行为体的帮助，从而获得相对更大的利益或好处。罗伯特·特里弗斯（Robert L. Trivers）在其1971年的文章《互惠利他主义的进化》[②]中最早提出这种解释性观点。他认为，非亲缘关系的生物个体之间也会发生合作行为，“因为两个或更多个体实行合作对其中的每一个个体都会带来好处，因为每个个体从这种合作中所得到的利益都会大于它们为合作所付出的代价”[③]。特里弗斯提出了非亲缘关系的生物个体之间发生合作行为的可能性，而罗伯特·阿克塞尔罗德（Robert Axelrod）则在此基础上进一步指出，这种可能性不仅存在，而且这种合作行为还能够

---

① W. D. Hamilton, “The Genetical Evolution of Social Behaviour,” *Journal of Theoretical Biology*, 1964, 7 (1): 1-52.

② Robert L. Trivers, “The Evolution of Reciprocal Altruism,” *The Quarterly Review of Biology*, 1971, 46 (1): 35-57.

③ 程恩富、胡乐明：《经济学方法论》，上海财经大学出版社2002年版，第642—643页。

稳定发展下来。阿克塞尔罗德利用数学模型，根据两次计算机模拟竞赛的结果成功地证明，在一次性博弈中，尽管行为体主要选择“背叛”策略而不是“合作”策略，但客观地、实事求是地讲，行为体之间进行“相互合作”优于“相互背叛”，并且“相互合作”比“相互背叛”能够带来更多的利益和好处。[①] 另外，阿克塞尔罗德还指出，采用“一报还一报”（Tit for Tat）策略能够使得合作稳定下来，因为大多数的参与行为体往往会视其他参与行为体的反应而采取行动策略，如果参与行为体在第一步就背叛，那么之后，参与行为体在每一步的博弈过程中都会采取背叛策略；而如果参与行为体在开始就采取合作策略，那么之后，参与行为体在每一步的博弈过程中都会采取合作策略。[②] 这就证明，非亲缘关系的生物个体之间的、以互惠为基础的合作行为能够在现实世界中发生，并且还能够稳定维持、发展下去。然而，互惠合作行为的发生与维持并不是无条件的，克里斯托弗·斯蒂芬斯（Christopher Stephens）就利用数学模型对互惠合作行为进行了实证分析，并在此基础上提出了互惠合作行为的六个基本条件：其一，施惠行为体的自身利益受损；其二，受惠行为体给予回报；其三，该行为是一种非零和博弈；其四，施惠行为体的行为完成不依赖于受惠行为体同步提供的回报；其五，存在一种察觉“骗子”机制，假施惠行为或者假回报行为会使合作行为终止；其六，存在交换帮助机会。[③] 互惠合作观点的这种强调行为理性，而不考虑行为体动机的理论逻辑，为我们理解现实生活中大量存在的不具有亲缘关系的行为体之间所发生并维持的合作行为提供了一个基本的理论阐释框架。

无论是亲缘合作观点，还是互惠合作观点，都能在一定程度上和一定范围内解释自然界中和人类社会中部分行为体之间合作行为的发生和维持。这两种观点具有相同的逻辑前提，即行为体之间合作行为的发生归根结底都是受到“合作基因”控制的。在自然选择的进程中，基因是个体进化的根本动力，而拥有若干合作个体的群体，能够比没有合作个体的群

---

① Robert Axelrod, “Effective Choice in the Prisoner's Dilemma,” *Journal of Conflict Resolution*, 1980, 24 (1): 3-25.

② Robert Axelrod, *The Evolution of Cooperation* (New York: Basic Books, 1984) pp. 55-70.

③ Christopher Stephens, “Modeling Reciprocal Altruism,” *The British Journal for the Philosophy of Science*, 1996, 47 (4): 533-551. 也可参见刘鹤玲《亲缘、互惠与驯顺：利他理论的三次突破》，《自然辩证法研究》2000 年第 3 期；刘鹤玲：《互惠利他主义的博弈论模型及其形而上学预设》，《自然辩证法通讯》1999 年第 6 期。

体更加适应自然进化的进程，更有利于生存和繁衍生息，从这个意义上讲，基因尤其是合作基因是解释自然界和人类社会中个体之间合作行为的核心变量。

（二）社会学以文化为核心解释合作

在“人的合作行为”问题上，互惠合作观点就显示出其理论解释的局限性，因为如果按照互惠合作观点的解释，人与人之间合作行为的发生是建立在互惠预期基础之上的，也就是说，合作行为之所以发生或维持，是因为“博弈可以多次进行，博弈双方还能在今后的相遇中因其以前的合作行为而获得益处。如果博弈是一次性的，支持自私行为的基因应该比支持利他行为的基因获得更多的生存概率，背叛才是最佳策略”①。但是，在现实生活中，我们可以给予他人一次性的利他合作行为，比如慈善行为，比如见义勇为行为，这样的纯粹利他合作行为用互惠合作观点是无法加以充分解释的。从这个意义上讲，在“人的合作行为”问题上，互惠合作观点忽视并排除了意识和文化等社会性因素对人的合作行为的决定性影响。因此，笔者认为，单纯从生物学角度研究合作行为是不准确的、不完整的，从社会学的角度来探讨、剖析、解释人与人的合作行为也是很有意义的。

社会学强调人类不是单纯的理性动物，而是一个“负责任的主体”。人类的行为不仅被其先天的生物属性所影响，更是受到后天的文化、教育等诸多社会性因素的决定性影响。从这个意义上说，人类的行为和动物的行为有着本质上的不同，人类的行为是文化、意识和理性的产物，在本质上是由他所成长的社会文化环境决定的。对于合作行为而言，人类“为他人付出而不追求个人回报”的纯粹利他合作行为不是以“互惠回报”为基础的工具性合作行为，而是真正的纯粹利他合作行为。就像菲利普·基彻尔（Philop Kitcher）所说的那样：“人类，不同于动物，可以自由地组织计划和意图，这种在机制方面的不相似，奠定了真正的利他主义和在动物王国中普遍存在的结果利他主义之间相区别的基础。”② 因此，有的

---

① 郭菁：《行为理性：互惠利他理论的前提预设及局限》，《科学技术与辩证法》2008年第2期。

② Philop Kitcher, *Vaulting Ambition*: *Sociobiology and the Quest for Human Nature* (Cambridge, MA: The MIT Press, 1987), p. 39. 转引自陈净《利他主义的科学诠释与文化传承机制研究》，华中师范大学2008年硕士学位论文。

学者就指出，研究人的真正的纯粹利他合作行为，就应当从文化、传统或意识中寻求解释，因为当人类进入文明时代以后，生物进化对人类不再起作用，或者说不再起主导作用。这种“文化决定论”认为，人的纯粹利他合作行为作为一种社会行为，主要受到带有一定社会文化背景的行为规则或伦理价值规范的影响。也就是说，不同的社会文化背景能够孕育出不同的行为规则或伦理价值规范，从而对个人的合作行为选择产生不可估量的影响。从这个意义上说，人类的一切行为（包括纯粹利他合作行为）并不是完全由遗传基因决定的，而主要是后天学习和教养的结果。我们不能脱离人类所处的具体社会文化环境来解释人的合作行为，特别是纯粹利他合作行为。可以这么说，“合作是人性的一部分，不需要违背人性去凭空创造，只需要创造良好的文化氛围去发掘，让其发扬光大，使其成为维系社会和谐的润滑剂”就可以了。[①]

但是，社会学意义上的、解释人的合作行为的这种“文化决定论”也存在着缺陷，面临着困惑和无法解决的问题，即“如果说人类的行为都是文化的产物，那么为什么生长在具有不同社会文化背景和不同的历史传统社会中的人类能够拥有相同的或相似的行为规范和社会道德准则，与此同时，受到同一社会文化传统影响的人类的行为方式也可以有天壤之别的差异?”为了解决这个问题，一些社会学家将生物学和社会学关于合作行为的不同观点进行比较、取舍和综合，提出了“基因—文化”协同进化（gene-culture co-evolution）理论，以威尔逊（E. O. Wilson）和查理斯·鲁姆斯登（Charles Lumsden）为主要代表人物。他们一致认为，“人类社会的进化是一个沿着生物进化[②]和文化进化[③]的双重轨道并行向前发展的协同进化进程”，[④] 其中，文化进化的速度和作用要远远大于生物进化（基因进化）的速度和作用。这种理论还进一步认为，生物进化（基因进化）和文化进化并不是“简单共存”，而是通过“渐成规则”（epige-

---

① 陈净：《利他主义的科学诠释与文化传承机制研究》，华中师范大学 2008 年硕士学位论文。

② 遗传进化是达尔文式的进化，依赖于世代之间基因频率的改变，因而通常是缓慢的。

③ 文化进化是后人继承前人，是后天获得的特征，依赖于后天获得的性状遗传，是拉马克式的进化，相对来说速度比较快。

④ 蒋湘岳：《爱德华·威尔逊社会生物学思想研究》，华中师范大学 2008 年硕士学位论文。

netic rules)① 这个纽带和桥梁紧密联系在一起的。一方面，基因决定渐成规则，通过渐成规则，基因影响着文化的形成和发展；另一方面，文化也通过渐成规则对基因施加反作用。② 按照“基因—文化”协同进化理论，人类的合作行为不仅受到基因的先天影响，还受到后天文化和教育的决定性影响，通过基因和文化的相互影响和作用的影响，人类的合作行为能够不断地向前进化和发展，尤其是能够发生纯粹利他合作行为，并得以一直维持下去，最终发展到出现合作思想和合作文化这样高的程度。总之，威尔逊和鲁姆斯登的“基因—文化”协同进化理论为我们理解人类的合作行为提供了很好的解释性框架。

对于“基因—文化”协同进化理论，苏珊·布莱克摩尔（Susan Blackmore）提出了自己不同的意见。她认为，按照威尔逊和鲁姆斯登的基本观点，文化进化在根本上还是会受到基因影响的，因为基因会通过渐成规则来影响文化的形成和发展，也就是说，文化进化进程的“独立性”得不到根本性的保证。而我们知道，文化，特别是关于合作行为的文化在人类发展历史上具有自己相对独立的发展轨迹。中国古代传统文化里面就有很多思想闪耀着合作的光芒，如儒家文化里的“仁礼相待”、“和而不同”的理念，墨家思想里的“兼爱非攻”，《易经》里的“阴阳互补”理念等，这些思想注重和谐、包容、共识、团结和集体认同，都具有一定的合作思想意味。西方文化里面也有很多关于合作的思想，比如《圣经》里对美好社会的预言，这种观点强调通过合作而不是冲突和对抗来实现“一种和谐、有秩序的社会之理想”，这种理想社会“统一于基督的爱、公正及跟随上帝的感召意愿”，倾向于“把社会作为一个整体来处理，同时把失控的冲突视为‘病态’，因而减少冲突或控制冲突”。③ 另外，古希腊思想家柏拉图在《理想国》中对理想社会的描述和近代空想社会主义奠基人托马斯·莫尔在《乌托邦》中所设想的“一个消灭私有制的理想

① 人类的基因影响着人类精神的形成方式——接受哪些刺激，忽略哪些刺激，如何处理信息，最容易唤起的回忆种类，最易于激起的情绪反应，诸如此类的精神活动方式。造成这种效应的那些过程，被称为渐成规则。参见［美］爱德华·奥斯本·威尔逊、［美］查理斯·鲁姆斯登：《普罗米修斯之火：对人类精神起源的沉思》，李昆峰译，生活·读书·新知三联书店 1990 年版，第 27 页。

② C. J. Lumsden and E. O. Wilson, “Precis of Genes, Mind and Culture,” *Behavioral and Brain Sciences*, 1982, 5 (1): 1-37.

③ 张静：《“合作主义”理论的中心问题》，《社会学研究》1996 年第 5 期。

社会——‘乌托邦’”都对合作思想有所涉及。这种在中西方文化中比较普遍的、相对独立存在的合作思想无法用“基因—文化”协同进化理论加以完全解释。在这种背景下，苏珊·布莱克摩尔提出“基因—谜米”共同进化（gene-meme co-evolution）理论。这个理论与威尔逊的“基因—文化”协同进化理论的最大不同之处在于“谜米”（meme）概念的提出和使用。“Meme”这一概念是由英国著名科学家理查德·道金斯（Richard Dawkins）最早提出来的，就像他在《自私的基因》一书中所说的那样，谜米的例子有很多，“旋律、观念、宣传口号、服饰的流行、制罐或建房子的方式等文化都是”，是“一个表达一种文化传导单元或者说文化摹拟单元之意思的名词”[①]。他在为苏珊·布莱克摩尔的《谜米机器》一书所作的序言中更是简练、明确指出，谜米（meme）是指“在诸如语言、观念、信仰、行为方式等的传递过程中与基因在生物进化过程中所起的作用相类似的那个东西”[②]。道金斯认为，任何生命的进化进程（无论是生物进化，还是文化进化）都是复制因子的遗传、变异和选择的过程。与基因相同的是，谜米也是这样一个具备遗传性、变异性和选择性的、独立的复制因子；而二者的不同之处在于，基因作为复制因子推动着生物的进化和发展过程，而谜米作为新的复制因子驱动着人类文化的不断变化和发展。[③] 苏珊·布莱克摩尔借鉴道金斯所提出的谜米（meme）概念，将威尔逊的“基因—文化”协同进化理论中的“文化”概念替换成“谜米”概念，并在此基础上提出了“基因—谜米”共同进化理论，从“生物进化和文化进化的相互作用”路径进一步研究人类的合作行为。她认为：“人类的行为必然有一部分是由谜米决定的，并因而服务于谜米的利益，正如人类有一部分行为是由基因决定的，并因而服务于基因的利益一样”[④]。在这里，由基因驱动的生物进化进程和由谜米驱动的文化进化进程是两个相互独立的进程。苏珊·布莱克摩尔以“基因—谜米”共同进化理论为基础成功地解释了人类的纯粹利他合作行为的发生及维持。她假

---

① ［英］理查德·道金斯：《自私的基因》，卢允中、张岱云、王兵译，吉林人民出版社1998年版，第243页。

② ［英］苏珊·布莱克摩尔：《谜米机器》，高申春、吴友军、许波译，吉林人民出版社2011年版，第3页。

③ 同上书，第30页。

④ 同上书，第230页。

设有两个人：甲是利他合作者，善良、大方、富有同情心、经常为朋友们做好事而不求回报；乙是利己自私者，从不愿意帮助自己的朋友。在其他条件相同的情况下，甲会拥有越来越多的朋友，会成为一个受欢迎的人，而甲的朋友也会越来越多地模仿甲的利他合作行为，使甲的利他合作行为得到传播和发扬，从这个意义上讲，甲就会成为一个“谜米”的源泉。而乙的朋友则会越来越少，甚至没有朋友，乙的利己自私行为不会得到其他人的模仿，也就得不到传播，乙可以被称作“谜米”的“死水坑”①。当然，苏珊·布莱克摩尔同时也说明，“谜米”学意义下人类的利他合作行为并不是无条件的，需要满足两个条件：“一是人必须具备模仿能力；一是人模仿的是利他合作者。”② 总之，苏珊·布莱克摩尔“基因—谜米”共同进化理论为人类合作行为的进化进程找到了一个重要的解释路径，即人类的一切行为活动，尤其是利他合作行为，都是基因、谜米以及它们的全部产物在某种社会条件下发生复杂的相互作用的结果。在这个过程中，正是谜米这个复制因子，鼓励着人类之间利他合作行为的发生及维持，也就是说，谜米决定着人类利他合作行为的进化，从而使得人类的利他合作精神不断遗传下去。

（三）经济学以博弈互动为核心解释合作

在经济学科中，主流经济学家普遍认为，行为体（也就是我们常说的“经济人”）都被假定为自利者，各个经济人之间的关系是由各自的利益驱动的。严格来讲，经济人不会为集体或集团的共同利益而采取行动，因此，经济人之间更多的是一种竞争或冲突关系。正是这种理性的自利选择引发了经济学中比较经典的“公地悲剧”和“囚徒困境”等现象，这也是奥尔森在《集体行动的逻辑》一书中极力阐述的“集体行动的困境或悲剧”的根源所在，这些都是不合作在经济学中的典型体现。尽管不合作研究在经济学理论研究中占据着主流地位，但是，我们仍然需要解释现实生活中大量存在着的合作行为。博弈论作为经济学家们的主要研究工具，在研究人类合作行为的进程中走在了前列，取得了若干成果。1944年，约翰·冯·诺依曼（Von Neumann）和摩根斯坦（Morgenstern）在其

① ［英］苏珊·布莱克摩尔：《谜米机器》，高申春、吴友军、许波译，吉林人民出版社2011年版，第229—231页。

② 同上书，第232页。

经典著作《博弈论和经济行为》一书中首先提出合作博弈（cooperative game）的概念。合作博弈是指参与博弈的若干行为体通过据有一定约束效力的协议达成联盟，以联盟的形式进行博弈，从而获取合作的利益。这样一来，行为体之间的博弈活动就变成了不同团体或联盟之间的博弈。在合作博弈过程中，行为体不一定会做出合作行为，然而会有一个来自外部的机制惩罚不合作行为体。

除了合作博弈理论之外，近些年来，以美国学者萨谬·鲍尔斯（Samuel Bowles）和赫伯特·金迪斯（Herbert Gintis）等经济学家为主要代表的桑塔费学派（Santa Fe School）[①] 也对行为体之间的合作行为进行了深入研究，提出了“强互惠理论”（Strong Reciprocity）[②]。这种理论认为：“人类之所以能维持比其他物种更高程度的合作关系，主要是由于许多人都具有这样的一种行为倾向，即在群体中与别人合作，并不惜牺牲个人代价或成本去惩罚那些破坏群体规范的人，即使这些代价或成本并不能够得到预期的补偿。强互惠能够抑制群体中的背叛、逃避责任和搭便车行为，从而有效提高群体成员的福利水平，但实施这种行为的个人独自承担代价或成本。”[③] 特别是，随着计算机技术的发展，萨谬·鲍尔斯和赫伯特·金迪斯在《强互惠的演化：异质人群中的合作》一文中利用最新的计算机仿真技术方法，模拟并重现了距今 10 万年前的畜牧和农耕社会的人类生活，其实验结果[④]证明：“那些最初数量很少的‘强互惠者’可以

---

① 桑塔费学派是以美国的桑塔费研究所（Santa Fe Institute）命名的，主要包括萨谬·鲍尔斯（Samuel Bowles）、赫伯特·金迪斯（Herbert Gintis）、厄恩斯特·费尔（Enst Fehr）等经济学家。桑塔费学派在美国的学界产生了很大的影响。这个学派的理论被浙江大学跨学科研究中心的汪丁丁、叶航等学者翻译成中文。

② 厄恩斯特·费尔（Ernst Fehr）也将强互惠称为“利他惩罚”（Altruistic Punishment），参见 Ernst Fehr, Dominique J. -F. de Quervain, Urs Fischbacher, Valerie Treyer, Melanie Schellhammer, Ulrich Schnyder, and Alfred Buck, “The Neural Basis of Altruistic Punishment,” *Science*, 2004, 305 (5688): 1254-1258.

③ 韦倩：《强互惠理论：起源、现状与未来》，《光明日报》2010 年 8 月 3 日第 10 版。

④ 该文根据族群成员对待劳动的态度，分成自私者、合作者和强互惠者三种基本类型。该文利用计算机仿真动力学模型所显示的动态演化过程是：在仿真的初始阶段，自私者占绝对多数，卸责率接近 100%；其后，随着强互惠者的出现，合作者的人数开始增加，平均卸责率迅速下降；仿真结果表明，在大约 500 代左右，卸责率下降到 10% 的水平，而强互惠者和合作者在族群中的比例继续上升；在其后大约 2500 代内，族群中这三种人群的比例及其平均卸责率基本上保持在一个稳定的水平上：自私者占 38.2%，合作者占 24.6%，强互惠者占 37.2%，而平均卸责率为 11.1%。参见叶航、汪丁丁、罗卫东《作为内生偏好的利他行为及其经济学意义》，《经济研究》2005 年第 8 期。

得到生存和繁衍，群体中的三种典型的行为者（自私者、合作者和强互惠者）也能大体保持稳定的比例，从而使一个群体维持较高程度的合作水平。”这个结果也直接证实了“强互惠理论”的合理性。

（四）心理学以认知为核心解释合作

心理学是一门用科学手段来研究人或动物的心理或精神现象产生、变化、发展及其内在规律的理论和应用学科。如果以 1879 年威廉·冯特（Wilhelm Wundt）创建世界上第一个心理学实验室作为主要标志的话，心理学作为一门独立的学科大概只有一百多年的历史，用德国著名的心理学家赫尔曼·艾宾浩斯（Hermann Ebbinghaus）的话来说，“心理学有一个漫长的过去，但只有短暂的历史”①。就目前来讲，在心理学的诸多研究子领域里面，认知心理学和社会心理学对人类的合作行为进行了一定的解释。

认知心理学起始于 20 世纪五六十年代，以 1967 年乌尔里克·奈塞尔（Ulric Neisser）出版的《认知心理学》一书为主要标志，在 20 世纪七八十年代日益成熟，并基本上取代了行为主义心理学，在西方心理学研究领域中占据着主导地位。认知心理学的基本理论认为：“当一个行为体接受到信息或受到环境中刺激因素刺激的时候，会形成对这一信息或刺激因素的知觉。”② 这里的“知觉”就是行为体对获得的信息或刺激做出“选择、组织和判断”等一系列心理行为的过程。然后，行为体会根据自己对信息或刺激的理解，对信息或刺激做出一定的反应。从这个意义上讲，行为体对信息或刺激的反应，是建立在其对信息或刺激的知觉上的，而不是建立在客观的、真实的信息或刺激上的。在这种情况下，一旦知觉出现错误，那么行为体对信息或刺激的理解就会出现偏差或错误，从而使行为体做出错误的反应。在现实生活中，造成错误知觉的原因主要有三个：一是认知相符。行为体对世界上的事物往往有着一定的既定认识，从心理学上看，这种认识往往会有某种“固化”的趋向。当行为体接受新信息或刺激的时候，总是下意识地或不自觉地将新的信息或刺激与自己原有的“固化”认识保持一致，即便是新信息或刺激与行为体的原有“固化”认

---

① Hermann Ebbinghaus, *Psychology: An Elementary Textbook* (Boston: Heath, 1908). cited by David Shakow, Hermann Ebbinghaus, *The American Journal of Psychology*, 1930, 42 (4): 505-518.

② 吕斐宜：《认知心理学视野下的个体行为》，《光明日报》2007 年 6 月 26 日第 11 版。

识不一致，行为体也会视而不见，甚至产生误断、曲解。二是诱发定势。当行为体接受信息或刺激的时候，往往会受到自己当时密切关注和思考的问题的思维定势的影响，并且据此理解自己接受到的信息或刺激，而实际情况却是二者可能并没有任何关系，从而导致错误知觉。三是历史负担。历史既可以教会我们一些东西，也可能会成为一个负担，束缚我们的思考。简单地将现实中遇到的事情与历史上曾经发生过的重大事件进行机械比较，可能会造成知觉错误，从而错误地认识现实。[①] 由上可知，认知心理学从微观角度成功地阐述了“认知”等心理或精神因素对行为体，尤其是对人的行为所产生的重要影响，用中国学者刘勋的话讲，认知心理学是理解行为的基石。事实上，认知心理学对合作行为的解释和博弈论对合作行为的解释颇有类似之处。认知心理学中的合作与否是基于“认知”这个核心要素的，而博弈论中的合作与否是基于“理性”这个核心要素的。

在现实生活中，行为体之间的互动（主要表现为竞争、合作和冲突三种互动行为方式）都会受到行为体的认知等心理因素的影响。以人与人之间的互动行为为例。在人与人之间的互动过程中，处处反映出认知等心理或精神因素的影响或作用。假设甲与乙之间是竞争关系，在其他条件不变的情况下，（1）如果双方对对方的认知基本正确，没有偏差，那么即使两人是竞争关系，两人之间仍然存在合作的可能性，因为合作也可能会利大于弊。当然这种合作可能只是暂时性的，因为合作只是手段，而不是最终目的。美国著名战略学者加里·哈默尔（Gary Hamel）1989 年在《与你的竞争对手合作并取得成功》一文中曾经指出：和谐不是成功合作的最重要的尺度，冲突有时反而是互利合作的最好证据。和竞争对手合作有时候也能带来巨大的利益，并且能够使自己获得成功。（2）如果甲和乙双方对对方的基本认知出现偏差甚至错误，那么即使两人是合作关系，两人之间仍然存在着不合作甚至冲突的可能性。甲和乙之间的错误认知，无论是单边的还是相互的，都会影响二者对对方所采取的各种行为的错误判断甚至曲解。中国古代寓言故事“疑

① ［美］罗伯特·杰维斯：《国际政治中的知觉与错误知觉》，秦亚青译，世界知识出版社 2003 年版，译者前言第 13—16 页。也可参见吕斐宜《认知心理学视野下的个体行为》，《光明日报》2007 年 6 月 26 日第 11 版。

邻盗斧"[①]就形象地说明了这个问题。这个故事说，从前，有一个人丢了一把斧子，他就怀疑是邻居家的儿子偷去了，从此以后就密切关注邻居儿子的一言一行，一举一动。他无论是看到那人走路的样子、脸上的神色，还是听他的言谈话语，没有一样不像偷斧子的人。过了一段时间，他去山谷挖掘自己家的土地时，找到了自己的斧子。等到第二天，当他又看见邻居家的儿子时，就觉得他的行为、表情、动作，都不像偷斧子的人了。从认知心理学的角度来看，"疑邻盗斧"的故事就明显地反映出错误认知会影响这个人对待他人的基本看法，这种错误的判断自然会影响二人的互动行为，即便是二人的合作能够带来巨大的利益，在错误认知下这种合作行为也是不可能的。

既然认知这个心理要素对于人的合作行为会产生如此大的影响和作用，那么，我们应该如何形成正确的、客观的认知呢？认知心理学认为，其一，行为体要客观地、准确地认识自己。行为体既要避免过高地估计自己对别人行为变化的敏感程度，也要避免过高地估计自己对别人认知形成和行为发生的影响程度。其二，行为体要客观地、准确地认识别人。一方面，行为体可以进行换位思考，不要一厢情愿地以为别人会像自己一样来解读自己的行为，而应"尝试以别人的眼光来观察世界"，将自己置身于别人的境地中来理解别人对自己的行为可能做出的反应，尽量减少错误认知形成的可能性。另一方面，行为体要加强对别人的了解，尤其是别人的成长环境和文化背景，而不是习惯性地默认"自己观察世界的方式是唯一可能的方式"，并按照自身的成长环境和文化背景来判断别人的行为。其三，行为体要使别人客观地、准确地了解和认识自己的认知和行为。一方面，行为体要使自己的认知能够准确地、清楚地表达出来，并利用一定的客观事实或证据证明这个认知，只有这样才能让别人准确地接收自己想要输出的预期。另一方面，由于行为体的认知不是静止不变的，而是不断变化的，这就需要行为体不断加强和别人的互动、交流和沟通，使双方对彼此的"最新的"认知能够准确把握，而不是对彼此的认知仍然保持在"过去式"的层面上。

---

① 出自《吕氏春秋·有始览·去尤》篇。原文如下：人有亡鈇者，意者邻之子，视其行步，窃鈇也；颜色，窃鈇也；言语，窃鈇也；动作态度，无为而不窃鈇也。俄而扣其谷而得其鈇，他日复见其邻人之子，动作态度，无似窃鈇者。

总之，“合作”这个话题仍然需要我们持续研究和探讨，时代在进步，理论也会不断发展，未来一定会有新的理论观点出现，这是毋庸置疑的。我们需要用一种开放式的、兼收并蓄的态度来对待这些理论。只有这样，合作才能够被我们从根本上认识清楚。

三　区域合作

在界定了区域与合作的相关定义后，区域合作的定义也就不言自明了。根据区域和合作的基本概念，本书认为，区域合作是指在一个区域范围内、区域之间或跨区域的国家、个人或群体等国际政治行为体之间基于相似的认知，为达到彼此的目标，通过协调或配合等方式而采取的共同行动。区域合作主要有以下基本特征：

其一，区域合作的范围不仅仅局限于区域范围内，也有可能超越一个区域，在区域之间或跨区域层次上发生。20 世纪 50 年代到冷战结束，区域合作主要发生在区域范围内，形成了一系列的区域组织和区域集团，冷战结束后，国际社会从两极格局向多极格局迅速转化，区域合作开始跨越区域界限，一些跨洲的、跨洋的、跨区域的自贸区或区域组织开始出现，区域之间或跨区域的合作行为越来越频繁。

其二，区域合作的主体不仅包括作为国际政治主要行为体的国家，还包括国家间组织、全球性组织、个人、跨国公司、公民社会组织以及一些非政府组织等各种非国家行为体。由这些不同行为体推动的区域合作实践在不同层次上有不同的身份特征和表现形式。

其三，区域合作在不同的领域有着不同的特征和发展轨迹，尤其是在经济领域，区域合作的发展程度最为深远，已经出现了优惠贸易安排、自由贸易区、关税同盟、共同市场等不同区域合作类型，而在政治、安全和文化领域里的区域合作程度就远远落后于经济领域，还有很长的一段路要走。

其四，区域合作不一定只采取合作的行为，也含有竞争或冲突的成分。区域合作“只会在行为体认为它们的政策处于一种实际的或潜在的冲突或竞争的条件下而不是和谐的条件下才会发生”①。区域合作不应当

① ［美］罗伯特·基欧汉：《霸权之后：世界政治经济中的合作与纷争》，苏长和等译，上海世纪出版集团 2006 年版，第 53—54 页。

被看做没有冲突或没有竞争的状态，而应该被视为对潜在（或现实）的冲突或竞争的反映。

第二节　区域合作的衍生概念

如上所说，区域、合作以及区域合作这三个概念是区域合作理论的最基本单位，如果能够将与区域合作理论相关的客观知识和人类对其的主观认识不断整合到一个相对简化、直接、清晰的思维逻辑链条中，那就可以用来说明整个的区域合作理论体系。如果将区域合作理论比做一座高楼大厦，那么区域、合作和区域合作这三个概念就是这座高楼大厦的起始基石。与此同时，对区域、合作和区域合作这三个概念的描述、说明和阐释，则需要运用比它们更为复杂的概念形式或范畴。基于以上考虑，本节将对区域化、区域性、区域主义、区域间主义等派生概念进行阐释和辨析，希望进一步形成一个相对稳定的框架结构，最终形成并建立一个从简单到复杂的区域合作理论体系。

一　区域化[①]

今天，区域化这个词语已经远远超出专有名词范围，变成了一个几乎人人都会、都能使用的日常用语。区域化始于何时？区域化是经济现象，还是包括经济现象在内的政治、经济、文化等现象的总和？区域化是好还是坏？区域化是一个实体概念，还是一种理念形态？是一个过程，还是一种状态？不同学者对这些问题的理解是不完全一致的。到底该如何定义区域化这个充满争议的概念呢？本书以为，要厘清区域化的概念，就必须弄清楚以下三个问题。

（一）区域化始于何时

关于区域化始于何时这个问题，目前学术界主要有三种观点：古代

① 关于区域化的概念这一部分内容，是本书作者主持的“中国共产党区域合作战略研究（1978—2011）”的阶段性研究成果，是本书作者在第八届中国国际关系学会博士生论坛会议上提交的论文：“区域化、区域主义与区域性之概念辨析”中的部分内容，现将其作为本书的一部分，在此一并说明。

说、近代说和现代说。[①] 古代说认为，区域化是与国家的形成同步进行的。早在国家出现之时，国家之间或国家与地区之间的互动就已经开始，这种互动“最终形成以庞大的古典帝国体系为主导的区域世界”[②]，此时区域化已经开始启动。到了中世纪时期，受到民族大迁徙的影响，古典帝国体系开始瓦解，“大陆性区域世界开始形成”，区域化开始在两个维度上不断得到深入发展：一是大陆性区域世界之间的互动仍然在不断发展、增长；二是大陆性区域世界内部的互动、交往更加频繁。总的来说，古代时期的区域化发展还是比较缓慢的，甚至出现了某种循环往复。近代说认为，区域化开始于近代，即1500年的世界地理大发现。1500年之前的古代的确存在着区域与区域之间的互动，但这种互动只是一种“区域联系”，而不是区域化。区域联系不等同于区域化：区域联系是偶然性的、单一的、断断续续的、可有可无的；而区域化是“要区域内的国家有组成一个区域组织的想法和行动，以平等协商的方式确定行动的章程和步骤，进而在共同体的框架内各国做出妥协甚至是让渡部分国家主权”[③]。与古代说观点和近代说观点都不相同的是现代说，这种观点认为区域化开启于20世纪初期。20世纪初期的欧洲产生了一股“欧洲联合”、“欧洲统一”和“泛欧运动”的思潮[④]，在这股思潮的推动下，1951年欧洲煤钢共同体成立，以此作为主要标志，区域化在欧洲进入一个新阶段，区域化在欧洲的成功，进一步推动其在世界其他区域的发展。特别是在冷战结束后，区域化已经和全球化并行成为世界的两大主要趋势。以区域贸易协定的发展为例，20世纪60年代，世界上一共只有16个区域贸易协定，90年代已经增加到100多个，而“截止到2011年5月15日，全球累计共签

---

① 西方学术界把国际政治发展的历史划分为Ancient（古代）、Middle ages（中世纪）、Modern（现代）和Contemporary（当代）四个时期。中国学术界则划分为古代、近代、现代和当代四个时期，与西方学术界的划分主要有两点区别：一是中国没有“中世纪”的时间概念，这是西方独有的；二是中国的近代和现代之和与西方学术界的Modern是相一致的，西方学术界没有近代这一概念。

② 张乃和：《认同理论与世界区域化研究》，《吉林大学社会科学学报》2004年第3期。

③ 王文奇、赵静华：《世纪大棋局——区域化的世界》，长春出版社2011年版，第25页。

④ 这股思潮的主要代表性活动有：1900年6月，在法国巴黎召开的法国政治科学自由学派会议，主要探讨“欧洲联邦”的可能性；1909年5月，在意大利罗马召开的第一届欧洲联邦大会；1929年9月，法国外长白里安在欧洲联盟会议上提出建立“欧洲联盟”的设想和计划；1923年，泛欧联盟成立，分别在1926年、1932年、1935年和1943年召开4次“泛欧会议”。

订了489个区域贸易协定，其中已生效的有297个”①。本书以为，以上三种观点都有各自的合理性，但是，如果从国际政治研究的视角来看，古代说和近代说所指的区域化与本书所要探讨的区域化差别较大，现代说则更为接近，国外权威词典《韦氏词典》也将“区域化”一词的最早记载时间定在1921年，也间接证明现代说的正确性。②

（二）区域化的动力

在区域化的动力问题上，大多数学者都基本认同这么一个观点：区域化是由自发力量引发的，即在区域层面上活动的集中，这可能会导致区域的形成和塑造，又反过来导致区域集团、区域行为体和区域组织的出现。但是，在这种自发力量“是什么，是一个还是多个”的问题上，学者的观点差别较大，主要表现为两个方面：

其一，区域化是由一种自发力量引发的，这种自发力量或者是经济，或者是政治，或者是安全等。赫瑞尔（Hurell）认为，区域化的最大动力来自于市场，私人交易和投资流动以及公司的政策和决定，产生贸易联盟、贸易集团以及正式制度等。③ 卡赞斯坦（Katzenstein）也基本认同赫瑞尔的观点，认为区域化是对国际或全球经济进程在不同地理空间上的一种反映和描述，即区域化是对由经济全球化所造成的两极化压力和边缘化压力的回应，是一种经济自发力量的结果。④ 也有部分学者认为，区域化是由地缘政治力量推动的。20世纪上半期，地缘政治理论进一步得到发展，先后形成海权论、地权论和空权论。美国地缘政治学家孔汉（Cohen）“反对没有任何回旋余地的僵硬的两极对立模式”，认为“区域化对于世界的稳定来说是一种值得庆幸的趋势”。可见，区域化的产生与地缘政治有着密切的联系。⑤ 从这个意义上讲，区域化产生的直接动力是对抗而不是合作，区域化所强调的合作仅仅指区域内部之间的合作。区域化还有可能受国内政治因素的影响，就像莫腾·博阿斯和黑尔格·赫维姆所

① 殷敏：《区域贸易协定现状及中国的发展趋势》，《光明日报》2012年6月16日第7版。

② 参考《韦氏词典》在线查询网站：http：//www.merriam-webster.com/dictionary/regionalize。

③ Raimo Vayrynen, “Regionalism: Old and New,” *International Studies Review*, 2003, 5 (1): 36.

④ P. J. Katzenstein, *A World of Regions*: *Asia and Europe in the American Imperium* (Ithaca: Cornell University Press, 2005).

⑤ 薛誉华：《区域化：全球化的阻力》，《世界经济》2003年第2期。

说："区域化也代表着国家的战略性的积极追求。"① 还有部分学者认为，区域化是对某些区域冲突或潜在区域冲突的一种回应，这些区域冲突包括国家之间的战争，溢出国家的、对邻国及其行为体造成一定影响的、吸引国际社会注意力的国内战争。1949 年成立的北约和 1954 年建立的华约就是对欧洲安全的一种区域化回应。

其二，区域化是由多种力量共同引发的。赫特那（Hettne）就是其中的典型代表。他认为，区域化是自发的、不完全一致的，由私人行为体（如市场、资本流动和其他跨边界活动）推动的，是对区域内多维度进程变化的一种实证趋势描述，表现为多层面的，同时发生的社会、政治和经济互动。②

（三）区域化与全球化的关系

冷战结束后，区域化已经和全球化并行成为世界的两大主要趋势。二者之间既有联系，又有区别，相互影响，相互促进。

其一，区域化晚于全球化。从时间上看，全球化开启于 1500 年的世界地理大发现，区域化开启于 20 世纪初期，区域化晚于全球化。

其二，区域化是全球化的产物。全球化是一个以经济全球化为核心，包括世界上所有国家在内的政治、文化、安全、军事、科技等多领域、多层次的相互影响、相互制约的进程，其本质是世界上不同利益主体不自觉的和渐进的追求利益和分配利益的趋同。③ 正是全球化所涉及的主体、方式、范围的广泛性，使得在经济发展水平、历史文化、意识形态以及社会制度上都拥有巨大差异性的世界国家往往无法在短时间内、在所有领域都达成一致和共识，这样就无法实现全球化的理想状态——生产要素在全世界范围内的自由流动，全球化也就遥遥无期。但是，区域化在客观上弥补了全球化的不足，极大地推动了全球化在局部区域上的蓬勃发展。具体来说，地理位置上的接壤或临近有利于贸易和产品生产要素在区域范围内的自由流动，更容易形成区域合作的基础，有利于区域化的发生；而同一个

---

① M. Boas, H. Hveem, "The African and the Southeast Asia Experience," in B. Hettne, A. Inotai, O. Sunkel eds., *Comparing Regionalisms: Implications for Global Development* (New York: Palgrave, 2001), p. 94.

② B. Hettne, "Globalization and the New Regionalism: The Second Great Transformation," in B. Hettne, A. Inotai and O. Sunkel eds., *Globalism and the New Regionalism* (London: Macmillan/New York: St. Martin's Press, 1999), pp. 1-24.

③ 王文奇、赵静华：《世纪大棋局——区域化的世界》，长春出版社 2011 年版，第 17 页。

区域内部的国家之间往往有着相似或相同的历史经历、文化背景，这有利于区域化的深层次发展。从这层意义上说，如果没有全球化所创造的商品、资本和人口的频繁的跨国流动这个客观条件，区域化也就无法借助于全球化实现和强化区域内部的各种互动，所以说，区域化是全球化的一个客观产物。

其三，区域化反作用于全球化。区域化是全球化的一个客观产物，但这并不是说，区域化就一定屈从于全球化。自从区域化产生以来，它就以一种相对独立的姿态反作用于全球化。这种反作用既包含积极作用，也包含消极作用。一方面，区域化也在一定程度上阻碍着全球化的发展。这主要体现在区域化的排他性上。区域化的排他性与全球化所倡导的“生产要素在全球范围内的完全自由流动”理念是背道而驰的，具有浓厚的贸易保护主义色彩，但是，在区域化的排他性所带来的更多的现实利益面前，世界上绝大部分国家都不得不向区域化低头，即使是世界头号强国的美国也在“敌视区域化多年之后，逐渐认识到区域化的好处，并在北美发起倡议，使得区域化迅速成为冷战后世界经济的突出特征”[①]。区域化的排他性不仅有利于区域内部的贸易自由化和经济快速发展，也有助于区域内国家共同应对区域外部挑战，在国际舞台上更好地协调本区域立场，从而寻求区域共同利益，促进区域共同价值，解决区域共同问题，特别是增强全球化进程中抵御风险的能力。[②] 不过，我们仍然需要看到，区域化对发达国家和发展中国家还有着不同的含义[③]：发达国家支持区域化是为了进一步巩固其在全球化进程中的主导地位和最大受益者地位，而广大发展中国家则是为减缓全球化对自己国家的发展所带来的不利影响和负面冲击。区域化为广大发展中国家提供一个进入由发达国家主导的、本国利益往往被边缘化的国际政治经济秩序的突破口，“这种动力在欠发达的、被边缘化的、区域组织比较微弱或者刚刚建立的区域很有必要”[④]。萨默

① 徐春祥：《东亚贸易一体化：从区域化到区域主义》，社会科学文献出版社 2008 年版，第 62 页。

② 星野昭吉、刘小林：《全球政治与东亚区域化：全球化、区域化与中日关系》，北京师范大学出版集团 2012 年版，第 154 页。

③ 杨虹：《新地区主义：中国与东亚共同发展》，中国社会科学出版社 2011 年版，第 24 页。

④ Louise Fawcett, “Exploring Regional Domains: A Comparative History of Regionalism,” *International Affairs* (Royal Institute of International Affairs), 2004, 80 (3): 429-446.

尔·阿明也认识到了区域化对发展中国家的重要意义。他认为，资本主义的历史开始逐渐从区域层面发展到全球层面，每前进一步都要创造新的“极化”趋势（这个极化趋势里面就有主导国家和边缘国家之分）。为了提高自身（国家）的经济实力，边缘国家不得不从全球化体系中脱离出来，转而采取替代性的、抵消性的策略，其中之一就是区域化。[①] 另一方面，区域化也能够促进全球化的发展。区域化本身就是全球化的产物。世界上每个区域经济的发展都是整个世界经济发展的重要组成部分。尽管区域化带有排他性的特征，但是从总体上看，世界经济的相互依存关系并没有因为区域化的发展而削弱，反而得到进一步增强。我们可以用多米诺骨牌效应[②]解释这个现象。随着一个区域集团规模的扩大，加入此区域集团会获得更大的利益，由此，区域集团外部的成员加入这个区域集团的动机就会越来越强烈，只要区域集团一直保持开放的态度，这个区域集团的规模就会越来越大。如此循环往复，区域内部的贸易自由化就会向整个世界范围扩展，从而实现全球化的理想状态——生产要素在全球范围内的完全自由流动[③]，在这方面最有影响力的事例就是欧盟东扩。欧盟成立之初，只有 6 个核心国家，随后分别在 1973 年、1981 年、1986 年、1995 年、2003 年和 2007 年经过 6 次扩大，成为一个集政治实体和经济实体于一体的、在世界上具有重要影响力的区域一体化组织。欧盟东扩对全球化有着重要意义。另外，区域之间的合作也在不断加强，比较有代表性的是亚太合作（以 1989 年的亚太经济合作组织的建立为标志）、欧盟与南方共同市场之间的合作（1995 年，欧盟和南方共同市场签署框架协议，拟建立自由贸易区）以及欧亚合作（1996 年，东盟 +3 和欧盟举行第一次对话会议）。区域集团之间的相互对话、协商和合作，预示着区域化正在向全球化迈进。

其四，区域化不能替代全球化。全球化事实上的确需要更深程度的区

---

① Samir Amin, “Regionalization in Response to Polarizing Globalization,” in Bjorn Hettne, Andras Sapir, and Osvaldo Sunkel, eds., *Globalism and the New Regionalism* (New York: St. Martin's Press, 1999).

② 一组按照一定间距排列成行的多米诺骨牌，轻轻碰倒第一枚多米诺骨牌，其余的多米诺骨牌就会产生连锁反应，依次倒下。

③ Richard Baldwin, A Domino Theory of Regionalism, National Bureau of Economic Research, 1993.

域化，但这并不是说区域化可以替代全球化。[①] 我们不应该把区域化和全球化简单对立起来，就像拉尔夫·派特曼（Ralph Pettman）所说，如此简单的二分法无论在分析上还是政治上都会付出沉重代价。从分析上看，一个人可能会问："当区域化和全球化看起来是一个统一体，并不存在根本对立的时候，二分法下的区域化和全球化的观点分别是什么呢?"从政治上看，全球化和区域化之间的对立可能会导致一种敌对的、对立的印象——西方是全球化的，而东方是区域化的。[②]

既然不能以简单的二分法来看待区域化与全球化之间的关系，那么我们应当如何认识它们呢？本书以为，应当从多元视角来分析区域化与全球化之间的关系。首先，我们应当分别对区域化和全球化进行重新认识：不同的区域（欧洲、亚洲、北美、南美、非洲、大洋洲）和不同的领域（政治、经济、文化、安全、环境等）对区域化和全球化的切实感受是不一样的，与其说存在一个区域化（regionalization）和全球化（globalization），倒不如说存在多个区域化（regionalizations）和全球化（globalizations），这样才更符合世界的现实。这也就意味着世界上的不同区域存在着不同的区域化和全球化，即使在一个区域里，区域化和全球化也在不同的领域存在着不同的方面。

从长远来看，区域化与全球化是相辅相成的辩证关系。区域化不能从根本上阻止全球化的发展，相反还会成为全球化发展的一个"垫脚石"，是通往全球化的必由之路。区域化和全球化为通向更高层次的世界秩序提供了互补的而非替代性的路径。

二　区域性[③]

区域性是美国著名学者赫特那（Hettne）于 1992 年在《后冷战时期

---

① Robert Z. Lawrence, *Regionalism, Multilateralism, and Deeper Integration* (Washington, DC: Brookings Institution Press, 1996).

② Ralph Pettman, "Globalism and Regionalism: The Costs of Dichotomy," B. Hettne, A. Inotai and O. Sunkel eds., *Globalism and the New Regionalism* (London: Macmillan/New York: St Martin's Press, 1999), p. 199.

③ 关于区域性的概念这一部分内容，是本书作者主持的"中国共产党区域合作战略研究（1978—2011）"的阶段性研究成果，是本书作者在第八届中国国际关系学会博士生论坛会议上提交的论文"区域化、区域主义与区域性之概念辨析"中的部分内容，现将其作为本书的一部分，在此一并说明。

的和平与发展》[①]一文中首先提出来的概念，随后他又于1993年在《新重商主义：追求区域性》[②]一文中进一步阐述了区域性的含义。在此文中，赫特那认为，区域性用来描述这样一种状态，即区域化进程已经将区域提升到一种拥有内在（区域）特征的情形，区域性反映了一个区域的发展程度、状态和性质。区域性程度不仅与区域经济相互依赖程度、区域互动程度、区域文化同质程度以及区域凝聚力程度相关，还与区域的行动能力尤其是解决既定区域内冲突的能力相关，具体来说，区域性程度越高，区域经济相互依赖程度、区域互动程度、区域文化同质程度、区域凝聚力程度、区域行动能力尤其是解决既定区域内冲突的能力也就越高。另外，赫特那还认为，区域性这个概念不仅仅能够描述一个区域的变化，还能够反映世界体系的结构改变，具体表现在，随着各个区域的区域性程度的不断提高，整个世界体系也会变得更加区域化，而全球区域化进程的发展反过来也会激起那些区域性程度较低的潜在区域的发展。这两个进程是相互影响、相互促进的。在此文中，赫特那还根据区域性程度变化的复杂性，将区域性分为五种水平或层次，分别是由自然地理界限决定的地理或生态单位，超越人类群体之间的社会、政治、文化和经济本质的跨区域关系的社会体系，在文化、经济、政治或军事等领域都有组织化合作的区域，形成社会交流和价值凝聚力的区域公民社会以及有明确的身份、行为体能力、合法性和决策机制的区域政治实体。尽管这五种不同的区域性在某种程度上带有一定的进化逻辑，但赫特那仍特别说明区域性在不同的区域有不同的程度、水平和层次，不是必然向上发展演化的，也是可以后退的。

尽管赫特那在《新重商主义：追求区域性》一文中对区域性的概念进行了基本分析，但是由于新区域主义在20世纪90年代初还处于一个初步形成的阶段，赫特那对新区域主义理论的核心概念——区域性的分析还缺少充分的和足够的理论支撑。1999年，赫特那在《全球化和新区域主义：第二次伟大转变》一文中进一步发展了区域性概念，认为区域化为

① B. Hettne, "Peace and Development in the Post-Cold War Era," in K. Tehranian and M. Tehranian eds., *Restructuring for World Peace* (Cresskill, NJ: Hampton Press, 1992), pp. 197-220.

② B. Hettne, "Neo-Mercantilism: The Pursuit of Regionness," *Cooperation and Conflict*, 1993, 28 (3): 219-221.

区域性的形成提供了经济相互依赖、制度纽带、政治互信以及文化归属感等基础因素。区域性是一种表示区域化程度的变量，可以从空间性、合作以及身份三个指标对区域性进行分析。这样，区域性的概念就更加具有内在逻辑性。[①] 2000年，赫特那公开发表《不断上升的区域性的理论化》[②]一文，这被认为是对新区域主义理论和区域性概念研究的集大成之作，深受国内外学者的好评。赫特那在该文中对新区域主义理论所产生的时代背景[③]、新区域主义理论的研究对象[④]、新区域主义理论的元理论（理论来源）[⑤]、新区域主义理论的核心概念（区域性）进行了深入研究。在该文中，赫特那进一步完善了其区域性概念，认为区域性表示一个特定地理区域内区域化进程的多维度结果。区域性按照其程度的不同可分为：区域空间、区域复合体、区域社会、区域共同体以及区域国家，可见，赫特那在这里对区域五个层次的归纳更为简洁、深刻。另外，这五种程度的具体内涵与赫特那之前的认识也有了很大的不同，具体来说，区域空间指包含一群生活在具有明确地理界限区域内的人口的、控制一定自然资源的、通过一定的文化价值和共同纽带联结在一起的地域空间。区域复合体表示人类群体之间的和文化影响力之间的不断扩展的超越区域的关系，既包括积极方面的（如合作）关系，也包括消极方面的（如冲突）关系。区域社会是区域化进程不断向前发展的关键阶段，指（包含国家和非国家行为体在内的）不同的行为体在多维度领域（如政治、经济、文化等）利用更为正式的、更为自觉的、以制度为基础的关系模式进行频度更强、范围更广、程度更深的交流、互动。区域共同体是指区域越来越成为一个拥有明确身份的、制度化或非正式的行为能力的、决策合法性和决策结构的、能

---

① B. Hettne, "Globalization and the New Regionalism: The Second Great Transformation," in B. Hettne, A. Inotai and O. Sunkel eds., *Globalism and the New Regionalism* (London: Macmillan/New York: St Martin's Press, 1999).

② B. Hettne, F. Söderbaum, "Theorising the Rise of Regionness," *New Political Economy*, 2000, 5 (3): 33-47.

③ 其时代背景是：其一，世界体系由两极体系向三级体系转变，权力中心发生新的转移；其二，美国霸权相对衰落；其三，以民族国家为核心的威斯特伐利亚体系日渐衰落，相互依存程度和全球化程度日渐增加；其四，新自由主义对发展中国家和后社会主义国家的经济发展和政治体系的态度有所改变。

④ 其研究对象是：其一，不断出现的区域；其二，正在转变中的世界秩序；其三，多层次治理模式的出现。

⑤ 其元理论是：其一，全球社会理论；其二，社会建构理论；其三，比较区域研究。

动的行为主体，意味着特定区域范围内的观念、组织和进程的有效融合与和睦共处。区域国家是五种区域性程度的最高阶段，这在目前仍然是一种假设。区域国家与传统帝国的范围和文化的高度异质性不同，也与威斯特伐利亚类型的主权国家的高度同质性不同。区域国家的形成并不要求文化上的标准化，而是以多元文化为基础的。区域国家也不是以武力为基础的，而是由一群前主权国家在条件满足的前提下自愿形成的，区域国家比政府间国际组织更加民主，国家利益是首要的，但已经没有必要具有主权国家的身份了。在区域国家里，权威、实力和决策不是集中的，而是平行的，被地方、微观区域、国家、宏观区域/超国家机构共同分享。

本书认为，区域化是对区域、国家或地方、集团或个人等行为体的权力、财富和价值的分配过程，在这个分配过程中，各行为体相互影响，相互作用。区域性是区域化进程的客观结果，是对为各种政治行为体的行为提供共同空间的区域社会的再建构，具体来说：[①]

其一，在区域化过程中，各个行为主体为了最大限度地维护自身利益，主动或被动地调整自身与他者之间的关系，形成一个关于政治、经济和文化等共同存在的区域“共通社会”。随着区域化进程的不断推进，区域性形成的可能性也将大大增加。

其二，不同的行为体存在于不同层次的社会中，这些不同层次社会之间原本有着明显的界限，但是随着区域共通社会的形成或扩大，各行为体所处的不同层次社会之间的界限变得日益模糊、不确定性日益增大，这就常常会导致国内问题区域化或者区域问题国内化，在国家社会与区域共通社会频繁互动的过程中，区域性得到增强。

其三，随着区域共通社会的不断扩大，各层次上的所有行为体都带有一定的区域性，它们所追求的政治、经济和文化等也越来越带有区域性色彩，而且越来越呈现出多元化、综合化的趋势。

其四，在区域共通社会中，各行为体都以维持和增加政治、经济和文化为核心目标来实施各自的计划、方针、政策。从纵向来看，当前各行为体追求政治、经济和文化的力度越大，区域性就越强，而区域性的增强就

---

① 这里对区域性概念的理解受到星野昭吉和刘小林两位教授的启发，他们出色地界定了全球性的概念，本书对区域性的界定就是在借鉴其概念基础上完成的，在此一并表示感谢。具体参见星野昭吉、刘小林《全球政治与东亚区域化：全球化、区域化与中日关系》，北京师范大学出版集团 2012 年版，第 1—7 页。

会使各行为体的后代进一步维持和强化这些政治、经济和文化的成本和难度变得更大。从横向来看，在区域共通社会中，实力强大的行为体追求政治、经济和文化的力度越大，实力弱小的行为体就会不断被边缘化，其维持和强化政治、经济和文化的难度就会变得更大。

其五，在区域共通社会中，存在着两种共存的区域力量：一种是维持现状型区域力量，一种是改革现状型区域力量，正是二者之间的相互影响和相互制约，塑造着区域性。

三　区域主义①

区域主义无论是在不同的学科之间，还是在同一学科内部都是一个有争议的概念。事实上，最近关于区域主义研究主要有两个特点：一是区域主义越来越和全球政治的转变和全球化的不断发展紧密联系在一起；二是研究区域主义的队伍不断壮大，既包括只对特定的自然地理区域感兴趣的学者，也包括只在某个单一领域（如政治、经济、安全、文化或环境等）范围内研究的学者。特别是前者，依赖于“以地域为基础的知识”，对世界某个区域已经发展起来的区域合作模式感兴趣。这些学者有着深厚的、关于这个自然地理区域的政治、经济、文化知识，也具备对其中某个国家的专业知识。这些学者们的研究工作从国际政治理论上看不是很正式，但是他们的工作是必要的，阿查亚将他们称为“以学科为导向的区域主义者”。

从目前来看主要有经济说、政治说、主观建构说和综合说四种观点。

（一）经济说

经济说对区域主义及其对全球贸易体系的影响进行了着重分析，以贾格迪什·巴格沃蒂（Jagdish Bhagwati）和雷蒙·万里尼（Raimo Vayrynen）为主要代表。巴格沃蒂认为，区域主义是一组国家之间的最惠贸易协定，基于贸易转移的主导性影响，区域主义会产生贸易保护主义，甚至战争，是通往全球贸易体系的绊脚石，会延缓全球贸易体系的进程。②

① 关于区域主义的概念这一部分内容，是本书作者主持的“中国共产党区域合作战略研究（1978—2011）”的阶段性研究成果，是本书作者与王资博博士公开发表在《理论与现代化》期刊上的《区域主义：概念、类型及其发展脉络》一文的部分内容，主笔人是本人，王资博博士对本文提出了若干修改意见，现已征得王资博博士的同意，将其作为本书的一部分，在此一并说明。具体参见王在亮、王资博《区域主义：概念、类型及其发展脉络》，《理论与现代化》2013年第4期。

② Jagdish Bhagwati, “The Case for Free Trade,” *Scientific American*, 1993, 269 (5): 22.

雷蒙·万里尼（Raimo Vayrynen）则认为，贾格迪什·巴格沃蒂的观点仅仅涉及商品贸易领域，只是浅层面上的区域合作，已经远远不能满足目前社会现实的需要。在此背景下，雷蒙·万里尼进一步发展了贾格迪什·巴格沃蒂的观点，认为区域主义还包括国内经济政策的协调和合作，突出强调了正式机制的作用。另外，雷蒙·万里尼关于区域主义和全球贸易体系之间的关系也与贾格迪什·巴格沃蒂的观点相左。他认为，缺乏足够的事实数据证明区域贸易协定能够削弱多边贸易协定；相反，有足够的证据证明区域贸易协定能和多边贸易协定兼容，甚至为其铺路，会促进多边贸易协定的开放性。[①] 不过，经济说忽视了政治因素在区域主义中的地位和作用，特别是在以下四个问题上：(1) 区域贸易协定起起伏伏的原因？(2) 国家为什么采取区域贸易战略，而不是依赖单边或多边路径？(3) 选择区域贸易协定伙伴的决定因素是什么？(4) 区域主义的政治影响是什么？经济说对此未能给出令人信服的答案。

（二）政治说

经济说未能解决的问题，政治说给出了比较令人满意的说法。政治说主要从国际政治角度对以上四个问题提供了关键性解释。在国际政治中，区域主义一般涉及通过正式制度而达成的政治协商，这种协商往往发生在地理位置临近而互动密切的国家之间。[②] 卢光盛在《地区主义与东盟经济合作》一书分别从国家在区域主义中的角色、区域主义各行为体的动机和区域主义的理想预期形态三个方面对区域主义研究中的“七种意象”（分别是新现实主义、新自由制度主义、新马克思主义、世界体系理论、新葛兰西主义的世界秩序方法、全球主义、区域治理方法）进行了比较分析，最后得出结论：权力、制度和结构是影响区域主义形成与发展的关键变量。[③] 在国际政治与区域主义关系研究中的一个重中之重是霸权与区域主义的关系。一般认为，霸权与区域主义既存在着相一致的一面，也有对立的一面。霸权试图控制、引导或利用区域主义，使区域主义不能够冲击、挑战霸权的全球或区域利益。区域主义则是为了提高本区域的治理水

① Raimo Vayrynen, "Regionalism: Old and New," *International Studies Review*, 2003, 5 (1): 20.

② Edward D. Mansfield and Etel Solingen, "Regionalism," *Annual Review of Political Science*, 2010, 13: 145-163.

③ 卢光盛：《地区主义与东盟经济合作》，上海辞书出版社 2008 年版，第 13 页。

平和能力，构建与本区域的特点和目标相对称的区域秩序，这种区域秩序不可避免地会冲击霸权在本区域内的既得利益和现有秩序。霸权与区域主义之间的关系取决于二者之间持续的互动。卡赞斯坦在《区域构成的世界：美国治下的亚欧》① 一书中以“地域为基础的知识”援引现实，利用自由/现实/建构主义国际政治理论将美国霸权与亚欧的区域秩序联系在一起。他的核心论断是：世界政治正在被可渗透的区域和美国霸权之间的互动所塑造，由于美国霸权的存在，亚欧美并不是有凝聚力的三边集团。美国在“由区域构成的多孔世界”中发挥着核心作用，德国和日本分别是欧亚的核心国家，他们在各自的区域之内支持美国的霸权利益和权力存在。关于霸权与区域主义的关系，也有学者持不同意见。他们认为，霸权在世界上强大的经济和军事实力不能够自然而然地转化成区域领导力。②一方面，由于区域的庞大、不规则和行政管理上的复杂性，如果不以强有力的组织和资源作为基础，霸权是无法成功控制这些区域的。另一方面，在后冷战国际体系中，基于人道主义原因或其他政治原因，区域对外部干预和危机处理的需求越来越多，但无论是美国还是其他主要大国都没有表现出全部承担管理这些区域危机的责任和强烈意愿。

（三）主观建构说

受到国际政治领域里建构主义学说发展的影响，主观建构说近些年来不断涌现，成为解释区域主义的一种新路径、新方法。这种观点认为，区域主义是区域成员拥有的区域认同的具体反映。坎姆卢克斯（Camroux）认为，区域主义在本质上是主观的，是一组规范、价值、目标、观点，表示不同程度的身份及其建构。③ 卡尼瑟卡·贾亚苏里亚（Kanishka Jayasuriya）也持类似态度，认为区域主义是由语言和政治论述塑造的一组认知实践，它通过概念、比喻来决定区域是如何被定义的，它界定哪些行为体应该在区域内部，哪些行为体应该被排除在外，所以，它能产生一个区域

---

① P. J. Katzenstein, *A World of Regions: Asia and Europe in the American Imperium* (Ithaca: Cornell University Press, 2005).

② Raimo Vayrynen, "Regionalism: Old and New," *International Studies Review*, 2003, 5 (1): 28-29.

③ D. Camroux, "Asia … whose Asia? A 'Return to the Future' of a Sino-Indic Asian Community," *The Pacific Review*, 2007, 30 (4): 551-575.

实体和区域身份。①

（四）综合说。

综合说本身并没有独立的、代表性的观点，它是一些学者为了弥补经济说、政治说和主观建构说的缺点而将三者的观点融合在一起的，有的学者也称其为“折中说”。舒尔茨（Schulz）是这种观点的典型代表。他认为，区域主义是一个比较普遍的现象，“表示正式的，往往是由国家主导的计划、过程，或者是一组规范、价值、目标、观点或者是一种国际秩序或社会的类型，它是带有一定目的的政治、经济或安全合作进程”②，所以，我们应当对区域主义采取一种折中的、多维度的视角。罗伯特·吉尔平也比较认同这种观点，他认为，人们应当采用折中的方式去了解和认识区域主义，“要对如此多种多样的和范围广泛的现象做出普遍适用的解释或建立一种通用的理论，毫无疑问是不可能的。采用折中的方法才是合理的，理应重视很多因素”③。

从以上关于区域主义的四种观点中可以看出，区域主义就是一种“坚持认为区域层次安排是实现国家利益的最有效方法”的信仰，体现的是一种对区域秩序的价值追求。④ 所以说，区域主义就是在地理位置上比较接近的一群国家之间通过建立制度框架和组织框架，在政治、经济、安全、文化等多领域开展的区域合作与交往实践活动。根据区域主义的基本定义，我们可以知道区域主义的主要特征：

第一，区域主义是一个以相互合作、协商的政策（policy）或规划（project）为特征的政治进程。

第二，区域主义是一个自上而下的进程，主要是一个为了推动区域经济一体化而建立的制度创造的进程，尤为强调成员的不同程度的承诺或责任。

第三，区域主义是一个由政府或由政府支持的其他行为体作为区域合作活动主要驱动力的进程，是国家之间进行合作与管理的、有目的的、自

---

① Kanishka Jayasuriya, "The Politics of Regional Definition," *The Pacific Review*, 1994, 7 (4): 411-420.

② M. Schulz et al., *Regionalization in a Globalizing World: A Comparative Perspective on Forms, Actors and Process* (New York: Zed Books, 2001), p. 5.

③ 罗伯特·吉尔平：《全球政治经济学：解读国际经济秩序》，杨宇光等译，上海人民出版社 2003 年版，第 16 页。

④ 肖欢容：《地区主义理论的历史演进》，中国社会科学院研究生院 2002 年博士学位论文。

觉的产物。

四 区域间主义[①]

冷战结束后，特别是进入21世纪以来，全球化和区域化不断向纵深发展，以区域组织为代表的区域之间频繁互动，联系日益密切，区域间关系[②]应运而生。区域间关系是世界上不同区域之间的政治、经济、文化和社会等方面不断互动、交流、深化、发展的过程，是区域合作在区域化客观进程中出现的一个阶段性新现象、新实践、新趋势。区域间主义，就是以区域间关系作为研究对象的理论与实践研究，在未来可能会产生一个国际关系研究新领域——域际政治（区域间政治）[③]，就像于尔根·鲁兰（Jürgen Rüland）所说的那样："区域间关系研究构成了国际政治学的一个新的研究领域"，是一个"未完成的研究议程"[④]。

有的学者认为，区域间主义是区域主义在新时期新阶段的新发展，但是更多的学者认为，区域间主义已经在客观上形成了一个相对独立的理论形态，之所以这么说，是因为区域间主义的研究对象主要是区域、区域间关系和区域间关系变化发展的一般规律。这是区域间主义与区域主义的最大区别之处。

（一）区域间主义是研究区域的

既然区域间主义的逻辑起点是区域，那么区域就是区域间主义的基本分析单位，也就是说，区域间主义是一个关于区域的理论体系，是研究区域整体的，即将区域看作一个由各个组成要素相互联系而形成的一个客观

---

① 关于区域间主义概念这一部分内容，是本书作者主持的"中国共产党区域合作战略研究（1978—2011）"的阶段性研究成果，将其作为本书的一部分，在此一并说明。具体参见王在亮、高英彤《区域间主义：逻辑起点和研究对象》，《当代亚太》2014年第2期。

② 于尔根·鲁兰认为，目前，国际体系至少存在五个相对独立的决策层次（或单元），分别是全球多边层次、区域间层次、区域层次、次区域层次和双边国家关系。其中，第二个层次——区域间层次就等同于本书所提到的"区域间关系"。参见 Jürgen Rüland, "The EU as an inter-regional actor: The Asia-Europe Meeting," in Suthiphand Chirathivat eds., *Asia-Europe on the Eve of the 21st Century* (Bangkok: Saksopha Press, 2001), pp. 43-44.

③ P. Cammack, "Interpreting ASEM: Interregionalism and the New Materialism," *Journal of the Asia Pacific Economy*, 1999, 4 (1): 13-32.

④ Jürgen Rüland, "Interregionalism: An Unfinished Agenda," in Heiner Hänggi, Ralf Roloff, Jürgen Rüland, eds., *Interregionalism and International Relations: A Stepping Stone to Global Governance?* (London and New York: Routledge Press, 2006), p. 295.

的、统一的整体。将区域作为整体进行研究，主要有两个视角：一个是由内及外的内部生成视角，即区域是在区域主义的深化、发展进程中逐渐产生的，是区域主义的一个客观结果，而随着区域内部经济、政治、文化和安全等各方面一体化程度的集中和加强，区域的客观存在逐渐开始具有某种相对独立的意识，并且产生了一定的对外行为和对外影响，这个时候，区域的对外关系就产生了，这就使得区域从区域主义的被动、客观目标转变成为区域间主义的能动逻辑起点。也就是说，区域是将区域主义和区域间主义紧密联系在一起的一个纽带。透过区域由内及外的内部生成进程，我们可以清楚地了解为什么国际社会中存在着不同类型的、不同发展程度的区域。一个是由外到内的外部扩展视角，区域并不存在于一个完全真空的环境下，而是在由不同区域构成的国际社会中处于一定的相对位置，会受到外在环境不同程度的影响，因此，我们应当通过由外到内的视角对那些能够影响区域的外在条件进行重点分析，最大限度地发挥区域生成的有利条件，最大限度地避免区域生成的不利条件。另外，由内及外的内部生成视角和由外到内的外部扩展视角之间并不是完全隔离的，而是相互影响的。区域的内部生成进程会对区域间层次意义上的世界体系产生重要影响，20 世纪 90 年代以来，以欧盟为主要代表的欧洲区域行为体的区域间关系网络的迅猛发展，产生了一系列连锁效应，在一定程度上推动了拉美、非洲和东亚等区域的区域间关系网络的发展，区域间层次意义上的世界体系由过去的从以欧盟为单一中心的“中心—轮轴”体系转变成世界绝大部分区域都积极参与的多中心的网格体系。与此同时，区域的内部生成进程也会受到全球化和区域化影响下的、相互依赖程度不断加深的世界体系的深刻影响，由于全球化和区域化的发展都存在着一定的不平衡性，这就导致区域在成长、发展和成熟过程中也存在着不平衡性，而且这种不平衡性有逐渐“固化”的趋势，不宜扭转，目前来看，欧洲最为成熟和发达，拉美、非洲、东亚次之，北美排在最后。

（二）区域间主义是研究区域间关系的

区域间关系，顾名思义，就是区域之间的各种关系。其中，“区域”既包括已经存在的区域，主要体现为区域组织，如欧盟之于欧洲、非盟之于非洲、南美洲国家联盟之于南美洲、东盟之于东南亚等，也包括正在建构中的区域，即冠以区域集体身份参与对外关系的一群国家，如东盟 10 国加中日韩 3 国之于东亚；“关系”既包括静态关系，主要体现为不同区域之间的客观对比，如地理空间大小、人口数量多少、制度化水平高低、经济实力强弱等，也包括动态关系，主要体现为竞争、冲突、合作三种基本的互动关系。就区域间主义的研究对象而言，我们可以把区域间主义的研究对象大体概括为三类关系，具体而言：（1）已经存在的区域之间的关系，这类由主权国家构成的区域组织之间的基本关系是区域间主义最主要的研究对象；（2）已经存在的区域与冠以区域集体身份参与对外关系的一群国家之间的关系；（3）冠以区域集体身份参与对外关系的一群国家之间的关系。

（三）区域间主义是研究区域间关系变化发展的一般规律

区域间关系看似纷繁复杂、杂乱无章，实际上在这种杂乱表象下面隐藏着由一种线索或几种线索构成的内在联系和内在发展规律，因此，我们不仅要研究区域间关系的各种表象，还要深入研究区域间关系变化发展的一般规律。一般来讲，主要从以下两个方面入手：

其一，从总体上把握区域间关系在不同发展阶段的不同特点。由于全球化和区域化进程的不平衡性，以及世界各个区域内部的经济发展水平、政治制度差异性以及社会文化因素的具体不同，同一时期世界各个区域的形成进度是不一致的，有的区域（如欧洲）发展程度高，有的区域（如东亚）发展程度低，而在世界各个区域基础之上所形成的区域间关系则不可避免地呈现出不同的特点。海纳·汉吉在总体把握区域间关系在不同发展阶段的不同特点方面做出了有益的尝试，① 他以冷战结束为时间分界线，将区域间关系分为20世纪60年代至90年代初和90年代初至今两个不同的阶段，对这两个阶段的区域间关系实践进行总结，并以“旧区域间关系”和“新区域间关系”分别为之命名。“旧区域间关系”是指在冷战两极格局下形成的，以欧洲为核心区域的，与世界其他区域所建立起来的“中心—轮轴”体系。“新区域间关系”是指在冷战结束后至今所形成的，以欧洲、拉美、非洲和东亚等世界各个区域为中心的、综合的、多极开放式的网格体系。随着全球化和区域化的继续深入发展，区域间关系实践也必将会产生更多的新形式、新类型和新特点，我们对区域间关系的历

① Heiner Hänggi, “Interregionalism as a Multifaceted Phenomenon: In Search of a Typology,” in Heiner Hänggi, Ralf Roloff and Jürgen Rüland, *Interregionalism and International Relations* (Abindgdon-Nueva York: Routledge, 2006), pp. 31-62.

史梳理和总结也将会不断完善下去。

其二，我们要了解当前世界各个区域的区域间关系的基本特点，具体分析它们相互之间是如何相互作用和相互影响的。不同区域的区域间关系有着各自不同的发生轨迹和发展特点，对具体区域要具体分析，而在对这些区域进行具体分析的时候，有必要借助一些理论分析工具。于尔根·鲁兰综合运用现实主义、自由制度主义和社会建构主义的国际政治三大主流理论提出，权力均衡和博弈、制度建设和身份认同建构是世界各个区域进行区域间关系实践的主要考量因素，① 这种观点目前处于主流地位。不过，也有学者从社会行为逻辑角度提出新的观点，塔尼娅·波塞尔（Tanja A. Börzel）和托马斯·里瑟（Thomas Risse）就提出，② 可以从工具理性、规范理性和交往理性三个理想化层面对世界各个区域的区域间关系的扩散进行理论阐释，这三种理想化层面在现实实践中主要表现为：强迫（法律或物理强制）、实用主义计算（工具理性）、社会化（规范理性）、说服（交往理性）以及效仿（分为“吸取经验”的工具理性和“模仿”的规范理性）五个方面。通过扩散机制的这五个方面，我们能够更加深刻认识和理解区域间关系的当前结构状态和未来发展趋向。

第三节　区域合作的影响要素

有关影响区域合作要素的阐述，可谓仁者见仁，智者见智。目前来讲，大部分学者采用的是“层次分析方法”③，有的学者从国内条件和国际条件两个层次对区域合作进行分析，有的学者从国家、区域和国际体系三个层面对区域合作进行分析，有的学者从国内、国家、区域和国际体系

---

① Jürgen Rüland, “The EU as Inter-Regional Actor: The Asia-Europe Meeting (ASEM),” Suthiph and Chirathivat ed., *Asia-Europe on the Eve of the 21st Century* (Bangkok: Saksopha Press, 2001), pp. 43-56.

② Tanja A. Börzel and Thomas Risse, *Diffusing (Inter-) Regionalism: The EU as a Model of Regional Integration* (Free University Berlin, 2009), pp. 6-9.

③ 层次分析方法是国际关系中的重要方法之一，最早是由肯尼斯·华尔兹在 1959 年出版的《人、国家与战争》一书中提出的。在本书中，华尔兹从人性、国家、国际体系三个“意象”（image）对战争根源进行了综合分析，从而开创了国际关系研究中的层次分析方法。参见［美］肯尼斯·华尔兹《人、国家与战争：一种理论分析》，信强译，上海世纪出版集团 2012 年版，第 177—181 页。

四个层面对区域合作进行分析，还有学者从国内、国家、区域、区域间层次和国际体系五个层面对区域合作进行分析。其中，“不同的分析层次代表了不同的‘解释来源’所处的位置”，“不同的分析层次代表了不同的‘研究对象’所处的位置”[①]。可以说，有关影响区域合作要素的“层次分析方法”阐述朝着“分析层次越来越系统，层次间隔越来越小”的趋势发展。

虽然“层次分析方法”有助于使区域合作的影响要素更加清晰化、明朗化，而且也有助于避免过于强调某个层次而忽视其他层次，[②] 但是“层次分析方法”作为一种行为主义研究方法是对我们已经知道的影响区域合作的要素进行科学分类和研究，无法涵盖所有的层次，而且从统计学观点来看，涵盖层次越多，这种方法所带来的解释力就越小、越弱。因此，我们在借鉴“层次分析方法”的基础之上，还要从更广阔的视角进行分析。美国学者亚历克斯·英克尔斯（Alex Inkeles）为我们提供了一个相对科学的方法论视角。他认为，应该通过三个视角，即历史的视角、经验主义的视角和理性分析的视角来阐述区域合作的影响要素。[③] 我们通过对区域合作历史实践和现实经验的总结，以及相关研究文献的梳理，认为区域合作的发生和发展不是受到单一要素的影响，而是直接或间接地受到诸多要素的综合影响，这些要素分别是全球化、国际体系、国内政治、文化因素、国家利益、重大事件以及生产力发展水平。与此同时，我们也要注意，这些要素对区域合作的影响和制约程度也不是一成不变的，在不同的时间段对区域合作的影响也会发生一些实质性的变化，有的要素的影响能力可能变得越来越衰微了，有的要素的影响能力可能变得越来越强大了，同一种影响要素对不同区域范围内的区域合作的影响，其地位和作用也不尽一致，需要具体区域具体分析。还有就是，这七大要素之间也存在着相互影响和相互制约的关系，但并不存在如多米诺效应那样的简单的因果联系。当然，随着国际政治的向前发展，可能还会出现更多的、新的影

---

① Barry Buzan, “The Level of Analysis Problem in International Relations Reconsidered,” in Ken Booth & Steve Smith, eds., *International Relations Theory Today* (Cambridge: Polity Press, 1995), pp. 198-217. 转引自吴征宇《关于层次分析的若干问题》，《欧洲》2001 年第 6 期。

② 尚劝余：《国际关系层次分析法：起源、流变、内涵和应用》，《国际论坛》2011 年第 7 期。

③ ［美］亚历克斯·英克尔斯：《社会学是什么？——对这门学科和职业的介绍》，陈观胜、李培茱译，中国社会科学出版社 1981 年版，第 1—2 页。

响区域合作产生与发展的要素，因此，我们要采取一种开放式的研究态度。

一　全球化

全球化是指包括国家行为体和非国家行为体在内的所有行为体在经济、政治、文化、安全、军事、科技等多领域，推动资本、技术、劳动力、资源等物质生产资料在全世界范围内进行自由流动和优化配置，推动以文化、意识形态和价值观为主要代表的精神力量在世界范围内相互碰撞、冲击、沟通、交流、冲突与融合。正是全球化所涉及的主体、方式、范围的广泛性，使得具有在经济发展水平、历史文化、意识形态以及社会制度上拥有巨大差异性的世界国家往往无法在短时间内、在所有领域都达成一致和共识，这样就无法实现全球化的理想状态——生产要素在全世界范围内的自由流动，全球化也就遥遥无期。但是，区域合作在客观上弥补了全球化的不足，极大地推动了全球化在局部区域上的蓬勃发展。具体来说，地理位置上的接壤或临近有利于贸易和产品生产要素在区域范围内的自由流动，更容易形成区域合作的基础，有利于区域合作的发生；而同一个区域内部的国家之间往往有着相似或相同的历史经历、文化背景，这有利于区域合作的深层次发展。从这层意义上说，如果没有全球化所创造的商品、资本和人口的频繁的跨国流动这个客观条件，区域合作也就无法借助于全球化实现和强化区域内部的各种互动，所以说，区域合作在一定程度上是全球化的一个客观产物，而且，由于全球化的不平衡发展，区域合作也存在着不平衡发展的状况，不同的区域（欧洲、亚洲、北美、南美、非洲、大洋洲）和不同的领域（政治、经济、文化、安全、环境等）对区域合作形式的切实感受是不一样的，这也就意味着世界上的不同区域存在着不同的区域合作形式，即使同一个区域的区域合作也在不同的领域存在着不同的方面。

二　国际体系

国际体系是指国际政治行为体按照一定的规则相互联系、相互影响和相互作用而构成的一个有机整体。[①] 国际体系主要包括四个基本要素：一

① 秦亚青等：《国际体系与中国外交》，世界知识出版社 2009 年版，第 72 页。

是单元。单元是参与国际体系的基本行为体，在不同历史阶段的国际体系的单元是不一样的，威斯特伐利亚体系形成之前的单元是以部落、部落联盟、城邦、封建王朝和帝国等为主要代表的“类国家”，而自从威斯特伐利亚体系建立以后，主权国家一直是近现代国际体系最主要的行为体，不过，随着时代的进步，全球相互依赖性的增强，包括国际组织、个人、跨国公司、公民社会组织以及一些非政府组织等在内的各种非国家行为体开始登上国际政治舞台，并发挥着越来越重要的作用，但是，需要明确的是，在当今世界，非国家行为体往往受到国家行为体的制约，还远远没有达到可以取代国家行为体的程度。二是互动。互动将各个“单元”连接在一起，是国际体系存在的基本形式，没有互动的发生，就没有国际体系的存在。但是，在“何种程度的互动才会构成国际体系”这个问题上，不同的学者存在着不同的观点，巴里·布赞认为，任何具有重大意义的互动必须达到一定的强度和频度才能够形成国际体系，而一次性互动，即使重要，也不足以创建一个体系。[①] 赫德利·布尔在此基础上进一步明确提出了衡量互动构成体系的标准，即各单元之间的互动能够达到“影响彼此之间决策的程度”[②]，这个时候，国际体系就出现了。三是问题领域。[③] 任何行为体的行为归根到底都需要人类作为其代理人，都需要人类作为实践者，由于人类的主观意图对于不同的问题领域会有不同的看法，而且会随着时代的发展而不断变化，这就使得行为体在不同的“问题领域”，如政治、经济、文化、外交、安全、环境等，就会有不同的互动形式，从而使得国际体系成为一种带有“主体间性”的社会存在，具有人的意图所赋予的主体影响。[④] 四是结构。结构是国际体系的一种客观载体和客观反映。不同的单元、不同的互动形式、不同的问题领域，都会形成不同的结构。例如，按照单元的不同，既有以国家行为体作为主体的结构，也有以各种非国家行为体作为主体的结构；按照问题领域的不同，既有政治领域的结构，也有经济领域的结构，还有文化、外交、安全或环境等领域的结

---

① ［英］巴里·布赞、理查德·利特尔：《世界历史中的国际体系——国际关系研究的再建构》，刘德斌译，高等教育出版社2004年版，第80页。

② ［英］赫德利·布尔：《无政府状态：世界政治秩序研究》，张小明译，世界知识出版社2003年版，第7页。

③ 问题领域（issue-area）这个词汇是由罗西瑙提出来的。

④ 李少军等：《国际体系——理论解释、经验事实与战略启示》，中国社会科学出版社2012年版，第6—7页。

构；按照互动形式的不同，既有合作结构，也有竞争结构，还有冲突结构。随着全球化的发展，这些不同层次的结构并不是孤立的，而是相互联系的，而且联系程度越来越深，联系频度越来越密，用波顿的说法，就像是“无数叠加的蜘蛛网一样”[①]。

国际体系形成之后，会产生并具备一定的特点或属性，这反过来又会对行为体的行为产生一定程度的影响。就像结构现实主义理论所言，整体总是大于部分之和，国际政治中行为体的行为是由国际体系决定的，会随着国际体系的变化而变化，国际体系会通过设定一定的条件来奖赏或惩罚某些行为而限制和形塑行为体的行为。[②] 国际体系对区域合作的影响是真实存在的，主要体现在两个层面上。

（一）区域合作是在国际体系的演化过程中不断产生的

作为一种带有“主体间性”的社会存在，国际体系并不是静态存在的，而是随着时代的发展不断演化的。（1）在国际体系互动范围不断扩大的进程中，区域合作也会随之产生并得到不断发展。在1500年左右的地理大发现之前形成的国际体系并不具有“全球”意义，都是较小范围的区域体系，此时的区域合作也存在着，但也只是“偶然发生的，具有简单、松散、随机的特点，不具有必然性和有机性”[③]，并没有形成任何潮流。近现代国际体系的产生则在不同程度上推动了区域合作的真正产生与发展。例如，维也纳体系中的“神圣同盟”和“四国同盟”就是在维也纳会议的基础上建立起来的维护欧洲大国协调机制的区域性国际军事组织，在这两个组织框架结构下，参与国所采取的各种活动都是区域合作的基本体现。在雅尔塔体系下，1949年成立的北大西洋公约组织是以美国为首的资本主义国家（主要是西欧国家）之间进行区域合作的组织载体，而1955年成立的华沙条约组织则是以苏联为首的社会主义国家（主要是东欧国家）之间进行区域合作的组织载体。尽管这两个组织是相互对立的，但是这个组织的内部各成员国之间所采取的所有活动都带有区域合作

① J. W. Burton, *Systems*, *States*, *Diplomacy and Rules* (New York: Cambridge University Press, 1968), pp. 8-9. 转引自李少军等《国际体系——理论解释、经验事实与战略启示》，中国社会科学出版社2012年版，第9页。

② ［美］肯尼斯·华尔兹：《国际政治理论》，信强译，上海世纪出版集团2008年版，导读VII.

③ 高英彤：《理想国际政治秩序探寻》，吉林人民出版社2012年版，第8页。

的性质。在雅尔塔国际体系下，在美国的军事保护下，西欧国家的内部联合得到进一步的发展，特别是在经济一体化方面成绩斐然。在冷战结束后的多极国际体系下，多层次的、多领域的、多类型的区域合作模式依次出现，区域合作已经成为世界各国提高本国综合国力的一种主要途径和优先选择，区域合作依然成为一种现实趋势。（2）在国际体系互动深度不断加深的过程中，区域合作的程度也在不断加深，并且可能会提升区域本身所拥有的内在特征或属性的程度、状态和性质，用美国著名学者赫特那（Hettne）的话来说，区域合作能够使区域本身产生“区域性”①，区域性程度不仅与区域经济相互依赖程度、区域互动程度、区域文化同质程度以及区域凝聚力程度相关，还与区域的行动能力尤其是解决既定区域内冲突的能力相关。另外，区域性不仅能够描述一个区域的变化，还能够反映整个国际体系的结构改变，即随着各个区域的区域性程度的不断提高，整个国际体系也会变得更加区域化，而全球区域合作进程的发展反过来也会激起那些区域性程度较低的潜在区域的发展。

（二）不同的国际体系对区域合作的影响程度是不一样的

在两次世界大战结束之后，全世界，尤其是欧洲世界开始由均势起主导作用的国际体系向大国合作起主导作用的国际体系转变，在国际体系转变过程中，为了应对美苏两个超级大国的崛起，在地理位置上相邻的其他中小国家，为了自身的安全利益，开始尝试相互合作，区域合作应运而生，而且这种区域合作也得到了美苏两个超级大国的默许，从这个意义上讲，区域合作是追求结构性安全的结果。然而，当区域合作的发展在实质上能够影响美苏两国霸权利益的时候，区域合作还是会受到两极国际体系的结构性制约。冷战结束后，昔日的霸权国要么消失，要么衰落，国际体系由两极向多极转变，在这种大背景下，以区域一体化为主要标志的区域合作重新回归。“后霸权时代”的区域合作以“制度化合作”为主要表现形式，比如优惠贸易安排、自由贸易区、关税同盟、共同市场等不同区域经济合作形式，在政治领域里的区域合作程度也有很多，如欧盟、非盟以

① 区域性是美国著名学者赫特那于1992年在《后冷战时期的和平与发展》一文中首先提出的概念，随后他又于1993年在《新重商主义：追求区域性》一文中进一步阐述了区域性的含义。参见 Björn Hettne, “Peace and Development in the Post-Cold War Era,” in K. Tehranian and M. Tehranian eds., *Restructuring for World Peace* (Cresskill: Hampton Press). Björn Hettne, “Neo-Mercantilism: The Pursuit of Regionness,” *Cooperation and Conflict*, 1993, 28 (3): 219-221.

及拉美及加勒比共同体等政治性区域组织的建立。总的说来，目前的多极国际体系最适合区域合作的进一步发展。

三　国内政治[①]

国际政治主流研究是将国家作为一个“实心球”或者是“黑匣子”，而不考虑国家的内部构成，也就是将国内政治与国际政治完全分开。不过这种研究方法忽视了国内政治对国家对外行为实际存在的影响，或者二者之间的相互影响。就像苏长和所说的那样，国际政治中的国家并不是一个“类似‘实心球’那样的国家，而是一个‘多头国家’”，即“国家是国内社会利益的集合体，其政策与行为是由国内社会团体与个人偏好累积而成的……国家政策与行为只是国内利益集团相互博弈与谈判的结果”[②]。近几十年来，不可否认的一个事实就是，国际化或者说是全球化已经使得国际力量前所未有地介入国内政治经济的发展和变迁之中，过去那种国际政治与国内政治之间相对明确的界限已经越来越模糊，将国内政治与国际政治结合起来进行研究已经越来越有必要，甚至越来越重要。追溯历史，关于“国内—国际”的研究始于詹姆斯·罗西瑙（James N. Rosenau），他在 1961 年就已经将公共舆论与对外政策的制定联系在一起，认为公共舆论是制定对外政策的重要影响因素[③]，随后他进一步扩大研究范围，于 1967 年提出“对外政策的国内根源”议题[④]，系统研究国内因素对制定对外政策的影响。在此基础之上，他于 1969 年出版论文集，正式提出“联结政治”的命题[⑤]，正式打通国内政治与国际政治的界限，开启“国内—国际”研究的大门。可以说，詹姆斯·罗西瑙几乎以一己之力奠定了“国内—国际”研究的基础，但是，詹姆斯·罗西瑙的问题在于他只

---

① 关于国内政治这一部分内容，是本书作者主持的“中国共产党区域合作战略研究（1978—2011）”的阶段性研究成果，将其作为本书的一部分，在此一并说明。具体参见王在亮、王资博《区域主义：概念、类型及其发展脉络》，《理论与现代化》2013 年第 4 期。

② 苏长和：《自由主义与世界政治——自由主义国际关系理论的启示》，《世界经济与政治》2004 年第 7 期。

③ J. N. Rosenau, *Public Opinion and Foreign Policy: An Operational Formulation* (New York: Random House, 1961).

④ J. N. Rosenau, *Domestic Sources of Foreign Policy* (New York: The Free Press, 1967).

⑤ J N. Rosenau, *Linkage Politics: Essays on the Convergence of National and International Systems* (New York: The Free Press, 1969).

是将国内政治与国际政治联结在一起，并没有建立概念化的理论基础，这项伟大的工作是由彼得·古德维奇（Peter Gourevitch）完成的，他在1978年发表《第二意象的反转：国内政治的国际根源》一文，认为“国内结构可能不是国际体系的一个原因，而可能是国际体系的一个后果，国际体系反而也可能变成国内结构的原因，而不是后果”。在这个基本假设的基础上，作者提出了把国内结构作为一个变量来解释外交政策，探讨了国内结构本身在何种程度上源于国际体系的迫切需要。[①] 在该文中，彼得·古德维奇提出“反转的第二意象”这一解释模式，这个解释模式后来成为用来研究国内政治与国际政治的主要研究方法。事实上，彼得·古德维奇早在1977年就已经以“19世纪末的德国、法国、英国和美国对1873—1896年的经济危机的不同反应”为例，对政治制度与对外政策之间的关系进行了实证分析，认为政治制度越民主，在面临经济危机的时候就越倾向于采取自由贸易的对外政策，而那些集权国家在面临经济危机的时候则更倾向于采取高税收政策和好战的对外政策，[②] 用苏长和的话来说，“这是彼得·古德维奇将比较政治与国际政治经济学进行结合的典范之作”[③]。经过詹姆斯·罗西瑙和彼得·古德维奇的不懈努力，“国内—国际”框架研究在20世纪90年代达到一个高潮，其主要代表就是三本论文集的出版，分别是：1993年出版的《双面外交：国际谈判与国内政治》[④]、1995年出版的《跨国关系研究的回归：非国家行为体、国内结构和国际制度》[⑤] 和1996年出版的《国际化与国内政治》[⑥]，这三本书奠定了“国内—国际”框架研究的理论基础。

通过对“国内—国际”框架研究的回顾，我们可以清楚地看到，国

---

① P. Gourevitch, “The Second Image Reversed: The International Sources of Domestic Politics,” *International Organization*, 1978, 32 (4): 881-912.

② P. Gourevitch, “International Trade, Domestic Coalitions, and Liberty: Comparative Responses to the Crisis of 1873-1896,” *The Journal of Interdisciplinary History*, 1977, 8 (2): 281-313.

③ 苏长和：《跨国关系与国内政治——比较政治与国际政治经济学视野下的国际关系研究》，《美国研究》2003年第4期。

④ Peter B. Evans, Harold Karan Jacobson, and Robert D. Putnam, eds., *Double-edged Diplomacy: International Bargaining and Domestic Politics* (Berkeley: University of California Press, 1993).

⑤ Thomas Risse-Kappen, ed., *Bringing Transnational Relations Back in: Non-state Actors, Domestic Structures and International Institutions* (Cambridge: Cambridge University Press, 1995).

⑥ Robert O. Keohane and Helen V. Milner, eds., *Internationalization and Domestic Politics* (Cambridge: Cambridge University Press, 1996).

内政治对区域合作的影响体现在它强调一个国家是否选择加入区域贸易协定取决于该国政策制定者和利益集团的偏好，以及国内政治体制的本质上。我们以北美自由贸易区的批准为例来详细说明国内利益集团与国内政策决定者之间的互动关系。根据对建立北美自由贸易区的不同态度，美国国内利益集团可以分为不同的派别：有的为了保护本国市场，不愿对墨西哥开放；有的出于墨西哥市场所具有的巨大吸引力而愿意向墨西哥开放。因此，在批准北美自由贸易区的过程中，这些不同的利益集团就会采取各种手段对美国政策决策者（国会议员）进行游说。支持建立北美自贸区的利益集团要想取得成功，不仅需要全力应对反对者，还需要得到来自白宫支持者的协助，只有这样，才能在批准建立北美自贸区上占据主动地位。在墨西哥方面，具有改革思维的政治和经济精英更加愿意加入北美自由贸易区，而具有保守思维的政治和经济精英则反对加入。前者为了能够成功加入北美自由贸易区，开始重新建构墨西哥国内经济政策，将所有的改革措施整合成一揽子协议，而这些措施遭到后者的强烈反对，并采取任何可能的措施阻挠改革和加入北美自由贸易区。[①] 另外，国内政治体制的本质在关于区域合作的讨论中也很重要。区域合作在民主环境下可能会发展得更好，因为公民社会发展程度和法治程度都比较高，南方共同市场的建立体现出民主和贸易之间强大的正向关联性，而民主的缺失也阻碍了阿拉伯国家区域合作的发展。但这也不是绝对的，东南亚并不完全是民主国家，其区域合作也发展得很快、很好。[②]

四 文化因素

文化是由人类在漫长的历史过程中创造出来的物质成就和精神文明（语言、宗教、艺术、价值观、制度）的总和，[③] 主要包括民族特性、传统文化、意识形态和宗教信仰等，这种带有主观色彩的“客观存在”是人们对人、事、物自身、他们之间的关系以及他们所处的环境所具有的共

---

① Raimo Vayrynen, “Regionalism: Old and New,” *International Studies Review*, 2003, 5 (1) 20: 28-29, 42.

② Louise Fawcett, “Exploring Regional Domains: A Comparative History of Regionalism,” *International Affairs* (Royal Institute of International Affairs 1944), 2004, 80 (3): 429-446.

③ ［保加利亚］亚历山大·利洛夫：《文明的对话——世界地缘政治大趋势》，马细谱等译，社会科学文献出版社2007年版，第6页。

同的知识，是人们为他们自己创造的有意义的网络。[①] 这种通过人类的实践而创造出来的文化会对人们的行为产生一定的影响，这种影响既有积极的方面，也有消极的方面。在国际政治中也是如此。目前国际政治学界已经有很多学者针对国际政治文化进行潜心研究，从不同的视角和问题领域对国际政治进行各自富有特色的文化阐释，并且产生了很多富有影响力的国际政治文化理论。首当其冲的就是美国学者塞缪尔·亨廷顿（Samuel P. Huntington）在20世纪90年代初期提出的“文明冲突论”，认为文化及在其基础上形成的文明成为一种解释国际政治现实的新视角，也就是说，具有相同或相似文化的国家和区域之间以合作为主，而具有相异文化的国家和区域之间以冲突为主。[②] 其次，美国学者约瑟夫·奈（Joseph S. Nye）提出的软实力理论则是通过对权力的重新划分，将建立在文化基础上的软实力和建立在物质力量基础上的硬实力进行区分，并强调通过吸引而不是强制产生的软实力是一个国家新的权力源泉，对一个国家的综合国力的提升具有越来越重要的作用。[③] 还有日本学者平野健一郎（Hirano Kenichiro）提出的国际文化理论，是关于文化与异文化之间关系、国际政治中的文化层面、国际性的文化关系以及国际文化等文化现象或文化关系的一门学问。[④] 他认为，文化搬运、文化抵抗、文化摩擦、文化触变和文化变容是国际文化形成过程中的主要表现，通过这些文化活动，一种创新的国际文化或地球文化就会产生。[⑤] 平野健一郎的观点受到星野昭吉的认同，就像他所说的那样，“这种国际文化的性质和方式在很大程度上影响并且限制行为体的行为，以及行为体之间的关系模式”[⑥]。再有美国学者亚历山大·温特（Alexander Wendt）提出的建构主义文化理论认为，国际政治中的各行为体之间的实践活动会形成共有观念，共有观念经过长期

---

① Clifford Geertz, *The Interpretation of Cultures* (New York: The Free Press, 1973). 转引自［美］罗伯特·基欧汉《霸权之后：世界政治经济中的合作与纷争》，苏长和等译，上海世纪出版集团2006年版，第56页。

② ［美］塞缪尔·亨廷顿：《文明的冲突与世界秩序的重建》，新华出版社1998年版。

③ Joseph Nye, *Soft Power: The Means to Success in World Politics* (New York: Public Affairs, 2004), p. 4.

④ 李廷江：《探索国际关系的新视角——平野健一郎和他的国际文化理论》，《国外社会科学》1997年第2期。

⑤ ［日］平野健一郎：《国际文化论》，张启雄等译，中国大百科全书出版社2011年版，第211—217页。

⑥ ［日］星野昭吉：《全球政治学》，刘小林等译，新华出版社2000年版，第193页。

演变会形成文化，这种文化既可能是以敌对冲突为主的文化，也可能是以和平友好为主的文化，而这些不同的文化会从根本上决定行为体的身份、利益和行为。对抗的文化不利于区域合作的产生与发展，冷战时期的美苏意识形态对抗极大地抑制了西欧和东欧之间的区域合作，而包容、友好的文化就可以推动区域合作的快速发展，如非洲区域合作的迅猛发展。文化对区域合作的影响尤其体现在一国决策者对本国利益不明确的时候，这个时候，文化因素起着路线图的作用①，当存在多种选择竞争的时候，主流文化影响下的相应选择能够将大部分人团结在一起，起到“黏合剂”的作用。

综上所述，国际政治中的文化因素已经成为影响区域合作的重要因素之一，而且这种影响程度日益加深。任何区域合作行为的发生，在其含义得到准确理解之前，都需要在这些文化环境中得到解释。文化对区域合作的影响是广泛的、深远的，文化能够影响广大公众和国家决策者对区域合作的态度，从而影响国家的对外政策。当前世界上大部分国家都是民主选举国家，一个国家想要缔结任何区域合作协定都需要得到本国大部分公众和决策者的支持，例如，欧洲区域合作之所以能够发展到今天，取得今天这样的成就，在很大程度上是因为欧洲各国人民之间的文化具有同一性，各国领导人之间达成共识，而且，欧洲区域合作的发展进程又进一步强化了公众和决策者的文化认同。不过，公众和决策者对区域合作的态度也并不是一成不变的，在不同时期可能会对区域合作有着不同的态度，这种不同态度的产生在很大程度上也受到文化内在变迁的影响。我们以法国文化与欧洲区域合作的关系为例进行说明。法国文化对欧洲区域合作的影响是毋庸置疑的。法国是欧盟的创始国，欧洲煤钢联营计划和欧洲煤钢共同体的建立是法国人罗贝尔·舒曼和让·莫内提出的，建立欧洲经济和货币联盟的计划也是法国人雅克·德洛尔提出的，《欧盟宪法条约》草案的筹备制订也是由法国人吉斯卡尔·德斯坦主持的，可以说，法国人和法国文化在推动欧洲一体化中做出了卓越贡献。然而，法国也并不是在任何时候都完全支持欧洲区域合作的发展，20 世纪 60 年代的法国深受戴高乐主义的影响，反对欧洲一体化朝着“超国家联盟”发展，希望一个“建立在成

① ［美］朱迪斯·戈尔茨坦、罗伯特·基欧汉编：《观念与外交政策：信念、制度与政治变迁》，刘东国等译，北京大学出版社 2005 年版，译者序第 8 页。

员国合作关系上的联盟”，并随后导致了著名的“空椅子危机”① 事件的发生，可以说，法国凭一己之力改变了欧洲区域合作的方向，使得欧洲区域合作的“超国家”进程延缓了近 30 年，一直到 1991 年欧洲统一大市场的建立，欧洲区域合作才真正走上了正轨。还有就是，2005 年 5 月 29 日，《欧盟宪法条约》在法国的全民公投中遭到否决，这一结果在法国引发了巨大的政坛动荡，也引发欧洲各国对法国否决结果的震惊②。法国在不同时期对欧洲区域合作的不同态度反映了法国文化与欧洲文化之间既有一致之处，也有不同之处，既存在普遍性，也含有自己的特殊性，这就很好地说明了文化对区域合作的影响是多么深远。为了更好地理解文化对区域合作的影响，我们再以东北亚文化与东北亚区域合作发展之间的关系为例进行说明。东北亚各国在民族特性、传统文化、意识形态和宗教信仰上都存在着很大的差异：俄罗斯民族信奉东正教，具有强烈的爱国主义精神，又具有集体主义至上的基本价值取向，在历史上容易走向专制主义，即便是在今天也奉行“强人政治”，俄罗斯文化是“欧亚大陆桥文化”与东方文化的结合体。与之不同的是，中日韩民族都是典型的亚洲民族，同属儒家文化圈，在文化上具有一致性，但是，中日韩民族也有各自的“异”。中华民族“重人伦、法自然、重中庸、求实际、尚情谊、崇德化”③；大和民族则是“既好斗又和善，既尚武又爱美，既蛮横又文雅，既刻板又富有适应性，既顺从又不甘任人摆布，既忠诚不贰又会背信弃义，既勇敢又胆怯，既保守又善于接受新鲜事物”④，用“菊与刀”来形容大和民族的这种岛国特点是最合适不过了；而朝鲜民族则是“崇人伦、尚道德、重礼仪”⑤，以反抗性、分裂性和精英化为主要特征的民族主义

---

① 1965 年，欧洲经济共同体委员会主席、德国人哈尔斯坦试图将欧共体部长理事会的表决机制从全体通过制改为多数通过制，从而扩大欧共体委员会的权力。法国总统戴高乐对此采取了消极抵制的“空椅子政策”——法国驻欧共体代表连续 6 个月缺席欧共体会议。参见百度百科“空椅子危机”词条，http：//baike. baidu. com/link？ url = frpgf0G-NAOgoUpbxyg0hCUNXhLNC0F2mAlkcNACTroc5x4GaokwWmGQd5O3i0-oSfaGFbEM39-qSMs6PfZ_ l_ 。

② 王健：《法国欧盟宪法公投与欧洲一体化的未来》，东方网，2005—6—4。参见 http：//news. eastday. com/eastday/node127047/node127048/node127160/node127182/node127184/userobject1ai1154200. html。

③ 庄泽宣、陈学恂：《民族性与教育》，商务印书馆 1938 年版。

④ ［美］鲁思·本尼迪克特：《菊与刀——日本文化的诸模式》，张莹等译，国际文化出版公司 2010 年版，第 2—3 页。

⑤ 孙德俊：《简述朝鲜民族文化对其教育的促进》，《民族教育研究》1999 年第 3 期。

精神强烈。[①] 正是东北亚各国在文化上的巨大差异性，使相关国家在区域合作层面上缺少政治互信，使相关国家在沟通与合作上必定需要跨越更多的障碍，这是东北亚至今为止仍然没有建立起一个制度化的区域合作框架的文化根源所在。可以说，在地缘政治经济结构和历史现实背景更为复杂的东北亚，区域合作甚至区域一体化的产生也必将更依赖于对民族特性、传统文化、意识形态和宗教信仰的认同及其融合过程。[②]

五　国家利益

在汉语言环境中，国家利益主要有两层含义：一是国内政治意义上的国家利益（interest of state），也被称为“政治利益”，是对应于地方利益、集体利益和个人利益而言的，具有阶级性，反映的是统治阶级的利益；二是国际政治意义上的国家利益（national interest），是对应于其他国家、国家集团的利益或世界利益而言的，具有民族性。本书所说的国家利益是指后者，也就是国际政治意义上的国家利益，是“一个民族国家的整体利益”，是“由统治者和被统治者共享的利益”，是“一切满足民族国家全体人民物质和精神需要的东西”[③]，包含一个国家的生存、安全、发展以及被国际社会的承认及尊重。国家利益是客观实在性与主观性的有机统一[④]，按照变与不变的原则，可以分为永恒不变的利益和随客观环境不断变化的利益；按照重要性可以分为核心利益、重要利益、主要利益和边际利益；按照内容可以分为政治利益、经济利益、文化利益、安全利益等；按照持续时间长短可以分为长期利益、中期利益和短期利益。

区域合作是各个国际政治行为体参与国际社会的一种互动行为，其中，国家行为体发挥着最为关键和重要的作用，没有国家行为体的认同和参与，区域合作是无法往前发展的。基于此，本书认为，国家利益在区域合作的产生和发展过程中发挥着重要作用，具体体现在：

第一，国家利益是制定区域合作政策的重要依据。在国际社会中，任

---

① 钱雪梅：《试论朝鲜半岛民族主义的特性及影响》，《世界民族》2006 年第 2 期。

② 孙洪魁、李霞：《东北亚区域合作的文化视角——打造区域合作的文化基础》，《东北亚论坛》2006 年第 5 期。

③ 阎学通：《中国国家利益分析》，天津人民出版社 1996 年版，第 6、10 页。

④ ［美］玛莎·芬妮莫尔：《国际社会中的国家利益》，袁正清译，上海世纪出版集团 2012 年版，第 2 页。

何一个国家制定自己的区域合作政策，即对区域合作是支持，还是反对，如何支持，以及支持到什么程度，都是依靠其国家利益的。中、日、韩三国在东北亚区域合作问题上的犹豫不前，也反映了各个国家在国家利益上存在着相互冲突，主要表现在中、日、韩三国都将国家领土和主权完整作为本国的核心利益所在上，而中日岛屿（主要是钓鱼岛）问题、韩日岛屿（主要是独岛，日本称竹岛）问题就涉及国家领土和主权完整，相关各国都不会在这个事关核心国家利益的问题上做出丝毫让步，这就不可避免地会影响东北亚区域合作的建立和进一步发展。

第二，国家利益是调整区域合作政策的基本着眼点。每个国家的国家利益在不同时期都不完全一致，都会随着客观环境的变化而变化，而国家利益的变化就会不可避免地影响区域合作政策的调整。法国在20世纪50年代初对欧洲区域合作持支持态度，是欧洲一体化的创始国，但是到了20世纪60年代，法国对区域合作的态度也由支持转变为反对。这是因为法国认为，国家主权是国家的核心利益，国家主权神圣不可侵犯，而欧洲一体化朝着“超国家联盟”方向发展，是对法国主权的侵犯，这是绝对不可以接受的，因此法国希望建立一个“建立在成员国合作关系上的联盟”，法国对欧洲区域合作态度的转变直接导致欧洲一体化进程陷入困境，使欧洲一体化直到20世纪90年代才重新得以继续往前发展。美国为了维护其世界霸主地位，一直支持在世界贸易组织框架范围内进行国际合作，反对各种形式的区域合作框架，认为区域合作会产生贸易保护主义，甚至贸易战争，是通往全球贸易体系的绊脚石，会延缓全球贸易体系的进程。但是，在20世纪80年代末90年代初，美国对区域合作的态度由反对转为支持，这是因为在当时世界其他区域蓬勃发展的区域合作所带来的更多现实利益面前，美国国家利益的核心利益——经济利益受到来自欧洲、日本和诸多发展中国家不同程度的冲击，美国的世界经济霸主地位遭到动摇，在这种情况下，美国在北美发起倡议，建立北美自贸区，积极获取区域合作所带来的好处。

六　重大事件

本书所指的重大事件是指对区域合作产生重大影响的事情，这种影响既可以是积极方面的，即加速区域合作的产生与发展，被称为“利好事件”；也可以是消极方面的，即延缓甚至“反转”区域合作的产生与发展，被称为“危机事件”。有学者将重大事件分为建构性事件、催化性事件和重大关键性事件，[①] 事实上，无论属于什么类型的事件，这些不同的重大事件可能会以不同的形式影响不同区域的区域合作的产生与发展，尤其是在特定的历史时期，即新旧国际体系发生转变的特殊历史时期，一些重大事件能够改变区域合作产生与发展的历史方向，马克思说过：“如果‘偶然性’不起任何作用的话，那么世界历史就会带有非常神秘的性质。”[②] 在国际政治研究中，重大事件有两个基本特点：[③] 一是重大事件是客观存在的，是在国际政治历史上已经发生过的、产生了重要影响的事件，是由“政治家、机构、媒体和公众等”确认的，[④] 能够在历史资料中找到依据的；二是该重大事件对区域合作产生了重要影响。在“如何认识重大事件究竟对区域合作产生多大程度的影响”这个问题上，不同的学者有不同的看法：马克思主义者认为，区域合作有其自身规律可循，重大事件属于“偶然事件”，只能对区域合作产生加速或延缓甚至阻碍的作用，并不能从根本上决定区域合作的发展趋势；后马克思主义者认为，区域合作没有规律可循，是一系列偶然事件的集合体，而本书所说的重大事件就是偶然性、不确定性和可能性的典型表现。[⑤]

通过对重大事件的解读，本书认为，近现代国际政治在历史上影响区域合作的重大事件主要包括：冷战、经济危机（20 世纪 30 年代的经济大萧条、1997 年的亚洲金融危机、2008 年的欧美金融危机）和 2001 年的“9・11”恐怖主义事件等。这些重大事件分别对不同层面的区域合作产生了不同程度的影响。

冷战是二战以后对国际体系影响最为深远的重大事件之一。冷战的发生使得美苏两国分别以西欧和东欧为根据地建立了各自的国家阵营，在美苏争霸的两极体系中，西欧出于对自身安全环境的考虑，在美国默认的情况下，正式开始欧洲区域合作进程，通过欧洲煤钢共同体（1951）、欧洲

---

① ［英］巴里・布赞、［丹麦］琳娜・汉森：《国际安全研究的演化》，余潇枫译，浙江大学出版社 2011 年版，第 59—61 页。

② 《马克思恩格斯文集》第 10 卷，人民出版社 2009 年版，第 354 页。

③ 王洁洁：《国际关系及重大事件对出入境旅游的影响》，陕西师范大学 2011 年博士学位论文。

④ ［英］巴里・布赞、［丹麦］琳娜・汉森：《国际安全研究的演化》，余潇枫译，浙江大学出版社 2011 年版，第 59 页。

⑤ 王芳：《后马克思主义的偶然性逻辑》，《理论界》2009 年第 2 期。

原子能共同体（1957）和欧洲经济共同体（1957）的相继建立，欧洲区域合作走上正轨。可以说，如果没有美苏争霸这一两极体系的外在压力，欧洲区域合作产生得不会如此之顺利。冷战对区域合作的影响还体现在东盟的成立上，1967 年，新加坡、泰国、印度尼西亚、菲律宾四个东南亚国家在泰国首都曼谷举行会议，发表《曼谷宣言》，正式宣告东盟成立。事实上，东盟成立的最初目的也是要应对和抵制冷战期间美苏争霸两极体系的外在压力，以及周边社会主义国家的影响。但是，不可否认的是，冷战期间的区域合作受到两极体系的整体制约，发展相对比较缓慢。冷战对区域合作的影响还体现在冷战的结束上，20 世纪 80 年代末 90 年代初，东欧剧变、苏联解体使得主导国际政治体系近半个世纪的美苏两极体系轰然倒塌，冷战结束是 20 世纪国际政治领域最具震撼力和影响力的重大事件之一。它不仅改变了整个国际政治体系的发展方向，也对区域合作产生了莫大的影响，主要体现是规定了欧洲区域合作的发展方向，加速其进程，为欧洲统一大市场的建立和欧盟的创建奠定了基础。还有就是冷战结束促使德国实现统一，德国在欧洲区域合作进程中的地位和作用上升，即德国与法国成为主导欧洲区域合作的两驾马车。时至今日，德国已经超越法国，成为影响欧盟的最为重要的国家。冷战的结束还使得国际体系从两极向多极转变，多层次、多领域、多类型的区域合作模式在全世界范围内相继出现，区域合作已经成为世界主要国家增强和提升本国综合国力的一种主要途径和优先选择。

经济危机是影响区域合作的另外一个重大事件。在近现代以来的国际政治发展过程中，发生了多次具有重大影响的经济危机，主要包括 20 世纪 30 年代的经济大萧条、1997 年的亚洲金融危机和 2008 年的欧美金融危机，这些经济危机无一例外地都对区域合作产生了不同程度的影响。20 世纪 30 年代世界大萧条的爆发，加速以英、法、德为主要代表的欧洲各国出台了以“以邻为壑”和“贸易转移”为主要特征的贸易保护主义政策，这种经济政策大都制定了排他性条款，具有强烈的歧视性色彩，是封闭性区域合作的典型代表，这种政策反过来又加剧了 20 世纪 30 年代世界大萧条的向外蔓延，从而间接导致了第二次世界大战的爆发。[①] 1997 年的

① 王在亮、高英彤：《国际政治学中“区域”概念重构及现实考量》，《太平洋学报》2013 年第 1 期。

亚洲金融危机直接推动了东亚区域合作的向前发展。在爆发金融危机之前，除日本之外的东亚各国的经济结构同质化程度较高，大都属于外向型经济，对欧美发达国家的经济依赖程度比较高，而东亚各国彼此之间的贸易往来和经济依赖程度则较低。在1997年亚洲经济危机爆发，东亚各国积极寻求世界银行和国际货币基金组织的帮助，但令人失望的是，受到欧美发达国家主导的世界银行和国际货币基金组织并未采取各种措施积极应对亚洲金融危机，这在一定程度上加剧了亚洲金融危机的危害程度，东亚各国在寻求“外援”无功而返的情形下损失惨重，不得已才开始展开东亚内部的经济互助合作。令东亚各国惊讶的是，这种互助合作在短时间内就大大缓和了东亚各国的经济危机和政治统治危机，由此开始，1999年，东盟各国和中日韩三国之间进一步建立ASEAN+3区域合作框架模式，这使东亚各国的区域合作发生了一个质的飞跃。在此基础上，东亚各国又在2005年建立了东亚峰会等组织制度框架结构，东亚区域合作进一步深化。[①] 可以说，正是1997年亚洲经济危机启动了东亚区域合作的新航程。2008年爆发的欧美金融危机，使欧美各国损失惨重，经济发展速度和质量都受到前所未有的掣肘，危机之后，欧盟各国决心进一步加强区域合作，拉脱维亚成为欧元区第18个新成员国，克罗地亚成为欧盟第28个新成员国，塞尔维亚加入欧盟的谈判也于2014年正式启动。欧元区和欧盟的扩大，说明尽管欧洲次债危机在一定程度上削弱了世界其他区域（如东亚、拉美和非洲）对欧盟的区域合作模式的认同感，甚至有人称“欧盟债务危机是区域合作的失败”，但是这并没有使欧盟的区域合作进程退缩，欧盟反而用实际行动证明了进一步加强区域合作的决心和信心。与此同时，欧盟出现的次债危机也是对世界其他区域的区域合作模式的一种提醒，为它们的区域合作提供了经验和教训，即在区域合作进程中各自所面临的新问题的解决“需要更进一步的制度建设”，只有这样，“在面临风险的时候”“才能够更快地协调一致行动，避免因各自的行动而伤害区域组织的权威，以及造成本区域其他国家的困难”[②]。

2001年发生的“9·11”恐怖主义事件，表明国际恐怖主义已经成为

① 王在亮、王资博：《区域主义：概念、类型及其发展脉络》，《理论与现代化》2013年第4期。

② 刘永军：《金融危机对欧盟区域一体化的影响》，《中外企业家》2009年第9期。

影响区域合作，尤其是区域安全合作的重要因素。用罗伯特·基欧汉的话说，“正是我们生活所处的恐怖困境迫使我们去寻找走出困境之途”，而“寻找走出困境之途的需要”就意味着区域安全合作将会帮助我们解决这个问题。[①] 以欧洲来说，在欧盟制度框架范围内的反恐制度也处于不断的完善过程中，就目前来看，欧盟大约有三个反恐法律文件，分别是《反对恐怖主义法案》(2001)、《关于欧洲逮捕令及成员国间移交程序的框架决定》(2002)、《防止恐怖主义公约》(2005)。[②] 这三大反恐文件构成了在欧盟区域范围内进行区域安全合作的法律基石。以东亚来说，东盟区域论坛、东亚“10+3”合作机制以及东亚峰会是东亚安全合作的主要组织框架载体，理想层面的东亚安全共同体也在建设过程中。[③]“9·11”恐怖主义事件之后，不仅各个区域内部的区域安全合作不断得到加强，区域之间的安全合作也不断完善。例如，欧盟与非加太集团签订《非加太国家与欧盟联合议会大会关于打击恐怖主义的决议》，共同建立安全合作机制。欧盟还与东亚共同“依托联合国反恐委员会、亚欧会议、东盟地区论坛、欧盟—东盟部长级会议、欧共体—东盟共同合作委员会等一系列机制平台，在许多领域进行卓有成效的区域间安全合作”[④]，从而维护自身安全及战略利益。

七　生产力发展水平

生产力发展水平是区域合作产生与发展的最根本动力。马克思主义唯物主义历史观认为，生产力是推动人类社会向前发展的最根本力量，其中，科学技术是生产力诸多要素中最重要的组成部分。科学技术能够加速区域合作的产生与发展，能够深刻影响区域合作的发展路径和方向。古代世界的区域合作是偶然的、自发的、松散的、随机的，处于一种不自觉、不成熟和不发达的状态之中，[⑤] 这是因为古代世界的交通工具不发达，生产和生活资料贫乏，生产力发展水平极为低下，从根本上制约了区域合作

---

① 罗伯特·基欧汉：《世界政治理论：结构现实主义及其超越》，罗伯特·基欧汉编：《新现实主义及其批判》，郭树勇译，北京大学出版社2002年版，第184页。

② 姜国俊、罗开卷：《在安全与自由之间——欧盟反恐法律述评》，《河南师范大学学报》(哲学社会科学版) 2009年第1期。

③ 高英彤：《理想国际政治秩序探寻》，吉林人民出版社2012年版，第33—35页。

④ 张鹏：《“9·11”事件后欧盟与东盟反恐合作初探》，《欧洲研究》2008年第4期。

⑤ 俞正樑等：《全球化时代的国际关系》，复旦大学出版社2009年版，第10页。

的产生和发展。近现代以来，人类社会经历了三次科学技术革命，这三次科学技术革命所带来的生产力的质的飞跃，是区域合作得以迅速发展的根本原因。18 世纪中期到 19 世纪中期的第一次科学技术革命，使人类社会从手工业时代进入机器时代，近现代区域合作的思想和观念开始萌芽；从 19 世纪后期到 20 世纪 50 年代的第二次科学技术革命使人类社会从蒸汽时代跨入电气时代，近现代区域合作开始产生并取得初步发展，主要表现为欧洲一体化的初步发展；从 20 世纪 70 年代开始至今的第三次科学技术革命使区域合作开始成为世界大部分国家增强本国综合国力和提高本国国际地位的主要手段和重要路径。①

第四节　区域合作的基本内容②

区域合作内容广泛，按照传统分类方法，主要分为区域经济合作、区域政治合作、区域安全合作以及区域文化合作。事实上，随着区域合作的不断发展，近些年来，又出现了一些新的、相对比较独立和重要的区域合作内容，比如，区域环境合作等，这些新的区域合作类型的出现不断充实区域合作的现实实践，而且也变得越来越重要，但是也存在着一定的问题，就是区域环境合作还不是很成熟，还没被大多数国家所重视，因此，本书并没有将其单列出来。基于此，本书希望通过对区域合作的以下四个基本内容的详细阐述，拓展和更新学者们对于区域合作基本内容的学术认识。

一　区域经济合作

区域经济合作指一群地理位置上相邻或相近的一组国家之间为了共同的利益而采取相同或相似的经济政策，从而实现某种程度的经济联合。从 20 世纪五六十年代开始，区域经济合作不断涌现，经过近半个世纪的发展，目前世界上的绝大多数国家都至少参与一个区域经济合作组织或签订

① 高英彤：《理想国际政治秩序探寻》，吉林人民出版社 2012 年版，第 27—28 页。

② 关于区域合作基本内容中的前三部分内容——区域经济合作、区域政治合作和区域安全合作，不包括区域文化合作——是本书作者主持的“中国共产党区域合作战略研究（1978—2011）”的阶段性研究成果，将其作为本书的一部分，在此一并说明。具体参见王在亮、王资博《区域主义：概念、类型及其发展脉络》，《理论与现代化》2013 年第 4 期。

一个区域贸易协定。从区域合作的发展程度来说，其理想类型主要包括部门一体化、优惠贸易安排、自由贸易区、关税同盟、共同市场、经济联盟以及完全的经济一体化七个阶段①。这七个区域经济合作阶段是“由浅入深、由低层次到高层次逐渐发展起来的，目前世界上的大部分区域合作程度主要体现在前五个层次”② 上。在实践中，区域经济合作主要有两种类型：一种强调不同国家企业之间的生产和供应网络，以社会为中心，如东亚；另一种是拥有正式制度内容的区域一体化计划，以国家为中心，如欧盟。区域经济合作常常以最惠贸易协定为主要形式，这种最惠贸易协定可能同时存在于以在非经济领域实现合作为目标的国家领导人之间的定期磋商会晤中。所以说，区域经济合作也可能存在于非经济合作中。从历史上看，区域经济合作是区域政治、安全和文化等领域合作的坚实基础。可以这么说，没有区域经济合作建立的深厚基础，其他领域的区域合作也不会保持长期的发展。③

近些年来，发展势头很猛的区域货币合作是区域经济合作的重要组成部分。区域货币合作最早是由德国学者迪特尔（Dieter）提出来的，他将区域货币合作分为区域流通基金、区域货币体系、经济与货币联盟以及政治联盟四个阶段。区域货币合作在前两个方面主要涉及货币和汇率问题，并没有涉及其他方面的经济合作内容，如商品贸易、资本流动等；在后两个阶段与区域经济合作基本上是一致的。另外，在实践上，欧盟的区域货币合作实践可以算是成功的，已经形成了统一的区域货币——欧元，除此之外，其他区域的货币合作仍然处于理论层面，其中，东亚是今后最有能力和最有意愿成功建立区域货币——理论上的“亚元”区域，因为东

① 事实上，不同的学者对区域经济合作不同阶段的划分也是不一致的。巴拉萨在《经济一体化理论》一书中认为，区域经济合作主要分为自由贸易区、关税同盟、共同市场、经济联盟和完全的经济一体化五个阶段；李普西在《国际一体化：经济联盟》一书中认为，区域经济合作分为特惠关税制度、自由贸易区、关税同盟、共同市场、经济联盟、完全经济一体化六个阶段；阿拉格在《欧洲共同体经济学》一书中认为，区域经济合作分为单一商品的经济一体化、自由贸易区、关税同盟、共同市场、全面的经济联盟、完全的政治一体化六个阶段；罗布森在《国际一体化经济学》一书中认为，区域经济合作分为自由贸易区、关税同盟、共同市场、货币联盟和经济与货币联盟五个阶段；林德特在《国际经济学》（第 11 版）一书中认为，区域经济合作分为自由贸易区、关税同盟、共同市场、全面的经济联盟四个阶段。

② 崔颖：《上海合作组织区域经济合作——共同发展的新实践》，经济科学出版社 2007 年版，第 37 页。

③ 同上书，第 37—39 页。

亚各国在经历1997年金融危机的重创性影响之后，正大踏步地向前迈进，特别是在区域货币合作方面，东亚区域货币合作的前景将更为光明。

二　区域政治合作

区域政治合作是指在一定区域范围内的各个政治行为体（主要是主权国家）为了追求各自的利益，基于共同的或相似的利益，解决区域内共同面临的区域性问题或区域性冲突，而在诸多关键的政治事务领域（如外交、防务、司法以及内务等领域）采取区域协调或合作等政治安排的过程和态势。[①] 在区域政治合作中，关键议题是区域稳定性、成员的安全、对当前全球秩序的贡献以及成员国与全球体系的关系。区域政治合作意味着区域性问题或区域性冲突无法依靠一个国家来解决，即使这个国家是霸权国也不能单独解决所有的问题。区域政治合作的要求是建立区域性的政治协商机制，使得区域各国都有机会参与到区域性问题的解决过程中。目前，这种区域政治合作的主要代表有欧盟、东盟和非盟等政治性区域组织。区域政治合作的目标不一定就是欧盟那样的强调超国家控制的政治共同体，也有可能是强调政府间合作的邦联性质的政治联盟，还有可能是“既有联邦性质又拥有邦联性质的政府间合作与超国家控制相结合的邦联—联邦政治实体”[②]。但是，无论是哪一种目标，区域政治合作需要解决的问题主要是区域政治合作与主权、区域政治合作与民族国家之间的关系，具体来说就是，区域是否已经成为一种可以独立发挥作用的国际行为体，是否在某些特定条件下可以超越主权，超越民族国家。从目前来看，国家仍然是国际社会最主要的行为体，但是其影响力已经大不如前，一个显而易见的现实就是国家主权正越来越多地向政治性区域组织转移。如果区域政治合作组织能够代表走向联合的区域成员国的共同利益，并能协调国家之间的利益冲突，那么就像新功能主义代表人物哈斯所说的那样：“在日益增长的功能性机构的好处面前，政治精英会将政治忠诚转移到超国家机构上面，将原来对祖国的忠诚转变为对功能性组织的效忠。”[③] 不过，我们仍然需要注意的是，由于区域政治合作不可避免地会涉及国家

---

① 房乐宪：《欧洲政治一体化：理论与实践》，中国人民大学出版社2009年版，第14页。

② 同上书，第14—15页。

③ Ernst B. Haas, *The Uniting of Europe: Political, Social and Economic Forces* (Stanford: Stanford University Press, 1958), p. 16.

主权问题，其发展必然是一个循序渐进的过程，而且还可能会出现“回环往复”的现象，因此我们需要对区域政治合作进行实时动态分析。

三　区域安全合作

区域安全合作是一个近些年来才出现的新概念，目前学术界更多的是对国家安全和国际安全进行研究，而忽视了区域安全研究，并没有针对区域安全合作的来源、形式和影响进行充分研究。就像约瑟夫·奈和林恩—琼斯所言：“由于源于美国的安全强于其他国家的种族中心偏见，区域安全研究的议题（除了欧洲）……没有得到充分的重视。”① 巴里·布赞是第一个从区域层面对安全合作进行充分、系统研究的学者，他在1983年出版的《人、国家与恐惧》一书中首先将区域层次作为独立的安全对象进行分析，将区域安全体系称为“安全复合体”，即“指这样一群国家，它们首要的安全需求彼此联结在一起以至于其国家安全不能被孤立地加以审视”②，并在此基础上分别从安全相互依存、敌对/友好、极化、文明区域、次级复合体以及国内离心民族等不同方面③对区域安全进行系统的理论研究。在此之后，巴里·布赞又再接再厉，连续出版《新安全论》（1998）和《区域与大国：国际安全结构》（2003）两本著作对区域安全复合体进行更为深入的研究，确认了“区域层次在国际安全结构中的重要性正在日益上升，区域层次即便不是主导的，也是重要的”④，提出了区域安全复合体的四大内核变量——边界、无政府结构、极性以及社会性建构⑤，区分了区域安全复合体的四种基本类型——标准区域安全复合体、中心化安全复合体、大国安全复合体以及超级复合体⑥，归纳出区域安全研究的四层组织框架结构——国内层次、区域层次、区域间层次以及

---

① J. S. Nye , S. M. Lynn-Jones, “ International Security Studies: A Report of a Conference on the State of the Field,” *International Security*, 1988, 12 (4): 5-27. 转引自郑先武《安全、合作与共同体——东南亚安全区域主义理论与实践》，南京大学出版社2009年版，第69页。

② ［英］巴里·布赞：《人、国家与恐惧》，闫健、李剑译，中央编译出版社2009年版，第192页。

③ 同上书，第226页。

④ ［英］巴里·布赞、［丹］奥利·维夫：《地区安全复合体与国际安全结构》，潘忠岐等译，上海世纪出版集团2010年版，译者序II。

⑤ 同上书，第52页。

⑥ 同上书，第53—58页。

全球层次[①]，最后预测了区域安全复合体的三种未来趋势——维持现状、内在变革、外在变革。[②] 总结巴里·布赞对区域安全合作的研究，本书认为，区域安全合作一般而言是解决区域各国面临的共同安全问题，实现区域和平与发展的一种有效的区域安全安排。它主要有两种类型：一种是军事集团和安全同盟，这种区域安全类型往往有一个核心国家，其他国家处于从属地位，主要有冷战时期的北约、华约、巴格达条约组织、东南亚条约组织，还有目前的美日、美韩等双边军事同盟；另一种是建立在平等对话、协商合作、共同安全利益基础上的新型区域安全类型，主要有大国协调、集体安全机制、合作安全机制等，近些年来在东亚出现的“合作安全”以及欧安组织就是这种新型区域安全合作类型的良好例证。区域安全合作主要有四个基本特点[③]：一是在区域合作广度上，既包含传统的军事威胁（安全）议题，也包括恐怖主义、跨境毒品交易、环境污染等新型综合（威胁）安全议题；二是在区域合作深度上，既包含国家之间的区域安全合作，也包含以国家为主导的、各个非国家行为体积极参与的区域安全合作；三是在区域合作强度上，依赖大国建立起来的军事集团和安全同盟是一种“弱安全机制”，只能给区域带来“冷和平”，而通过区域内部创造而建立起来的新型区域安全类型则属于“强安全机制”，能够真正给区域内各国带来“暖和平”；[④] 四是区域安全合作也具有两面性：既可以是解决区域内安全困境的有效方式，也能够成为构建区域堡垒，应对区域外安全挑战的手段。

四　区域文化合作

正如上文所说，文化因素是影响区域合作的重要因素之一，文化在区域合作的产生与发展过程中发挥着举足轻重的作用，从这个意义上说，区域文化合作是区域合作的重要组成部分。联合国教科文组织在1966年第

---

① ［英］巴里·布赞、［丹］奥利·维夫：《地区安全复合体与国际安全结构》，潘忠岐等译，上海世纪出版集团2010年版，第59页。

② 同上书，第64—69页。

③ 郑先武：《安全、合作与共同体——东南亚安全区域主义理论与实践》，南京大学出版社2009年版，第119页。

④ Benjamin Miller, “When and How Regions Becomes Peaceful: Potential Theoretical Pathways to Peace,” *International Studies Review*, 2005 (7): 235. 转引自郑先武《安全、合作与共同体——东南亚安全区域主义理论与实践》，南京大学出版社2009年版，第143页。

14届会议上通过的《国际文化合作原则宣言》第三条强调："对于所有民族和国家，合作既是权利也是义务，它们应该分享它们的学问和知识，不管这种合作是双边的还是多边的，是区域性的还是世界性的。"[①] 一般来讲，区域文化合作是指在一定区域范围内的各个国际政治行为体通过官方或民间等多种途径，利用文化产品、传播媒体等多种文化形式，对本国的基本国情、传统文化、核心价值观等文化内容进行宣传、交流的区域互动行为。[②] 事实上，区域文化合作由来已久，早在古代时期就已经存在，如中国汉唐时期的高僧西游印度，加深了亚洲区域内中印两国之间的宗教交流，中国古代时期的儒家文化对日、韩、朝、蒙等东亚各国的对外传播，形成了我们今天熟知的"儒家文化圈"，这些都是早期区域文化合作的典型事例。进入全球化时代以来，近现代区域文化合作有了更为广泛、深入的发展，根据区域文化合作的行为体的不同，可以分为以国家为主导的区域文化合作和以非国家行为体为主导的区域文化合作，前者的合作目的、合作方式以及合作规模都要服从一国对外战略的需要，[③] 主要包括两种基本形式：一是区域文化霸权主义[④]，主要指区域内一个国家利用媒介霸权、话语霸权等多种手段对其他国家采取的文化强加和文化扩张行为；二是建立在尊重区域内文化多样性基础之上的、不同国家之间的区域文化合作行为，这种平等自愿的区域文化合作是在"探索不同文化背景中共识的部分，并相互取长补短，在求得文化共性的基础上通过文化融合求得

---

① 刘述先：《论儒家思想与中国现实的互动关系》，中国广播电视出版社1992年版。转引自王继庆《论东亚文化合作中的儒学再现》，《西伯利亚研究》2000年第12期。也可参见李红等《国际文化合作的经济分析——以中国与东盟区域为例》，中国社会科学出版社2012年版，第345—347页。

② 姜秀敏：《全球化时代的国际文化关系研究》，中央编译出版社2011年版，第75页。

③ 赵常庆：《中国与中亚国家合作析论》，社会科学文献出版社2012年版，第182页。

④ 文化霸权主义，又叫文化领导权，是由意大利著名学者安东尼奥·葛兰西提出来的，他在《狱中札记》中提到："一个社会集团的霸权地位表现在以下两个方面：即'统治'和'智识和道德的领导力'。"不过，葛兰西又说："一个社会集团能够也必须在赢得政权之前开始行使'领导权'（这就是赢得政权的首要条件之一）；当它行使政权的时候就最终成了统治者，但它即使是牢牢地掌握住了政权，也必须继续以往的领导。"也就是说，政治霸权与文化霸权的获得并不是同步的，统治阶级在掌握政治霸权的同时可能并不掌握文化霸权；与此同时，一个阶级要获得政治霸权首先就要获得文化霸权。参见［意］安东尼奥·葛兰西《狱中札记》，曹雷雨等译，中国社会科学出版社2000年版，第38页。

文化价值观的共识"①。相比前者，以各类政党、跨国公司、跨国机构或组织集团以及有影响的个人等非国家行为体为主导的、对区域内部国家之间的关系产生一定影响的区域文化交流活动更加普遍，② 涵盖面更广，内容也更加丰富多彩，特别是非政府组织"具有灵活机动的特点，适应性比较强"③，活动成本也比较低，可以有效弥补国家在区域文化合作中的缺陷、疏漏与不足，能够对以国家为主导的区域文化合作活动起到补充和监督的作用。④

---

① 姜秀敏：《全球化时代的国际文化关系研究》，中央编译出版社2011年版，第126—127页。

② 吕晓莉：《中国非政府组织在民间外交领域中的作用研究》，《中国治理评论》2013年第1期。

③ 刘锦前、李立凡：《加强上海合作组织文化合作的思路与设想》，《和谐世界和平发展与文明多样性——上海市社会科学界第四届学术年会文集》，上海人民出版社2006年版，第134—139页。

④ 李丹：《全球危机治理中国际非政府组织的地位与作用》，《教学与研究》2010年第3期。

第二章　改革开放以来中国区域合作的理论渊源

区域合作理论是国家在对外区域交往和区域互动过程中需要遵循的一种普遍性理论，在此基础之上，不同国家基于自身的特殊条件，采取的实际区域合作方式可能各有不同和侧重。作为一个社会主义国家，中国需要对马克思主义经典作家们的相关区域合作理论进行总结，发扬其正确的、与时俱进的理论方面，摈弃其错误的、不合时宜的理论方面。与此同时，中国还需要对新中国成立后到改革开放之前的社会主义现代化建设探索时期的区域合作经验和教训进行梳理、总结和提炼，从而得出一些能够为改革开放以后的区域合作理论提供有益借鉴的基本理论观点。基于以上两方面的考虑，本章主要对改革开放以来中国区域合作的理论渊源进行详细阐述：一是重点对马克思、列宁的相关区域合作理论及其启发进行总结，尽管他们并没有关于区域合作的直接、明确的论述，但是，他们的很多观点仍然是改革开放以来中国区域合作理论发展的间接来源，例如马克思交往理论、列宁世界历史理论；二是重点对新中国成立后以毛泽东为核心的第一代中央领导集体有关区域合作的主要观点进行阐述，如中国区域合作要与世界主要矛盾相契合，与时代主题相适应，要坚持平等、互惠互利、国际主义原则等。以上这些理论观点都对改革开放以来的中国区域合作理论具有重要的借鉴意义。

第一节　马克思交往理论

马克思有关区域合作的观点主要体现在其交往理论上。马克思交往理论对“交往在人类社会的纵向演进和横向拓展以及人类在自身的解放和全面发展进程中的地位和作用"[①] 进行了理论展示，是马克思主义理论的重要组成部分，对哲学、政治学等人文社会科学学科产生了巨大的影响，也对人类社会的政治、经济、文化等各个方面产生了重要影响。具体来讲，主要包括交往的内涵、交往的主体、交往的类型、交往的本质、交往与世界历史发展的关系以及交往的根本目的六个方面的内容。

一　马克思交往理论的主要内容

（一）交往的内涵

确定交往内涵是研究马克思交往理论的基础。事实上，马克思并没有专门对交往进行研究，给予交往以明确的定义，他只是在《1844年经济学哲学手稿》（1844）、《德意志意识形态》（1845—1846）、《共产党宣言》（1848）、《资本论》（1865、1885、1894）等各个时期的著作中分别对交往进行了不同篇幅的理论探索，而且这种理论探索也不是系统性的理论概括和总结，而往往是将交往与其他相关词语联合起来使用，使得交往在不同语境下会有不同层次的具体含义。马克思唯一一次明确界定交往内涵的是在《致帕·瓦·安年科夫》（1846.12.28）的信中，他在批判蒲鲁东《贫困的哲学》关于历史发展的唯心主义历史观和哲学观的基础上，认为社会是"人们交互实践的产物"，生产力水平会制约人们的"交换［commerce］和消费形式"，"人们在他们的交往［commerce］方式不再适合于既得的生产力时，就不得不改变他们继承下来的一切社会形式。——我在这里使用'commerce'一词是就它的最广泛的意义而言，就像在德文中使用'Verkehr'一词那样"[②]。由此可见，马克思认为的交往内涵是最宽泛意义上的，是一切社会关系的总和。正是马克思对交往内涵的模糊性处理，使我们今天在现代社会语境下重新理解和准确把握马克思的交往内涵面临着很大的困难，基于不同研究目标的学者可以有选择性地、有目的性地选取原始材料，按照不同的逻辑方式拼凑起来，从而得出不一致的甚至截然相反的交往内涵。比如，唐踔就认为，马克思交往观是"人与人之间、民族与民族之间、国家与国家之间的交流、往来及相互作用的活

① 唐踔：《马克思世界交往理论及其当代价值研究》，中国出版集团/世界图书出版公司2013年版，第6页。

② 《马克思恩格斯选集》第4卷，人民出版社1995年版，第532—533页。

动过程”[①]，这个内涵突出了人、民族和国家的交往主体地位，但将跨国企业、社会组织等活动主体排除在外，而且也没有将不同类别的主体之间的活动包括在内，如个人与国家、民族与国家、个人与民族之间的活动。姜爱华认为，交往是“人类特有的活动和存在方式，是人们之间的共同活动和相互交换其活动所展开的社会关系的统一，是以物质生产为基础的全部经济、政治、思想文化联系的总和”[②]。这个定义也相对狭窄，忽视了在人与人之间交往基础上所产生的家庭、氏族、民族以及国家等行为体相互之间的交往，以及人类与这些行为体之间的交往。刘明合认为，交往内涵在马克思那里，“一方面指的是人们之间的交往活动，另一方面指的是人们之间的交往关系”[③]。这个内涵体现出交往的动静结合，但是在交往主体的界定上也相对狭窄。李百玲认为，马克思的交往内涵是指“在一定社会历史条件下交往主体的相互联系和交互活动”[④]。这个定义相对来说更具普遍性，既突出了交往的历史性，也突出了交往的实践性，还强调了交往主体的普遍性。与李百玲观点相类似的是范宝舟关于马克思交往内涵的理解，认为交往是“在一定历史条件下的现实中的个人以及诸如阶级、民族、社会集团、国家等共同体之间在物质、精神上相互约束、相互作用、彼此联系、共同发展的活动及其形成的相互关系的统一”[⑤]。可以这么说，范宝舟关于马克思交往内涵的理解是对李百玲观点的更为具体的阐释，相比前面几个学者的观点，笔者比较赞同范宝舟和李百玲的观点，这两位学者的观点基本上反映了马克思关于交往内涵的主要含义。通过对以上几位学者的基本观点的总结，笔者认为，马克思视角下的交往是指，处于现实中的人类个体和群体相互之间的一切社会活动和社会关系的总和。

（二）交往的主体

马克思认为，交往的主体并不是人们口头上所说的、心里所想的那种个人，而是那些“从事生产活动的，进行物质生产的，因而是在一定的

---

① 唐踔：《马克思世界交往理论及其当代价值研究》，中国出版集团/世界图书出版公司2013年版，第24页。

② 姜爱华：《马克思交往理论研究》，知识产权出版社2009年版，第45页。

③ 刘明合：《交往与人的发展》，中央编译出版社2008年版，第6—7页。

④ 李百玲：《晚年马克思恩格斯交往观研究》，中央编译出版社2009年版，第167页。

⑤ 范宝舟：《论马克思交往理论及其当代意义》，社会科学文献出版社2005年版，第22—23页。

物质的、不受他们任意支配的界限、前提和条件下活动着的”[①]现实中的个人，由此可见，马克思视角下的个人既不是黑格尔的唯心主义意义上的“虚幻的抽象”的个人，也不是费尔巴哈的机械唯物主义意义上的“仅仅作为感性肉体存在”的纯粹自然人，而是一定物质生活条件下进行物质生产活动、满足个人需求的个人。在这个意义上，马克思的交往是现实中个人之间的交互活动和交互关系。不过，按照马克思的观点，尽管现实中的个人是最基础的、最初始的交往主体，是所有交往主体的起点，但这并不是说交往主体就只能是个人，而不能存在其他交往主体。事实上，随着人类社会的发展和进步，交往主体发生着各种变化，“人在什么层次、什么意义上介入交往关系，就成为什么本性、什么形态的主体”[②]，而且，交往主体具有历史性，在不同的历史阶段会产生不同的交往主体。有学者根据生产力发展水平将交往主体分为依附性交往主体、独立型交往主体和社会化的复杂交往主体三种类型[③]，那些能够顺应生产力要求的交往主体可能会一直存在下去，不适应生产力要求的交往主体则可能会逐渐消失，最终被新的交往主体所取代，当然，这种“取代”并不是对以前的交往主体的完全否定和彻底替代，而是批判性的继承。就像马克思所说的那样，国家这个新的交往主体在“每一个家庭集团和部落集团中现有的骨肉联系、语言联系、较大规模的分工联系以及其他利益的联系的现实基础上，特别是在……由分工决定的阶级的基础上”[④]产生出来的。具体来说，在原始社会里，家庭和氏族是主要的交往主体；在农业社会里，交往主体以部落、阶级集团和民族为重要的交往主体；在工业社会里，除了阶级、集团、国家之外，还出现跨国公司、跨国政党等新型主体。[⑤]纵观人类发展历史，交往主体不仅仅包含现实中的个人，还包括在个人的物质生产活动中不断产生的现实中的群体（有些学者也称之为共同体），如家庭、氏族、部落、阶级、集团、民族、国家、跨国公司、跨国政党等，以上这些交往主体相互之间基于各种目的，不断进行各个层次的、各种内容

---

① 《马克思恩格斯德意志意识形态节选本》，人民出版社 2003 年版，第 16 页。

② 任平：《走向交往实践的唯物主义》，人民出版社 2003 年版，第 135 页。

③ 李百玲：《晚年马克思恩格斯交往观研究》，中央编译出版社 2009 年版，第 177—181 页。

④ 《马克思恩格斯德意志意识形态节选本》，人民出版社 2003 年版，第 28 页。

⑤ 李百玲：《晚年马克思恩格斯交往观研究》，中央编译出版社 2009 年版，第 182 页。

的交往，不断推动着人类社会向前发展。

（三）交往的类型

根据不同的分类方法，可以产生多种交往类型。其一，按照交往主体的不同，可以分为个人主体和群体主体。个人主体是交往的最初基本形态，而群体主体是为了应对个人主体不断产生的新的需要而逐渐形成的，最初是“作为唯一社会关系的”家庭，后来随着个人和家庭需要的增加，以及分工的出现和分配的不平等，氏族和部落等群体主体逐渐产生，再后来，国家主体产生了，其作为一种“与实际的但各利益和全体利益相脱离的独立形式”出现[①]。其二，按照交往内容的不同，可以分为物质交往和精神交往。马克思认为，物质交往是指从事物质生产的各个交往主体的物质活动和物质关系的统一，是维持人类基本生存及其以后的进一步向前发展和进步的前提，在人类进行物质（生产）活动的同时，人类就以一定的共同活动方式进行物质交往了，因为“人们只有以一定的方式共同活动和相互交换其活动，才能进行生产”[②]，这也就意味着，物质生产本身与“个人彼此之间的交往”是互为前提的，按照与物质（生产）活动的疏密程度，“可以把物质交往分为生产技术交往、经济交往和政治交往三个基本层次”[③]。精神交往是指各个交往主体的精神活动和精神关系的统一，是“从事物质生产和精神生产的主体间的一种以语言为媒介的思想、观念、理论、风俗、习惯和信息的交流和交换”[④]。物质交往决定精神交往，具体来说，物质交往的性质、深度和广度决定精神交往的性质、深度和广度；精神交往产生于物质交往，最初与物质交往交织在一起，与此同时，精神交往也具有一定的相对独立性，在不同阶段对物质交往有不同程度的反作用。其三，按照交往的领域，分为内部交往和外部交往。马克思认为，内部交往是指群体主体所辖内部领域的所有个体主体之间的社会活动和社会关系，例如氏族、民族或国家主体的各自内部所发生的频繁的交往，外部交往是指不同群体主体之间所产生的社会活动和社会关系，例如不同氏族、民族或国家之间所发生的交往。从时间上看，内部交往的

---

① 《马克思恩格斯德意志意识形态节选本》，人民出版社 2003 年版，第 28 页。

② 姜爱华：《马克思交往理论研究》，知识产权出版社 2009 年版，第 42 页。

③ 李素霞：《社会历史哲学视野中的交往问题》，《河北师范大学学报》（哲学社会科学版）2002 年第 3 期。

④ 李素霞：《交往手段革命与交往方式变迁》，人民出版社 2005 年版，第 22 页。

出现要早于外部交往，外部交往的发展取决于内部交往水平的提高，就像马克思所说的那样，“各民族之间的相互关系取决于每一个民族的生产力、分工和内部交往的发展程度”①。二者都明显受到生产力发展水平的制约，在生产力水平极为低下的原始社会，由于客观交通条件的严重制约，人们主要是在家庭、氏族、部落等群体主体所辖内部领域频繁地进行各种社会活动，产生各种社会关系，这个时候的外部交往极为少见。随着生产力水平的提高，特别是交通条件的大大改善，不同群体主体之间的外部交往活动和外部交往关系也大大增加，以交易和战争作为主要交往形式，其中，作为外部交往重要内容的交易“贯穿于自原始社会末期以来的整个社会历史进程之中”②，而作为人类社会发展进程中最暴力的交往形式——战争在一定的历史阶段“本身还是一种经常的交往形式”③，它在对社会造成巨大破坏的同时，往往也能够起到其他交往形式所不能起到的对社会活动和社会关系的重置和整合作用，客观上也能够推动新的社会活动和社会关系的产生和发展。④ 其四，按照交往的范围，分为地域交往和世界交往。事实上，无论是地域交往，还是世界交往，都是外部交往的阶段性历史产物。马克思认为，生产力是制约交往范围的根本性原因，在原始社会和农业社会里，交往主要还是一种地域性的，一直到工业社会，交往才开始向世界性发展，我们现在仍然处于一种由低级交往向世界交往前进的历史过程中。只有当生产力得到普遍提高的时候，只有当个人主体普遍受到日益扩大的世界市场的力量支配的时候，⑤ 只有当“地域性的个人为世界历史性的、经验上普遍的个人所代替”⑥ 的时候，世界交往才能实现。

（四）交往是人的本质要求

交往在本质意义上体现的是人的根本存在方式和人的社会性。马克思在《关于费尔巴哈的提纲》中就明确提出，人的本质并不像费尔巴哈所说的那样是“单个人固有的抽象物”，而是“在其现实性上……是一切社

---

① 《马克思恩格斯德意志意识形态节选本》，人民出版社 2003 年版，第 12 页。

② 李百玲：《晚年马克思恩格斯交往观研究》，中央编译出版社 2009 年版，第 188 页。

③ 《马克思恩格斯全集》第 3 卷，人民出版社 1960 年版，第 26 页。

④ 李百玲：《晚年马克思恩格斯交往观研究》，中央编译出版社 2009 年版，第 190 页。

⑤ 《马克思恩格斯德意志意识形态节选本》，人民出版社 2003 年版，第 33 页。

⑥ 同上书，第 30 页。

会关系的总和"[①]，这种社会关系在本质上又是实践的，从这个意义上说，人与动物的本质区别在于人的以实践为基础的社会性。马克思还认为，人的社会性与交往是密不可分的，一方面，交往是人的社会性得以产生和发展的前提，就像马克思所说，"生产本身又是以个人彼此之间的交往[Verkehr]为前提的"[②]，没有交往，人的社会活动和社会关系就无法产生，因为"被斯密和李嘉图当做出发点的单个的孤立的猎人和渔夫"[③]是无法独立于社会之外单独发生社会活动和社会关系的。也就是说，人们只有联合在一起，在相互交往关系中才能产生社会活动和社会关系。另一方面，人的社会性又在一定程度上决定着交往的深度和广度，人具有社会性是毋庸置疑的，但是人的社会性也存在程度上的差别，处于不同社会发展阶段的人的社会性是不一样的，在生产力极为低下的原始社会，人与人之间的社会活动和社会关系受到客观自然条件的严重制约，处于不成熟的、稀疏的、断断续续的状态，而到工业社会阶段，生产力已经十分发达，通信交通工具已经相当完善，不仅人与人之间的社会活动和社会关系变得十分密切和频繁，其他各种交往主体（如民族、国家等）相互之间也进行着多层次的和多维度的交往，所以说，作为一种历史性范畴的人的社会性实际上能够决定交往最终发展到什么程度。综上所述，交往是人的社会性的本质体现。

（五）交往是形成世界历史的关键路径

按照马克思的基本观点，人类社会历史发展并不像那些唯心主义者所说的那样是"'自我意识'、宇宙精神或者某个形而上学幽灵的某种纯粹的抽象行动"，而确确实实是"可以通过经验证明的"物质生产实践活动的最终结果，[④]因为"历史不外是各个世代的依次交替。每一代都利用以前各代遗留下来的资料、资金和生产力……每一代一方面在完全改变了的条件下继续从事先辈的活动，另一方面又通过完全改变了的活动来改变旧的条件"[⑤]。也就是说，生产力水平（主要表现为社会分工程度）、生产方式（主要体现为劳动工具或劳动资料）以及所有制形态都可以作为评判

① 《马克思恩格斯选集》第1卷，人民出版社1995年版，第56页。
② 《马克思恩格斯德意志意识形态节选本》，人民出版社2003年版，第12页。
③ 《马克思恩格斯选集》第2卷，人民出版社1995年版，第1页。
④ 《马克思恩格斯德意志意识形态节选本》，人民出版社2003年版，第33页。
⑤ 同上书，第32页。

人类社会历史发展程度、划分人类社会发展阶段的重要标尺。除此之外，交往也可以作为衡量人类社会历史发展的一个重要指标，主要体现为“人类共同生活方式在空间里的发展”①。按照这一思路，人类共同生活的空间范围“越是扩大”，因“交往而自然形成的不同民族之间的分工消灭得越是彻底”，② 各个民族就越能够摆脱“民族局限”和“地域局限”，历史也就越成为世界历史了。在这个发展和前进的过程中，资本主义制度和资产阶级相对先进的生产方式起到了催化剂的作用。也就是说，正是因为资本主义的出现和不断发展，才使得交往逐渐突破地域和分工的限制，出现革命性的发展，即“交往能力”③ 从过去单一的交往主体、低层次的交往手段和狭隘的交往范围转变为多样性的交往主体、高层次的交往手段和广泛的交往范围，在这个意义上，交往是人类世界历史形成的关键。

（六）交往的根本目的是实现共产主义社会

作为马克思主义重要组成部分的马克思交往理论最终也要服从于马克思主义的根本目的，即实现共产主义社会。马克思在对“交往是人的本质要求”和“交往是人类世界历史形成的关键”的相关论述基础上，进一步指出，现有的、主要由资本主义创造的世界历史并不是人类社会的发展终点，共产主义社会才是人类社会的终极目标，它是在资本主义社会的物质生产得到充分、高度发展的基础上，彻底消除社会分工对人们的根本制约，从而形成一个由获得完全解放的“自由人”④ 组成的社会，每个人都从民族局限和地域局限中摆脱出来，真正成为世界历史性的个人。⑤ 与此同时，与世界历史同步前进的世界交往也不是交往的最终表现形态，作为“世界交往的普遍发展”⑥ 形式的普遍交往才是真正的归宿。只有在普遍交往完全建立起来的现实条件下，它才能完全变成一种“不堪忍受的

---

① 范宝舟：《论马克思交往理论及其当代意义》，社会科学文献出版社 2005 年版，第 113 页。

② 《马克思恩格斯德意志意识形态节选本》，人民出版社 2003 年版，第 33 页。

③ 李素霞提出“交往力”的概念，与生产力相对应，笔者将其理解为“交往能力”。参见李素霞《交往手段革命与交往方式变迁》，人民出版社 2005 年版，第 104 页。

④ 马克思对自由人的解释是：人终于成为自己的社会结合的主人，从而也就成为自然界的主人，成为自身的主人，这就是“自由的人”。参见《马克思恩格斯选集》第 3 卷，人民出版社 1995 年版，第 760 页。

⑤ 《马克思恩格斯选集》第 1 卷，人民出版社 1995 年版，第 89 页。

⑥ 姜爱华：《马克思交往理论研究》，知识产权出版社 2009 年版，第 103 页。

力量”[①]，才能使处于生产力高度发达状态中的每一民族中的绝大多数人变成完全“没有财产的”、与“现存的有钱有教养的世界相对立”的人，才能使“每一民族都依赖于其他民族的变革”[②]。也只有这样，才能确保共产主义社会“在经验上是可能的”[③]，从这个意义上讲，交往的最终目标是实现共产主义社会，而共产主义社会的实现又是以普遍交往作为基本前提的。

二　马克思交往理论对改革开放以来中国区域合作的启发

通过以上对马克思交往理论内容的论述，我们可以得出结论：无论是对于个人发展而言，还是对于社会历史发展而言，交往都是十分重要的推动力。纵观人类历史发展，在不同的历史时期，交往起着不同的历史作用，面对未来，马克思交往理论也将与时俱进，不断散发出更为深刻的理论影响力。结合马克思交往理论，我们将目光重新转向改革开放以来中国的区域合作上面，尽管马克思交往理论中没有明确提到区域合作，但是我们仍然可以看到，马克思交往理论对于改革开放以来的中国区域合作有着更为现实的理论指导意义，是改革开放以来中国区域合作的一个相当重要的理论来源。总的来说，马克思交往理论与现代西方区域合作理论有着截然不同的理论逻辑体系，现代西方区域合作理论普遍从“区域合作是否可能？区域合作的条件是什么？以及如何实现区域合作”三个基本问题上对区域合作理论进行不同视角的解读和论证，而马克思交往理论则是从历史唯物主义视角对区域合作进行缜密分析——区域合作是一种客观存在的事实，受到生产力水平的根本制约，在不同的历史阶段有着不同的历史表现形态，拥有不同的历史地位，发挥着不同的作用和影响。

（一）区域合作是一种现实的交往

这里所说的区域合作是一种在最宽泛意义上的，即处于一定地域范围内的人类个体和群体相互之间的一切合作活动和合作关系的总和。按照马克思的观点，区域合作毫无疑问是一种十分重要的交往形式，它并不像西方区域合作理论那样建立在人性善恶、虚构无政府状态、“刺激—反应”

---

① 《马克思恩格斯德意志意识形态节选本》，人民出版社 2003 年版，第 30 页。

② 同上。

③ 同上书，第 31 页。

行为模式或博弈数学模型等理论假设的基础之上，而是在人类为了满足生存和发展需求而进行的物质生产实践活动（或劳动）中产生的。在这个过程中，由于客观条件的制约，人们无法单独采取行动，必须通过特定的方式结合起来，共同进行社会活动，以获取维持生存所必需的物质资料，这种“特定的方式”就包括了区域合作，所以说，区域合作与人们的物质生产实践活动并不存在先后顺序，而是同时进行和发生的。从一定程度上说，区域合作从一开始就融入了物质生产实践活动中，离开物质生产实践活动的区域合作只能是一种抽象的、空洞的交往，而不是一种现实的交往。[①]

（二）区域合作受到生产力发展水平的根本制约

区域合作是一个历史性范畴，它并不是一直存在着的，也不是一直不变的，它与生产力发展水平相适应，在人类历史的不同发展阶段，会有不同的表现形式，会随着物质生产实践活动的发展而经历一个产生、发展和成熟的过程。在原始社会，由于生产力水平极为低下，交通极为不发达，即便是在一个相对不大的区域范围内的人们相互之间的互动和交往的频率也相对稀少，交往程度相对浅显。基于对生存资源的占有，人们之间的相互冲突而不是相互合作成为主要的交往方式。这就是说，古代社会的区域合作显得尤为脆弱和稀少，它更多地建立在血缘关系和姻亲关系的纽带基础上。不过，需要强调的是，正是这种相对脆弱和稀少的区域合作的现实存在，才使得人类能够不断地提高自己的生存技能，不断获取更高质量和足够数量的食物，逐步摆脱对自然的完全依赖，最终推动人类社会的不断进步。到了农业社会，尽管生产力水平已经有了很大的提高，但是仍然不足以将人类的交往范围扩大到整个世界范围内，这个时期的交往形式总体上表现为各个相对独立的、封闭的文明区域的内部交往，[②] 尽管也有少许的跨区域交往（即马克思所说的外部交往），但是限于生产力发展水平相对有限和交通工具的相对落后，它仍然不占主流。在这个时期的每一个文明区域范围内，内部分工各自充分发展起来，主要体现在畜牧业和手工业从农业中分离出来，成为一个相对独立的行业，建立在内部分工基础上的

① 姜爱华：《马克思交往理论研究》，知识产权出版社2009年版，第43页。

② 李百玲：《晚年马克思恩格斯交往观研究》，中央编译出版社2009年版，第102—103页。

区域合作也开始逐渐得到个人、部落、封建国家、帝国等交往主体的初步认同，因为他们已经意识到内部分工和区域合作能够给大家带来更多的物质利益，并且能够增加整个社会的物质财富积累，推动社会的进一步向前发展。到了工业社会，资本主义生产方式产生并发展起来，商品生产和市场经济逐渐建立起来，此时的生产力水平已经呈现出井喷式提高，社会分工和人类交往范围也从一个区域内部扩展到整个世界，建立在世界分工和世界交往基础之上的个人、民族和国家等交往主体相互之间的联系日益密切，逐渐形成一个整体性世界，世界历史从此成为现实。① 在世界历史背景下的区域合作已经成为一种普遍性的交往形式，如果说原始社会阶段的区域合作是交往主体为了生存需要而不得不采取的一种交往行为，如果说农业社会阶段的区域合作是交往主体为了获取物质利益而采取的非主流的交往行为，那么工业社会阶段的区域合作就已经成为交往主体自觉采取的一种普遍化的、主流的交往行为。

（三）区域合作是实现共产主义社会的重要路径

马克思认为，在原始社会和农业社会中的交往总体上属于地域交往，没有突破地域的客观限制，没有建立起世界性联系，在资本主义社会产生和建立以后，世界进入以“相互依赖”为基调的世界交往进程中②，但是这并不是说地域交往就消失了，相反，地域交往不仅存在着，而且无论是在交往深度、交往内容还是交往频度上都较以往有了绝对的进步，只不过其相对影响力和作用力相比世界交往来说有了一定程度的下降。这个阶段，区域合作成为主要的地域交往方式，因为随着世界的相互依存性的增加，交往主体逐渐认识到，彼此之间的冲突或战争不仅会给双方带来巨大的破坏力，还会给整个世界的生存带来负面影响，特别是在主要世界大国相继研制出核武器之后，核战争已经成为悬挂在人类头顶上的“达摩克利斯之剑”，因此，相比冲突或战争而言，区域合作已经成为绝大多数交往主体的首要选项，因为它不仅能够给合作双方带来共赢效应，而且能够推动世界生产力的普遍发展。根据前文我们可以知道，从理论上讲，生产力的普遍发展是建立共产主义社会的物质基础，没有区域合作的持续发展

---

① 唐踔：《马克思世界交往理论及其当代价值研究》，中国出版集团/世界图书出版公司2013年版，第58—61页。

② 同上书，第62页。

和不断推动，物质财富和精神财富也就无法得到积累和增加，世界生产力至少在短时间内无法顺利达到一个高度发达和普遍发展的程度，世界交往也就无法上升到普遍交往的程度，世界性的共产主义社会也就无法成为现实。总而言之，从目前来讲，区域合作仍然是实现共产主义社会的一个重要的和相对优化的路径选择。

第二节　列宁世界历史理论

列宁既是马克思主义理论的继承者，也是马克思主义理论研究和运用的集大成者。他在对马克思的交往理论进行深入研究的基础上，写出了很多几乎能够与马克思主义诸多理论相媲美的、至今仍被国内外学者所推崇的、具有强大现实生命力的经典文献。通过对列宁世界历史理论相关文献的阅读和厘析，可以发现，列宁虽然和马克思一样也没有对区域合作进行专门论述，但是他实际上有很多关于区域合作的间接论述，如世界历史发展到帝国主义新阶段、社会主义“一国胜利论”以及资本主义制度和社会主义制度共存理论等，这些经典论断可以为改革开放以来的中国区域合作理论的发展提供强大的理论武器支撑。

一　列宁世界历史理论的主要内容

（一）世界历史发展到帝国主义新阶段

列宁在继承马克思的基本立场和基本方法的基础上，在对马克思交往理论进行深入剖析的基础上，结合资本主义发展的现实状况，进一步分析了资本主义社会的内在发展逻辑。其一，列宁提出了划分世界历史发展阶段的基本标准，即“哪一个阶级处于时代的中心位置”。列宁认为，无论世界历史发展处于什么样的时代，无论每个时代拥有多么复杂的历史现象和历史事件，无论这些历史现象和历史事件是“典型的”还是“不典型的”，“大的”还是“小的”，是先进国家实践的还是落后国家实践的，[①]都需要从整体上对每个时代进行把握和考察。其中，“哪一个阶级是这个或那个时代的中心，决定着时代的主要内容、时代发展的主要方向、时代

① 《列宁全集》第28卷，人民出版社1990年版，第127页。

的历史背景的主要特点等等"[1]。根据这一标准，列宁将资本主义社会分为自由竞争的资本主义阶段和垄断资本主义（也被称为帝国主义）阶段：19世纪六七十年代是自由竞争资本主义发展的最高峰，到19世纪末被垄断资本主义所替代。如果将马克思划分世界历史发展阶段的标准——生产力和生产方式——称为经济标准的话，那么列宁的阶级标准则可以被称为政治标准，它的实质是在马克思"考察世界历史的生产方式的合理性的基础上，确立代表这一生产方式的某一阶级的历史合法性"[2]。其二，为了更好地阐述帝国主义，列宁分别从生产、金融、资本、市场等方面对帝国主义进行了系统、深刻的分析，指出帝国主义是资本主义社会发展的一个特殊阶段，具有五个主要特征："（1）资本家的垄断同盟；（2）银行资本和工业资本的融合；（3）向外国的资本输出；（4）瓜分世界领土，而且已经瓜分完毕；（5）经济上是国际性的托拉斯瓜分世界。"[3] 在这五个主要特征的基础上，列宁将帝国主义定义为："帝国主义是发展到垄断组织和金融资本的统治已经确立、资本输出具有突出意义、国际托拉斯开始瓜分世界、一些最大的资本主义国家已把世界全部领土瓜分完毕这一阶段的资本主义。"[4] 通过对帝国主义的定义和主要特征的分析，列宁最终认为帝国主义在本质上是"垄断的资本主义"，是"寄生的或腐朽的资本主义"，同时也是"垂死的资本主义"。[5] 其三，帝国主义对世界交往也有着深刻影响。列宁在马克思的"资本主义造就以自由竞争为主要特征的世界市场和世界交往"的观点基础上，进一步指出帝国主义造就了以垄断和不平等为主要特征的新交往形式和交往格局。一方面，资本家同盟、国际垄断组织等交往主体按照"资本"的大小和"实力"的强弱对世界市场和世界领土（主要是殖民地）进行垄断性瓜分以及再瓜分，这种资本全球交往必然导致以国家为主体的世界性战争行为，[6] 简而言之，"帝国主义意味着战争"；另一方面，帝国主义国家在垄断交往中处于主导和优势地位，落后国家处于次要和弱势地位，帝国主义国家采取各种途径对落

① 《列宁全集》第26卷，人民出版社1988年版，第143页。

② 禹国峰：《政治标准和经济标准的相对分离与融合——论列宁对马克思世界历史划分标准思想的继承与发展》，《中共南昌市委党校学报》2008年第1期。

③ 《列宁全集》第32卷，人民出版社1985年版，第357页。

④ 《列宁选集》第2卷，人民出版社2012年版，第651页。

⑤ 《列宁全集》第28卷，人民出版社1990年版，第69页。

⑥ 张晓忠：《列宁全球化思想及其中国化研究》，人民出版社2012年版，第249—251页。

后国家进行控制和剥削。这种垄断和不平等的世界交往并不是绝对的，而是可以改变的，但是这种改变必须以落后国家加入这种不平等的世界交往进程中为前提，如果断绝任何交往，封闭自己，那么落后国家也就失去了任何发展和进步的可能性。[①]

（二）社会主义“一国胜利论”是可以实现的

列宁不仅详细论述了关于帝国主义的理论，还对帝国主义与社会主义之间的关系进行了辩证分析。列宁认为，帝国主义是资本主义社会发展的最高程度和最高阶段，是资本主义社会发展的总危机阶段，[②] 为社会主义创造了最为充分的物质基础和最为发达的客观通信条件，是“社会主义的前夜”，在帝国主义和社会主义之间“没有任何中间阶级”[③]。在认识到帝国主义对于实现社会主义的积极意义的同时，列宁还是清醒地认识到帝国主义也给社会主义带来了十分严峻的挑战：一方面，帝国主义国家在彼此之间相互竞争的同时，在基本利益方面，特别是在面对无产阶级的时候，仍然能够在行动上保持密切的交往和联合状态；另一方面，帝国主义国家会采取一定的手段和方式培养和扶植“无产阶级的上层”，产生一些诸如“工人贵族”之类的特权阶层，并日益“资产阶级化”，甚至在利益偏好选择和现实行动中背叛无产阶级，从而最终使无产阶级进行内部分化和分裂。[④] 从这个意义上讲，由帝国主义过渡到社会主义的历史进程可能不会一帆风顺，马克思所设想的世界性社会主义也可能不会在短时间内实现，需要经过长久的阵痛，就像列宁所说的那样，“没有世界各国和各个民族的无产阶级以致全体劳动群众自愿要求结盟和统一的愿望，战胜资本主义这一事业是不可能顺利完成的”[⑤]。在对帝国主义的长期存在和实现社会主义的困难不断增加有了清醒的认识之后，列宁并没有对社会主义事业丧失信心，反而是创造性地提出了“社会主义可能首先在少数甚至在单独一个资本主义国家内获得胜利”[⑥] 的论断，这一经典论断主要包含两层含义：一是社会主义可以在一国胜利实现，列宁的这个观点并不是对马

① 张晓忠：《列宁全球化思想及其中国化研究》，人民出版社 2012 年版，第 253—254 页。
② 同上书，第 228 页。
③ 《列宁全集》第 32 卷，人民出版社 1985 年版，第 218—219 页。
④ 《列宁选集》第 2 卷，人民出版社 2012 年版，第 665—668 页。
⑤ 《列宁全集》第 39 卷，人民出版社 1986 年版，第 166 页。
⑥ 《列宁选集》第 2 卷，人民出版社 2012 年版，第 554 页。

克思的“社会主义革命只有在世界范围内一下子同时发生在经验上才是可能的”[①] 和恩格斯的“共产主义革命将不是仅仅一个国家的革命，而是将在一切文明国家里……它是世界性的革命”[②] 的简单否定，而恰恰是对马克思和恩格斯思想的创新性继承，这是因为列宁也认为一国社会主义革命的成功实现只是整个世界性社会主义革命的“第一把火”，通过一国社会主义革命的胜利来带动其他国家的社会主义革命的胜利，最终实现世界性社会主义革命的完全胜利。二是单个国家的社会主义革命的胜利只能发生在发达资本主义国家，这是因为社会主义革命的胜利实现和保持需要有“发达的工业，较多的财富和比较大量的生产力”[③] 作为物质基础，这与马克思和恩格斯的观点是基本一致的。在提出“一国胜利论”的基础之上，列宁将研究焦点转向俄国爆发社会主义革命的可能性以及俄国社会主义革命与世界社会主义革命的相互关系上。具体来讲，列宁认为，俄国虽然是一个极度贫穷的、欧洲最落后的小农国家，但是它在理论上可以不经过资本主义发展阶段而直接独自取得社会主义革命的胜利，但是却没有足够的力量独自保持住这个胜利的果实，这就需要有来自外部力量的支持和帮助，“如果没有欧洲的社会主义无产阶级对俄国无产阶级的支援，那么，这个斗争对于孤军奋战的俄国无产阶级，几乎是毫无希望的，而且必然要遭到失败”[④]。不过，一战的爆发让列宁改变了观点，他认为，一战在本质上是一场帝国主义战争，是世界上主要的帝国主义国家相互之间进行利益瓜分和财富争夺的矛盾的总爆发，在这个特殊的历史时期，帝国主义国家已经无暇关注俄国等落后国家的无产阶级运动和斗争。在这个意义上，“俄国无产阶级完全有可能从帝国主义链条上的最薄弱环节取得胜利，并有可能利用大战期间两大利益集团的矛盾和冲突，暂时避免国际帝国主义的联合进攻”[⑤]，所以说，俄国社会主义革命不仅可以实现，而且还可以保住这个胜利果实。但是，不能否认的是，俄国社会主义革命只能在“某一时期，可能是很短暂的时期内成为全世界革命无产阶级的先

① 《马克思恩格斯德意志意识形态节选本》，人民出版社 2003 年版，第 30—31 页。
② 《马克思恩格斯选集》第 1 卷，人民出版社 1995 年版，第 241 页。
③ 同上。
④ 《列宁全集》第 12 卷，人民出版社 1987 年版，第 142 页。
⑤ 张晓忠：《列宁全球化思想及其中国化研究》，人民出版社 2012 年版，第 272 页。

锋”[①]，从长远来讲，俄国社会主义革命只是欧洲社会主义革命的“序幕”和“阶梯”，是世界社会主义革命“链条上的一环”[②]，没有欧洲社会主义革命的相继爆发和世界社会主义革命的最终实现，俄国社会主义革命是不可能独自坚持下去的。

（三）资本主义制度和社会主义制度可以和平共存

在俄国社会主义革命（即十月革命）胜利之后，列宁就（在第二天）立即向全世界颁布了《关于和平问题的报告》，在报告中建议“一切交战国政府和人民……立即缔结停战协定”并立即“就缔结公正的民主的和约开始谈判”[③]。列宁在提出和平建议的同时，也时刻准备着对帝国主义国家的武装干涉进行反击，因为列宁清楚帝国主义国家是不会承认苏维埃政权的。果不其然，从1918年夏到1920年底，帝国主义国家对苏俄（苏维埃俄国，以下简称苏俄）进行了长达两年的武装干涉，但最终还是被苏俄社会主义政权所击败，至此，苏俄真正成功地保持住十月革命的胜利果实。这也就从客观上造成了帝国主义国家与苏俄共存的既定事实。尽管如此，列宁仍然忧心忡忡地指出，苏俄仍然面临着两种结局：“要么是资本主义比较发达的其他国家立刻爆发或至少很快爆发革命，要么是我们灭亡。”[④] 令人失望的是，苏俄并没有等来其他欧洲资本主义先进文明国家的社会主义革命的相继爆发，列宁所期盼的作为“巩固俄国无产阶级革命最可靠的保证”的“国际工人革命”并没有到来，[⑤] 这个时候，如何面对、处理与环绕苏俄周围的其他资本主义国家之间的关系，如何避免苏俄的“灭亡”结局已经成为列宁面临的最大问题。在深刻分析整个欧洲资本主义国家的社会主义革命的可能性以及社会主义苏俄所面临的国内外现实形势的基础上，列宁正式提出资本主义制度和社会主义制度可以和平共存的著名论断。通过对列宁的相关文献的阅读，可以总结出列宁关于两种社会制度共存的内容主要包含两个方面：一是两种社会制度在政治和军事上的共存，这一内容是在苏俄实行和平外交政策和苏俄战胜帝国主义武装干涉的基础上实现的，并且在1922年正式建立统一的联盟国家——苏联

① 《列宁全集》第29卷，人民出版社1985年版，第90页。
② 《列宁全集》第40卷，人民出版社1986年版，第42页。
③ 《列宁选集》第3卷，人民出版社2012年版，第340—342页。
④ 《列宁全集》第42卷，人民出版社1987年版，第40页。
⑤ 《列宁全集》第34卷，人民出版社1985年版，第33页。

之后达到高潮，具体表现为1923—1925年苏联相继与芬兰、意大利、挪威、奥地利、瑞典、中国、丹麦、墨西哥、法国、日本等20多个国家正式建立外交关系，这标志着苏联已经在政治和军事上与主要的资本主义国家相互承认和共同存在。二是两种社会制度在经济上的共存，这一内容对于苏俄的生存和发展来讲是至关重要的，这是因为，一方面，苏俄是在一个贫穷落后的小农国家的基础上建立起来的，尤其是在战胜帝国主义武装干涉之后，以工农业为主要代表的国内经济已近乎处于崩溃边缘，百废待兴，人民生活困苦，苏俄亟须将国内工作重心转移到经济建设上来；另一方面，一战之后的欧洲各帝国主义国家也需要复兴本国经济，"欧洲没有俄国，便不能恢复元气"，与资源和原材料极为丰富的苏俄发生经济联系是帝国主义国家不可避免的选择，而不管苏俄"实行的是布尔什维主义或者不是布尔什维主义"①。根据以上客观需要，列宁提出了一系列实用性的新经济政策：一方面，苏俄政府采取"引进来"的方针，尤以租让法令为典型。1920年，苏维埃政府正式颁布《关于实行租让的一般经济条件和法律条件》，允许来自资本主义国家的"国家机构和地方机构……私人企业、股份公司、合作社和工人组织"② 在不损害苏维埃国家主权和互利互惠的前提下直接在苏俄开办工矿企业，在租让法令的精神下，苏俄政府相继与来自美国、英国、瑞典、德国的企业财团进行租让谈判，并签订租让合同。③ 通过租让法令，苏俄国内经济状况有了较大幅度的提高。另一方面，苏俄政府还积极参与国际经济活动，与资本主义国家进行直接的贸易往来，不断拓展苏俄的国际生存空间，尤以热那亚国际经济与财政会议为典型事例。1922年4月，苏俄政府在会议主办国的邀请下首次以社会主义国家的身份参加国际性经济会议，关于这次会议，列宁强调就是积极"同资本主义国家（只要它们还没垮台）进行贸易"这是"十分清楚而且毫不隐瞒"的，"我们到那里去是为了最恰当、最有利地商定政治上合适的贸易条件"④。通过租让法令和参与国际经济活动等新经济政策，

---

① 《列宁全集》第38卷，人民出版社1986年版，第166—167页。

② 《列宁选集》第4卷，人民出版社2012年版，第333页。

③ 苏俄与来自美国的俄裔大资本家哈默、来自英国的大企业家莱·厄克特、来自瑞典的滚珠轮轴公司、来自德国的奥托·沃尔弗财团相继签订租让合同。转引自张中云等《马克思主义国际政治理论发展史研究》，重庆出版集团/重庆出版社2011年版，第126页。

④ 《列宁全集》第42卷，人民出版社1987年版，第2页。

苏俄借助一切机会千方百计地积极学习、加强和加紧利用资本主义国家的一切先进知识、机器设备和技术成就，并将其作为发展苏维埃生产力的重要途径，从而建设、巩固和发展苏俄社会主义。

二 列宁世界历史理论对改革开放以来中国区域合作的启发

通过对列宁的帝国主义理论、社会主义“一国胜利论”以及两种制度和平共处理论的总结，我们可以从总体上把握列宁的世界历史理论精髓，这就是与时俱进。具体来讲，列宁在继承马克思交往理论基本观点的基础上，根据已经变化了的现实（即资本主义社会进入帝国主义阶段），将马克思的世界社会主义“同时实现”的观点调整为社会主义“一国胜利论”，为俄国在一战爆发的大好时机下适时进行社会主义革命（即十月革命）奠定了坚实的理论基础。在十月革命胜利之后，列宁又根据两种社会制度共存和“敌强我弱”的客观现实条件，提出了社会主义国家对帝国主义国家的新斗争策略，即充分利用资本主义世界的发展不平衡和相互之间的矛盾，暂时与部分资本主义国家达成妥协，改善社会主义国家的生存和发展环境，不断积蓄力量，从而为最终实现社会主义革命的胜利创造机遇和条件。

在列宁与时俱进的世界历史理论下，区域合作成为列宁实现其社会主义根本目标的重要途径和方式。通过以上对列宁世界历史理论的主要内容的具体叙述，可以得出列宁关于区域合作理论的三个启发式论点。

（一）区域合作的前提是相互承认主权独立，不干涉内政

列宁认为，苏俄与帝国主义国家之间的区域合作必须建立在和平外交基础上，在相互承认对方的主权独立，不干涉彼此国家内政的前提下，与帝国主义国家开展各种活动。列宁在1920年回答美国《纽约晚报》记者提问的时候就讲过：“请美国资本家不要触犯我们，我们也不会触犯他们的。”[①] 这是苏俄与美国开展各项活动的前提所在，所以说，苏俄与包括帝国主义国家在内的其他所有国家相互之间开展区域合作的前提就是相互承认主权独立，不干涉内政。然而，这种主张和要求并不是自动获得的，也不是简单地通过“传教士式的说教”就能够轻易获得的，而是需要通过包括战争在内的一系列艰苦手段去努力实现。列宁明确说过，“要跟资

---

① 《列宁全集》第38卷，人民出版社1986年版，第158页。

本家取得谅解，要用和平的方式使他们就范是决不可能的”[①]，因为帝国主义国家并不愿意看到社会主义国家的出现，特别是在“资强社弱”的情况下，帝国主义国家“恃强凌弱”和“用拳头说话”的本质就会暴露无遗，尤以十月革命之后的14个帝国主义国家联合进行武装干涉苏俄的战争行为为典型实例。不过，经过两年的艰苦斗争，列宁领导的苏俄成功挫败武装干涉，与帝国主义国家在局势上取得了不太稳固的、时刻都有可能失衡的“暂时的均势状态”。正是通过这次坚决的反帝国主义干涉斗争，才让帝国主义国家深刻认识到在较短时期内是无法彻底扼杀苏俄的，不得不面对苏俄的存在，也同时让苏俄为自己争取到了与帝国主义国家共处与谈判的客观条件和正当权利。在此基础之上，苏俄和帝国主义国家通过谈判建立起正常的国家与国家之间的平等外交关系，这也就正式宣示了帝国主义国家对苏俄主权的承认。在这个意义上，苏俄与帝国主义国家之间的任何区域合作活动也都是建立在主权独立和不干涉内政的正常国家外交关系的基础之上的。

（二）区域合作的主要原则是互惠互利

列宁认为，苏俄对和平共处是十分渴望的，也认为与欧洲主要帝国主义国家开展的区域合作活动，尤其是区域经济合作活动，是苏俄国内经济建设所急需的。但这并不是说，为了和平共处，为了区域合作，苏俄可以主动放弃一切正当的国家利益，区域合作只是苏俄进行国内和平建设的一个手段，并不是目的，因而，区域合作必须“有一个限度，超过限度是不行的”[②]，那么，这个限度就是互惠互利，区域合作必须建立在互惠互利的基础之上。“苏俄需要欧洲，欧洲也需要苏俄”，这句话形象地说明苏俄与欧洲主要帝国主义国家之间存在的经济关系具有很大的互补性，这种共同经济利益的存在是双方开展互惠互利区域合作活动的基础。互惠互利的区域合作形式有多种多样，是随着苏俄国内外形势的变化而不断进行调整的，主要包括：其一，从外国（主要是欧洲帝国主义国家）直接借款，这要遵守三个原则：以本国积累为主，以借外债为辅，将借款用到最需要的地方、量力而行，与本国偿还能力相适应；[③] 其二，与外国一起兴

① 《列宁全集》第38卷，人民出版社1986年版，第190页。

② 《列宁全集》第42卷，人民出版社1987年版，第326页。

③ 张晓忠：《列宁全球化思想及其中国化研究》，人民出版社2012年版，第349—350页。

办合资公司，公司主导权归苏俄政府；其三，实行租让制度，由“资本家负责安排或改进生产（如采伐和浮运木材，开采煤炭、石油和矿石等），把所得的一部分产品交给国家，另一部分作为利润归自己所有”①；其四，在国家垄断对外贸易的基础上与帝国主义国家开展直接对外贸易活动。可以说，苏俄通过互惠互利的区域合作，借助和利用帝国主义国家的资源、资本、文化等一切先进文明成果不断发展和壮大自己，推动了苏俄社会主义现代化建设，为苏俄从一个贫穷、落后的国家逐渐转变为一个发达的工业化国家奠定了坚实的基础。

（三）区域合作的根本目的是实现、维护社会主义

列宁是坚定的马克思主义者，也是社会主义事业的坚定支持者，列宁所提出的主要理论，无论是帝国主义理论，社会主义一国胜利论，还是两种社会制度共存论都是基于“有利于无产阶级革命的开展，有利于巩固和发展无产阶级革命的胜利成果”② 的角度来考虑的，列宁关于区域合作的根本目的也是如此，我们可以从他对“欧洲联邦”口号的评判中一窥全豹。欧洲联邦思想早已有之，早在中世纪、文艺复兴时期，就已经有很多著名学者产生了关于欧洲统一或欧洲和平的思想。比如说，这一时期的意大利诗人但丁就提出，基于“世界的福利”和“人类需要统一与和平”的考虑，建立一个“一统天下的世界帝国”是十分必要的，“只有在这样的世界帝国里，才能解决世上所有的国家之间的纷争，实现和平与正义的统治，充分发挥人的智能，使其过上幸福的生活”③。还有后来的伏尔泰、康德、雨果等著名思想家大都提出过关于“实现欧洲和平”、“倡导欧洲统一”、“建立欧洲合众国”的类似愿景。到了近代，尤其是一战的爆发，越来越多的资产阶级思想家再次拾起这些口号，将其重新进行理论包装，作为欧洲资本主义国家实现和平的一种理论武器。在这种情况下，列宁集中阐述了其对“欧洲联邦”口号的意见：一是建立欧洲联邦的基本政治前提是“以革命推翻德、奥、俄三国的君主制度”，只有实现真正的民主政治革命，作为一个政治口号的“欧洲联邦”才是无懈可击的，不然就是毫无意义的和欺骗性的。④ 二是从经济上来看，资本主义国家已经转变

① 《列宁全集》第41卷，人民出版社1986年版，第238页。

② 李爱华等：《马克思主义国际关系理论》，人民出版社2006年版，第369页。

③ ［意大利］但丁：《论世界帝国》，朱虹译，商务印书馆1985年版，出版说明3。

④ 《列宁选集》第2卷，人民出版社2012年版，第551页。

为帝国主义国家，“世界已经被少数几个大国即依靠大规模掠夺和压迫其他民族而强盛起来的国家瓜分完毕”[1]，在这种情况下，建立一个欧洲联邦“就等于是缔结瓜分殖民地的协定”，是严重反动的，其根本目的就是联合起来“共同镇压欧洲社会主义运动，共同保卫已经抢占的殖民地”[2]。三是建立社会主义革命基础上的欧洲联邦，即要建立“同社会主义相联系的、各民族实行联合并共享自由的”[3] 欧洲国家联邦，并在此基础上最终实现社会主义世界联邦。根据列宁的以上三点意见，可以看出，资产阶级意义上的“欧洲联邦”口号在本质上是有区别对象的区域合作，即在资本主义国家内部的统治阶级之间进行区域合作，而对资本主义国家内部的被统治阶级以及资本主义国家外部，特别是落后国家和殖民地国家则采取武装镇压，乃至战争行为。在十月革命胜利之后，列宁关于区域合作的具体行动策略发生了一定程度的改变，即由对帝国主义国家的斗争与革命策略，转变为既斗争又合作，以斗争求合作的策略，这种改变主要是由帝国主义国家和苏俄长期共存的客观事实决定的。在这种策略改变下，苏俄与欧洲大多数帝国主义国家建立了区域合作关系，既有政治、外交上的，也有经济上的，但不管怎样，列宁始终认为区域合作的最终目的只有一个，就是维持社会主义国家的生存，在时机成熟的时候，建立社会主义国家联合基础上的欧洲联邦，乃至世界联邦。

第三节　毛泽东区域合作思想

新中国成立后到改革开放之前，以毛泽东为核心的第一代中央领导集体对区域合作进行了不断探索，形成了一系列关于区域合作的理论成果，它更多地根植于如何对一个从殖民地半殖民地社会直接脱胎而来的全新社会主义国家进行建设，更多地强调的是马克思列宁主义区域合作理论的特殊性，而不是其普遍性，即强调马克思列宁主义区域合作理论与中国国情的具体结合。这种具有显著中国特色的社会主义区域合作理论更加具体化，现实性和可操作性较强。下面本节将注重对以毛泽东为核心的第一代

---

① 《列宁选集》第2卷，人民出版社2012年版，第552页。

② 同上书，第553页。

③ 同上书，第554页。

中央领导集体有关区域合作的主要观点进行详细论述。

一　正确处理好区域合作与以战争与革命为时代主题的国际冷战环境之间的关系

根据马克思主义基本理论，任何一个国家的对外政策并不是形成于真空环境之中的，而是建立在该国所处的实实在在的国内外客观现实环境基础上的，并受到其强烈的影响和制约。处于不同历史阶段的国家受到不同的客观环境的影响，会制定不同的对外政策。因此，作为中国周边外交方针和政策的重要构成部分的中国区域合作方针与政策也不可避免地受到中国当时所处的国内外环境的不同程度的影响。基于这个考虑，毛泽东从新中国建立时所面临的复杂、严峻的国内外形势出发，提出新中国要正确处理好区域合作与以战争与革命为时代主题的国际冷战环境之间关系的重要论断，只有这样，才能制定出符合当时中国国情和适应当时中国国际地位的区域合作方针与政策。

1．毛泽东认为，新中国所处的世界形势虽然较列宁时期发生了很大的改变，但是世界总体形势仍然“是资本主义和社会主义斗争的环境，是资本主义向下没落社会主义向上生长的环境”，“资本主义决然灭亡和社会主义决然兴盛”①。

特别是到了1973年中共十大召开期间，毛泽东仍然在《中共十大政治报告》中坚持认为：“列宁逝世以后，世界形势发生了很大变化，但是，时代没有变，列宁主义的基本原则没有过时，仍然是我们今天指导思想的理论基础。”② 由此可以看出，从新中国成立后一直到20世纪70年代中后期，毛泽东一直坚持认为“战争与革命”是当前时代的主题，认为国际形势的特点仍然是“天下大乱”，即以美国为首的资本主义国家阵营和以苏联为首的社会主义国家阵营在政治、经济、军事以及文化等各个方面进行全方位的“冷战”对抗，两大阵营之间的缓和只是暂时的、表面的现象，两大阵营之间的“冷战”对抗还将继续下去，甚至有发展为“热战”（即战争）的可能性。与此同时，毛泽东也提出了制止战争的办

① 中共中央文献研究室编：《毛泽东选集》第2卷，人民出版社1991年版，第679—680页。

② 《中国共产党第十次全国人民代表大会文件汇编》，人民出版社1973年版，第21页。

法，那就是通过“全世界共产党……团结一切可能的和平民主力量，并使之获得更大的发展”①，从而超越企图发动战争的帝国主义国家力量。

2. 基于以上对“战争与革命”时代主题的认知，毛泽东提出了与苏联“结盟”的区域合作方式。

毛泽东指出，作为一个新生社会主义国家的中国从一开始就应当“倒向”社会主义国家，特别是在苏联与中国有着长距离的陆地接壤的自然条件下，中国选择“倒向”苏联这个当时世界上最大的社会主义国家，是一个明智的区域合作选择。一方面，毛泽东认为，在帝国主义国家环绕的世界里，中国想保持住新中国的胜利果实，需要“国际革命力量在各种不同方式上的援助”，那种“不要国际援助也可以胜利……是错误的想法”，基于此，那种游走于帝国主义国家阵营和社会主义国家阵营之外的第三条道路是没有的，也是不现实的。所以说，中国根据意识形态亲疏和国家利益，尤其是生存和安全利益的考量，选择加入社会主义阵营，选择与苏联加强区域合作。另一方面，在新中国成立前后的一段时间里，毛泽东已经向世界所有国家，尤其是向以美国为首的资本主义国家阵营，明确表达和平共处与交往的愿望，明确提出“愿意同世界各国人民友好合作”② 的和平倡议，明确提出愿在“遵守平等、互利及互相尊重领土主权等项原则”③ 的基础上，与任何外国政府就建立外交关系进行谈判。但是，以美国为首的资本主义国家阵营并没有对中国抛出的“和平橄榄枝”做出任何积极回应，反而对新中国政权报以敌视态度，千方百计地采取各种手段对新中国进行国际围剿，以政治上的孤立、经济上的封锁和军事上的包围为主要表现，所以说，以美国为首的资本主义国家阵营对新中国的国际包围和国际封锁，也在很大程度上促使毛泽东决心加入社会主义国家阵营。

3. 在“战争与革命”的时代主题影响下，中国的区域合作需要统筹兼顾，在强化与苏联结盟的区域合作首要性的同时，也要在时机合适与成熟的时候逐渐开展与周边资本主义国家之间的区域合作。

一方面，尽管中国选择加入以苏联为首的社会主义国家阵营，但是这

① 中共中央文献研究室编：《毛泽东文集》第6卷，人民出版社1999年版，第67—68页。

② 中华人民共和国外交部、中共中央文献研究室编：《毛泽东外交文选》，中央文献出版社/世界知识出版社1994年版，第89页。

③ 同上书，第116页。

并不表明中国就彻底断绝了与资本主义国家的往来，中国需要国外资本主义市场，需要与资本主义国家进行联系，需要同它们做生意，中国不要孤立，而区域合作就是建立中国与世界主要资本主义国家联系的一个重要途径。当然，中国区域合作并不是无条件的，毛泽东在多个场合公开表达过中国区域合作的条件和前提。1954 年 8 月，毛泽东在与英国工党代表团进行谈话的时候，明确提出了中国与资本主义国家进行区域合作的两个前提，那就是“一、都要和平，不愿打仗；二、各人搞自己的建设，因此也要做生意”①。1955 年 5 月，毛泽东在同时任印尼总理的沙斯特罗阿米佐约进行谈话的时候，也说过，“中国愿意同所有的国家友好合作”，“就是西方国家，只要它们愿意，我们也愿同它们合作”②。1955 年 12 月，毛泽东在同日本国会议员访华团的谈话中更是指出，日本能够在几十年内“由农业国转变为工业国”，是值得中国学习的先进对象，中日两国是“左邻右舍”的关系，“要多来往”，“互相帮助，互通有无，和平友好，文化交流，建立正常的外交关系”③。由此可见，只要各国有区域合作的意愿，那么意识形态、社会制度等都不会是区域合作的障碍。中国不仅向区域内部的资本主义各国发出了区域合作的信号，还采取了积极的国际行动，以中国积极参与 1952 年 1 月 10—12 日召开的莫斯科国际经济会议为典型事例。新中国成立以后，中国为了打破以美国为首的资本主义国家的国际封锁，积极参与了 1951—1952 年的莫斯科国际经济会议④的发起和创立，在会议上，中国代表明确表示，世界各国不应当因为“信仰、政治制度及社会经济制度”的不同而断绝往来。通过这次国际经济会议，中国与来自亚洲和太平洋区域（主要是日本、印度和一些东南亚资本主义国家）的代表进行了直接商谈和交流，呼吁亚洲和太平洋区域范围

---

① 中共中央文献研究室编：《毛泽东文集》第 6 卷，人民出版社 1999 年版，第 340 页。

② 同上书，第 409—411 页。

③ 同上书，第 480—486 页。

④ 1951 年 10 月 27—28 日，苏联、中国、波兰、法国、英国、联邦德国、意大利、日本、巴西、印度、黎巴嫩等 21 个国家的经济界人士在丹麦的哥本哈根举行会议，决定发起组织国际经济会议。会议的目的是寻求促进各国间及各种不同的经济社会制度间和平合作的方法，拒绝在国际经济会议上讨论各种经济社会制度之优劣。会上还成立了国际经济会议筹备委员会，法国前国会议员香贝朗担任秘书长。1952 年 1 月 10—12 日，国际经济会议筹备委员会在莫斯科召开会议。参见蔡成喜《新中国打破国际封锁禁运的重要桥梁——莫斯科国际经济会议》，《当代中国史研究》2007 年第 2 期。

内的所有国家及人民“为消除一切人为障碍和封锁禁运而努力”，共同推动以“独立与平等互利”为基础的区域合作关系的建立。[①] 另一方面，尽管中国选择加入以苏联为首的社会主义国家阵营，特别是中苏两国在1950年签订了《中苏友好同盟互助条约》，在法律上确立了中苏两国的同盟关系，发展和巩固了两国在区域政治、经济军事以及文化等各个方面的互助合作关系。但是，这并不表明中国在任何事情上都会听命于苏联，甚至不惜以牺牲自身国家利益为代价，中国与苏联之间的区域合作也需要讲求原则，讲求方法，毛泽东明确说过，中国对苏联的“一边倒是平等的”[②]。但是随着苏联公开宣称与美国进行世界霸权争夺，在社会主义国家阵营内部动辄以“老子党”自居的霸权主义倾向越来越明显，毛泽东适时提出，中国的区域合作不仅需要反对以美国为首的帝国主义国家，也需要反对以苏联为代表的现代修正主义，后来被称为苏联社会帝国主义，从这个意义上讲，中国所说的建立以“独立与平等互利”为基础的区域合作关系不仅仅针对以美国为首的帝国主义国家，也在一定程度上针对苏联社会帝国主义。

二　正确处理好区域合作与独立自主的关系

所谓独立自主，就是指一个国家的革命和建设主要依靠本国人民自己的力量去开拓和进行，它回答和解决了一个国家的“革命和建设依靠什么力量的问题”[③]，而区域合作主要是指一个区域范围内的不同国家之间的合作关系和合作实践，也就是说，区域合作主要存在于国家之间，因而，国家在对内和对外事务上的独立性和自主性是区域合作的基础。就像恩格斯所说的那样，“民族独立实际上是一切国际合作的基础”[④]。所以说，区域合作与独立自主在马克思主义理论意义上是不可分割的。以毛泽东为核心的中国共产党人在领导中国共产党和中国人民进行社会主义革命和社会主义建设的过程中，不仅证实了马克思主义理论关于区域合作与独立自主的辩证关系，也在实践中进一步探索出一条适合中国国情的、具有

---

① 中国国际贸易促进委员会编：《莫斯科国际经济会议与中国》，1952 年，第 181—189 页。

② 中共中央文献研究室编：《毛泽东文集》第 7 卷，人民出版社 1999 年版，第 176 页。

③ 田心铭：《走自己的路——试论独立自主思想的科学内涵、精神实质和重要地位》，《学习论坛》2011 年第 12 期。

④ 《马克思恩格斯文集》第 10 卷，人民出版社 2009 年版，第 473 页。

中国特色的独立自主道路，那就是，不仅将民族解放和国家独立作为一个国家对外交往的前提，而且在实现民族解放和国家独立的革命过程中也必须坚持独立自主的原则，即主要依靠本国力量实现民族解放和国家独立。具体来讲，一方面，在推翻帝国主义列强对处于半殖民地半封建社会的中国和中国人民的剥削和控制，实现民族和国家独立的社会主义革命过程中，要真正依靠本国政党和人民的支持力量，而不能像东欧国家一样主要依靠其他国家（苏联）的（军事和经济等）直接援助以实现民族解放和国家独立，只有这样，中国才能够真正不依附于任何其他国家和政党，才能够真正实现民族解放和国家独立；另一方面，在新中国成立后逐渐开展起来的社会主义现代化建设过程中，也始终要根据本国的实际情况独立地、自主地处理与本国有关的一切对外交往关系，主要表现为，不承认旧中国的一切旧的外交关系，废除世界各国，尤其是帝国主义国家在中国的一切不平等的、不合理的、不合法的特权，与此同时，要在新的基础上同世界各国建立新的平等的、合法的外交关系。只有通过“另起炉灶”、“打扫干净屋子再请人”等这些独立自主的对外决策，新中国才能真正实现“中国的事情必须由中国人民自己作主张，自己来处理不容许帝国主义国家再有一丝一毫的干涉”① 的目标。在强调独立自主重要性的同时，毛泽东也指出，不能将独立自主绝对化，独立自主并不等同于自我孤立和封闭自守，这是因为“中国已紧密地与世界联成一体”，在社会主义革命时期如此，在社会主义建设时期也是如此，所以，这个客观事实就决定了“中国无论何时……不是孤立也不能孤立”，而且这也必须成为中国采取对外政策的立脚点。② 既然如此，那么我们该如何正确理解独立自主呢？毛泽东给我们提供了一个很好的答案，那就是“以自力更生、不依赖外援为原则”，一是以自力更生为主，“自己尽可能独立地搞，凡是自己能办的，必须尽量多地搞。只有自己实在不能办的才不办。”③二是以外援为辅，存在一定的外援是有好处的，但是不能对外援形成依赖性，毛泽东曾经强调“不靠外援（不是不要外援），这是我们历来的方针，是完全可

---

① 《毛泽东选集》第 4 卷，人民出版社 1991 年版，第 1465 页。

② 中华人民共和国外交部、中共中央文献研究室编：《毛泽东外交文选》，中央文献出版社/世界知识出版社 1994 年版，第 16 页。

③ 中共中央文献研究室编：《毛泽东文集》第 8 卷，人民出版社 1999 年版，第 128—129 页。

以办到的”[①]，另外，毛泽东还指出，外援也分为多种类型，有长期的，有暂时的，有可靠的，有不可靠的，有些可以接受，有些不可以接受，对于那些“真心帮助，不谋私利，使受援者真正受益”的援助要接受和欢迎，对于那些“借援助之名，行干涉之实”的援助要坚决予以拒绝。[②] 通过以上对独立自主原则深刻内涵的理性分析，可以清楚地了解，毛泽东十分强调独立自主之于对外交往，特别是区域合作的意义。区域合作与外援一样，作为一种重要的对外交往手段，也必须坚持独立自主原则，在区域合作的任何时间、任何条件下都坚决不能把“党和国家的独立性丢掉”，即便在中国政府与亚洲区域范围内的资本主义国家处于尚未建交和基本政治经济制度对立的情况下，毛泽东也坚持与其中的日本、印度等国家的非政府组织、企业等保持区域经济和文化合作，以及非正式的区域政治合作；即便在与苏联保持最为亲密的同盟关系的情况下，毛泽东也决然反对苏联提出的“建立联合舰队和长波电台”等影响中国独立、主权的不合理要求，不惜使中苏关系倒退、恶化，甚至发生小规模战争，毛泽东说过，“要讲政治条件，连半个指头也不行”，“没有什么好谈的”[③]，由此可见，中国的生存和安全需求是毛泽东最优先考虑的国家利益，在此基础上，才可能考虑对外交往，尤其是区域合作所带来的诸多经济利益，如果因为区域合作而带来对中国的国家生存和安全的威胁，那么区域合作就丧失了其作为“促进国家发展和改善人们生活质量”的原有意义，这种区域合作是要不得的。所以说，毛泽东相当重视在独立自主基础上积极寻求区域合作，只有坚持在独立自主基础上的区域合作，只有实现区域合作和独立自主的辩证统一，才能从根本上维护和保证中国的国家生存和安全。

三　正确处理好区域合作与平等、互利的关系

（一）要正确处理好区域合作与平等原则之间的关系

所谓平等原则是指不同国家之间在相互交往过程中的国家地位和国家

---

① 中共中央文献研究室编：《毛泽东文集》第4卷，人民出版社1996年版，第330页。

② 张中云等：《马克思主义国际政治理论发展史研究》，重庆出版集团/重庆出版社2011年版，第255页。

③ 中共中央文献研究室编：《毛泽东文集》第7卷，人民出版社1999年版，第391页。

正当权利的对等，其内容主要包括“政治平等、经济平等以及文化平等”[1]。毛泽东从新中国成立伊始，就始终强调坚持平等原则的重要性，一方面是基于中国的近代历史遭遇，中国在1840年一直到1949年新中国成立的一百多年时间里，受尽了西方列强的不平等对待。根据有关学者的不完全统计，近代中国单就国际法意义上[2]的不平等条约就被迫签订了343个，如果将那些不平等的约章和规章制度也包括在内，就有1000多个。这些不平等条约丧权辱国，使近代中国在政治、经济、文化、军事以及社会等各个方面都遭受到毁灭性破坏。[3] 近代中国的不平等遭遇让毛泽东深刻认识到，平等原则必将是新中国对外交往的根本准则，没有平等原则，新中国将可能重蹈近代中国的覆辙。另一方面是基于新中国的社会主义性质，马克思主义理论认为，无产阶级政党以及在其基础上建立的社会主义国家是和平主义者，都“不惜一切代价争取和平”[4]，它们在处理国家之间关系的时候，“讲究道德、恪守信义、维护正义”，“努力做到私人关系间应该遵循的那种简单的道德与正义原则”，[5] 并使之成为社会主义国家处理对外关系的最高准则，这与资产阶级以及在其基础上建立起来的资本主义国家之间的“不择手段、背信弃义、相互欺骗和倾轧”[6] 是截然相反的。所以说，作为中国共产党领导下的、由中国人民建立起来的社会主义国家，新中国在成立初期就对全世界宣布，中国将始终坚持和平、民主的对外政策，始终坚持在平等基础上进行国家之间的交往。正是在这个意义上，毛泽东始终强调，区域合作作为中国的重要国际交往形式，也无一例外地要建立在平等原则上，不仅在与资本主义国家之间的区域合作中

---

① 严世雄：《论毛泽东的国际合作思想》，《湖北经济学院学报》（人文社会科学版）2012年第3期。

② 国际法意义上的平等主要有两个标准：一是条约缔结形式和程序是否平等，即缔结过程是否有强迫行为的发生，是否有直接或间接的威胁；二是约文是否对等，即条约的内容是否侵害了中国的主权，其中，后者是判断条约形式和实质上平等与否的主要根据。参见侯中军《近代中国究竟有多少不平等条约——从评判标准说到具体数目》，《中华读书报》2012年10月31日第10版。

③ 侯中军：《近代中国的不平等条约——关于评判标准的初步探讨》，中国社会科学院近代史研究所编：《中国社会科学院近代史研究所青年学术论坛》（2008年卷），社会科学文献出版社2009年版，第46—71页。

④ 《马克思恩格斯全集》第36卷，人民出版社1974年版，第553页。

⑤ 《马克思恩格斯文集》第3卷，人民出版社2009年版，第14页。

⑥ 李爱华：《马克思主义国际关系理论专题研究》，人民出版社2013年版，第102页。

要坚持平等原则，而且在与社会主义国家之间的区域合作过程中也要坚持平等原则。平等原则在中国区域合作的现实实践过程中的体现是多向度和多维度的，对于不同时期和阶段的区域合作，对于不同的区域合作对象（主要是国家），对于不同的区域合作领域，都有着不同的体现。由于中国与区域范围内的大部分资本主义国家并没有建立正式的外交关系，所以区域合作程度相对较浅，区域合作范围相对较窄，因此并没有出现太多的区域合作不平等问题。而在中国与苏联的区域合作实践过程中，出现了相对较多的区域合作不平等问题，毛泽东在1958年同苏联驻华大使尤金的谈话中明确表示过对于中苏两个社会主义国家之间的不平等区域合作，尤其是苏联对中国的不平等对待的愤怒，他说道："你们就是不相信中国人，只相信俄国人。俄国人是上等人，中国人是下等人……你们一直不相信中国人，斯大林很不相信。中国人被看做是第二个铁托，是个落后的民族。你们说欧洲人看不起俄国人，我看俄国人有的看不起中国人。"[①] 毛泽东不仅反对其他国家（主要是大国）对于中国的不平等区域合作对待，也要求中国从自身做起，坚定地恪守区域合作中的平等原则，尤其是在对待中国周边的朝鲜、越南以及老挝等比中国弱小的社会主义小国的时候，尤其要如此。

（二）要正确处理好区域合作与互利原则之间的关系

互利，也叫互惠，是一个经济学术语，主要是指"有经济利益关系的双方或多方在实质平等的关系下，调节各方之间利益关系的原则"[②]。它要求进行共同活动的行为主体在追求自身利益的同时也要考虑到共同活动中其他行为主体的利益，反对利用一切手段，甚至利用不正当手段实现自身利益最大化，而全然不顾他人的利益得失。简而言之，互利就是指在利己的同时也要利他，互利原则很好地解决了利己和利他之间的矛盾，体现了利益与道德的辩证统一。通过互利原则的定义，可以看出，互利原则与平等原则是密不可分的，互利原则是建立在平等原则基础上的，没有平等原则作为前提和基础，互利原则也就不可能实现，与此同时，互利原则也是对平等原则的进一步发展和重要体现，[③] 平等原则描述的主要是国家

---

① 中华人民共和国外交部、中共中央文献研究室编：《毛泽东外交文选》，中央文献出版社/世界知识出版社1994年版，第323—324页。

② 梁亮：《经济活动中互利原则的研究》，河北师范大学2009年硕士学位论文。

③ 李爱华：《马克思主义国际关系理论专题研究》，人民出版社2013年版，第224页。

之间的静态关系，而互利原则描述的主要是国家之间的动态关系，通过平等原则与互利原则的有机结合，国际政治舞台上国家之间的关系才能实现健康、可持续发展。以上关于平等原则和互利原则的辩证关系可以在中国的对外交往实践中得到很好证实。毛泽东在新中国成立不久，就明确提到过互利原则对于中国对外交往关系的重要性。他在 1954 年同时任印度总理的尼赫鲁进行谈话的时候，说道："我们在合作方面得到一条经验：无论是人与人之间、政党与政党之间、国与国之间的合作，都必须是互利的，而不能使任何一方受到损害。如果任何一方受到损害，合作就不能维持下去。"① 由此可见，互利原则是中国的区域合作持续发展的有力保证，如果没有了平等原则，国家之间的区域合作就变成了依附与被依附的关系；如果没有了互利原则，国家之间的区域合作就变成了"剥削与被剥削"的关系，所以说，没有了平等原则和互利原则的区域合作，不符合中国的历史经验，不符合中国的文化传统，也不符合中国的国家性质和国家利益。正是基于以上认识，毛泽东将平等互利原则结合起来，共同纳入和平共处五项基本原则里面，使其成为迄今为止中国区域合作都必须坚持的基本原则，同时也成为世界各国共同认可的处理国家之间关系的重要准则之一。毛泽东还从历史经验出发强调，平等互利原则并不是天然获得的，并不是资本主义国家自愿给予的，而是在社会主义国家与资本主义国家持续斗争过程中不断争取得到的，是在殖民地半殖民地国家的民族解放运动过程中不断获取得到的，对于中国来讲，平等互利原则也是在中国共产党及其领导下的新中国和中国人民的反对帝国主义霸权与维护世界和平的努力过程中获得的，② 因此，在中国的区域合作过程中，我们不仅要坚持平等互利原则，还要将平等互利精神发扬光大。

四 正确处理好区域合作与国际主义的关系

在中国社会主义建设实践过程中，以毛泽东为核心的中国第一代中央领导集体的对外决策具有鲜明的国际主义色彩，它对 20 世纪 50 年代至 70 年代中后期的中国区域合作实践产生了不可估量的影响。

① 中华人民共和国外交部、中共中央文献研究室编：《毛泽东外交文选》，中央文献出版社/世界知识出版社 1994 年版，第 167 页。

② 李爱华：《马克思主义国际关系理论专题研究》，人民出版社 2013 年版，第 224 页。

（一）对国际主义这个核心概念进行了阐释

国际主义，是指国际政治行为体在对外活动中进行联合的、超越国家或民族地域界限的一种思想理念和共同行动。[①] 国际主义是一个历史性范畴，从人类社会的近现代历史发展进程来看，国际主义主要有三种历史形态（或历史存在）：一是个人国际主义，也被称为无政府主义，主要是指通过自由和平等的个人之间的自愿结合和互帮互助最终建立一个绝对自由社会的思想理念和共同行动，其主要特征体现在：以自由和平等的个人作为基本行为单位，以自愿结合、互帮互助为基本行为方式，以绝对自由社会作为终极行为目标，其主要代表人物是米哈伊尔·亚历山大罗维奇·巴枯宁（Михаил Александрович Бакунин），他“反对一切形式的国家”，认为“任何国家都必然要产生专制和奴役……不管是君主国、共和国、人民国家还是红色共和国”，主张“破坏一切国家，消灭资产阶级文明，在一切国家的废墟上完全自由地按照自下而上的原则，建立毫无区别地包括一切语言、属于一切民族的人的自由生产协作社、公社和区域联合会的兄弟同盟”。[②] 以巴枯宁为主要理论代表的个人国际主义是一种虚无缥缈的理论形态，根本就不可能在现实实践中获得证实。二是无产阶级国际主义，是对个人国际主义的理论修正和理论升华，是马克思主义理论的核心理论假设，通过“阶级”这个元标准，将所有个人划分为无产阶级—资产阶级和被统治阶级—统治阶级，认为全世界的无产阶级和被统治阶级拥有“超越国界”和“不分民族”的共同利益，即消灭私有制，推翻资产阶级以及在其基础上建立起来的资本主义国家的统治，建立共产主义旗帜下的无产者联盟，以马克思、恩格斯、列宁、毛泽东、卡斯特罗、金日成、胡志明等人为主要代表。由此看来，无产阶级国际主义的主要特征体现在：以阶级作为基本理论分析工具，以无产阶级和被统治阶级作为基本行为单位，以无产阶级世界革命作为基本行为方式，以实现共产主义社会作为终极行为目标。自马克思提出无产阶级国际主义理论形态之后，在人类社会的不同历史发展时期产生了更为具体的无产阶级国际

---

① 郭树勇：《从国际主义到新国际主义》，时事出版社 2006 年版，第 63—69 页。

② ［俄］米哈伊尔·亚历山大罗维奇·巴枯宁：《国家制度和无政府状态》，马骧聪等译，商务印书馆 1982 年版，出版说明 2。

主义实践类型,[①] 按照时间排序依次分为三个时期：第一国际和第二国际时期的德国、法国和英国等资本主义国家的跨国性的工人运动实践；帝国主义时期的苏俄（苏联）和中国分别实现社会主义革命胜利，实现无产阶级在一国和多国的执政；20 世纪 70 年代末 80 年代初以来的苏联解体，中国和越南通过改革开放成功进行社会主义转型，古巴、朝鲜和老挝则深陷社会主义体制弊病而进行的艰难转型，世界社会主义政权整体陷入低潮。三是民族国家国际主义，是指民族国家依托自身实力，通过冲突、战争以及合作等不同方式对世界其他国家或区域进行秩序干预，从而实现本国的国家利益最大化，其主要特征体现在以民族国家作为基本行为单位，以冲突、战争与合作作为基本行为方式，以实现国家利益最大化作为终极行为目标上。在不同历史阶段，民族国家国际主义有着不同的行为表现，在战争与革命时代，以冲突和战争行为方式为主，冷战时期的美国和苏联在其他国家和区域的冲突与战争是典型事例，而在和平与发展时代，以合作行为方式为主，中国改革开放以来一直实行的中国特色的和平发展道路是主要典型。

（二）毛泽东国际主义思想

根据以上对国际主义的定义和类型的阐释，笔者认为，毛泽东国际主义思想就是依托中国的国家实力，通过国际舆论支持、对外援助、对外输出社会主义革命等方式对其他国家和区域进行秩序干预的一种思想理念和行动。毛泽东国际主义思想是无产阶级国际主义和民族国家国际主义的高度结合，也就是说，毛泽东国际主义思想既有支持其他社会主义国家、实现国际共产主义运动更大范围的胜利和更大程度发展的意识形态色彩，也有维护本国生存和安全的国家利益的理性色彩，是二者的高度统一，但是，总的说来，毛泽东国际主义思想的对外决策具有典型的、浓烈的社会主义意识形态色彩，因为有的时候，毛泽东国际主义思想的实施对中国的国家利益造成了一定程度的甚至无法弥补的损害。

---

① 国内著名学者郭树勇将马克思主义国际主义分为四个阶段：无产阶级国际主义、社会主义国际主义、新国际主义以及共产主义国际主义，具有一定的合理性（参见郭树勇《从国际主义到新国际主义》，时事出版社 2006 年版，第 79—82 页）。不过，他的划分与笔者在本书中的划分略有不同，笔者是从人类社会整体的历史实践进程中进行客观划分的，不仅仅包括郭树勇所说的马克思主义国际主义，还包括个人国际主义和民族国家国际主义，其中，民族国家国际主义与郭树勇的第三种类型——新国际主义在本质上是一致的，但是仍然有一定的不同，即笔者在本书中所说的民族国家国际主义还包括资本主义国家国际主义实践。

（三）毛泽东国际主义思想对区域合作的影响

毛泽东不仅提出了一定的国际主义思想，还在国际政治舞台上认真实践了国际主义思想，主要体现在20世纪50年代至70年代中后期中国对亚洲范围内的朝鲜、越南等社会主义国家的援助上。在援助朝鲜方面，统计显示，中国于1950—1953年直接出兵抗美援朝，并在朝鲜战争期间援助朝鲜72900亿元（人民币）[①]。朝鲜战争之后，中国在1954—1957年无偿援助朝鲜80000亿元（人民币）。此外，中国还通过物资援助、技术援助、低息贷款援助、贸易逆差援助等多种方式对朝鲜社会主义革命和建设给予了最大限度的、出于社会主义亲密兄弟友谊和感情的支持。[②] 在援助越南方面，有数据统计，单单从1965—1968年的4年时间里，中国就"无偿援助越南的物资达36448吨，折合人民币约9.22亿元。在经济援助和贷款方面，中国援助越南13.45亿人民币和83000卢布"。[③] 不仅如此，1956—1975年，尤其是在1965—1975年10年越南战争期间，中国对其的军事物资援助更是不计其数[④]，作为"同志加兄弟"的越南成为中国援助时间最长、援助投入最大的社会主义国家。中国对朝鲜和越南社会主义革命和建设的国际主义援助，对亚洲范围内的区域合作产生了巨大的影响。

其一，对中国与亚洲范围内社会主义国家之间的区域合作产生了影响。在毛泽东国际主义思想的极大影响下，中国与朝鲜和越南这两个与中国接壤的国家之间的经济合作具有很大程度上的"援助"成分，是严重不对等的，特别是中国往往会主动形成对这两个国家的直接贸易逆差。在军事合作方面，中国更是分别通过抗美援朝和抗美援越这两次战争，与朝鲜和越南成功建立起法律上或事实上的同盟关系，这在很大程度上稳固了中国的边境，极大地增强了中国的地缘政治安全形势，为中国国内的社会

---

① 当时的旧人民币1万元，折合1955年3月以后的新人民币1元。

② 沈志华、董洁：《朝鲜战后重建与中国的经济援助（1954—1960）》，《中共党史研究》2011年第3期。

③ ［越］阮文权：《1965—1968年中国对越南的援助》，《南洋资料译丛》2010年第2期。

④ 1956—1961年：各种枪27万支（挺），炮1万余门，枪弹2亿余发，炮弹202万发，有线电机1.5万部，无线电机约5000部，汽车1000余辆，飞机15架，舰船28艘，单军服118万套。1962—1964年：各种枪9万余支（挺），炮466门，枪弹2103万发，炮弹7.64万发。1965—1975年（越战期间）：各种枪177.8万支（挺），炮6万余门，枪弹10亿余发，炮弹1597万发，舰艇176艘，中型和水陆坦克552辆，装甲输送车320艘，飞机170余架，汽车1.6万辆，炸药18240吨，有线电机6.5万部，无线电机3.5万部，军服1117万套。参见寇溪慈《漫漫援越抗美路》，《文史参考》2010年第17期。

主义建设创造了稳定、安全的周边环境，这也成功地树立起社会主义中国在亚洲区域范围内的社会主义国家和人民心目中的形象和地位，还发展和推动了老挝和柬埔寨等亚洲其他社会主义国家的社会主义革命形势。不过需要注意的是，这种不遗余力地对其他社会主义国家的援助，不仅超出了中国自身国家实力的承受范围，影响了中国国内正常的社会主义建设，还逐渐引起朝鲜、越南等国家的反感，这些国家普遍担心中国会成为区域霸主，建立以中国为中心的势力范围来对抗美国和苏联，因此，开始主动疏远中国，反而加强了与苏联的关系，从而在中苏两国的争斗中维护自身国家的主权独立和安全利益。通过 20 世纪 50 年代到 70 年代中后期中国具有强烈国际主义色彩的区域合作实践的投入与产出的不成比例和严重失衡情况来看，区域合作必须建立在平等互利的基础上，只有这样，才能将区域合作可持续地发展下去。与此同时，我们也应该看到，可以通过区域合作这个方式或途径来实现本国的意识形态和价值观目标，但是必须与本国的综合国力相适应，不能超越本国综合实力和现实国情的最大承受能力。用国内学者张威的话来说，“高度革命诉求如果缺乏强有力的物质保障和制度合法性认同是很难在世界‘遍地开花’的。而将革命理想与较低的经济及社会发展现实‘硬性嫁接’只能是脱离现实的意识形态盲动”[①]。

其二，对与亚洲范围内的资本主义国家的区域合作产生了影响。一方面，毛泽东国际主义思想和在朝鲜与越南的国际主义实践对马来西亚、泰国和菲律宾三个东南亚资本主义国家中存在的共产党组织及其支持者形成巨大的榜样力量，推动了这些共产党组织的不断发展壮大，推动了中国与这些共产党组织在政治和意识形态方面的合作，并推动了这些不同资本主义国家中的共产党组织相互之间的合作。具体来讲，成立于 1942 年的泰国共产党，受到中国“社会主义革命输出”的巨大影响，以“反帝反封建”作为革命目标，奉行“农村包围城市，武装夺取政权”的革命路线，[②] 并于 1965 年公开宣称通过武装斗争夺取政权。到 20 世纪 70 年代，泰国共产党“成为东南亚继越南之后第二大左派分子活动区域”。正是由于泰国共产党的迅速发展和不断壮大的区域影响力，泰国政府早在 1952

① 张威：《革命世界主义：以中国援助亚非拉革命运动为视角的考察》，《学习论坛》2007 年第 11 期。

② 屈显波：《论泰国共产党的衰落》，厦门大学 2011 年硕士学位论文。

年就通过《非泰行动法》，利用重刑，严厉打击和禁止共产党组织在泰国国内进行各种活动。[①] 1948 年，菲律宾共产党举起武装斗争大旗，与菲律宾政府进行坚决斗争，以斗争求生存，但没有持续多久，很快就陷入了低潮。[②] 直到 1968 年，菲律宾共产党在以中国为中心的亚洲共产主义革命大潮的鼓舞下，重整旗鼓，宣布以马列主义—毛泽东思想作为指导理论，主张“学习中国模式的革命道路，开展武装斗争、土地革命和根据地建设，农村包围城市的革命路线”[③]，并加强与亚洲范围内的中国、朝鲜、越南、老挝等社会主义国家的国际联系，争取国际支持，建立亚洲范围内的共产主义统一战线，最终夺取政权。但是，菲律宾共产党以及在其支持下的武装组织的所有活动一直被菲律宾政府视为国家的安全隐患，受到菲律宾政府的严厉禁止和打击。马来西亚共产党[④]从 1961 年开始，以中国共产党为榜样，以毛泽东思想作为指导思想，开始不断积蓄武装力量，并在 1968 年向全世界宣布“高举武装斗争的伟大旗帜前进吧”的声明，正式走上武装斗争的道路。到了 20 世纪 70 年代末，马来西亚共产党与泰国共产党、菲律宾共产党一样，与中国共产党一直有着密切的互动和往来，在重大国家和区域事件上相互支持和呼应。正是因为惧怕马来西亚共产党联合其他周边国家共产党势力武装对抗政府，所以马来西亚政府将马来西亚共产党宣布为非法组织，并进行取缔，而且一直持续不断地对马来西亚

---

① 韦红：《20 世纪 60 年代初东南亚地区主义发展受挫原因再思考》，《华中师范大学学报》（人文社会科学版）2004 年第 1 期。

② 事实上，菲律宾境内的共产党组织早在 1930 年就建立起来了，1940 年参与过政府大选，并参与组建政府，但是在 1948 年被菲律宾政府视为隐患，明令禁止其进行任何活动。此时，菲律宾共产党转入地下举起武装斗争的大旗，不过从 1950 年开始，其武装斗争趋于失败，处于低潮期。一直到 1968 年，受到以中国为中心的亚洲共产主义革命大潮的鼓舞，菲律宾共产党开始重建，并得到进一步发展。1968—2010 年，菲律宾共产党和菲律宾政府一直打打谈谈，直到 2011 年 2 月，政府与菲律宾共产党重启和谈，双方商定在未来 18 个月内达成全面和解。政府不再视菲律宾共产党为恐怖组织。2012 年 5 月，菲律宾共产党参加第 21 届国际共产主义论坛，系统阐述了社会主义运动的三大任务：意识形态任务、政治任务、组织任务（参见禚明亮《全球金融危机背景下菲共对社会主义三大任务的新探索》，《社会主义研究》2013 年第 1 期）。

③ 杨静林：《冷战时期毛泽东思想对菲律宾共运的影响》，《当代世界社会主义问题》2012 年第 1 期。

④ 马来西亚共产党产生于 1930 年，在反抗英国和日本的殖民统治下不断壮大，随着 1957 年马来亚联合邦（1963 年，国名改为马来西亚）的独立，马来西亚共产党积极寻求合法化，希望得到马来亚联合邦的正式承认，承诺在宪法允许的范围内进行活动，但是遭到马来亚联合邦的拒绝，后来逐渐走上武装斗争的道路。20 世纪 80 年代末，马来西亚共产党逐渐放弃武装斗争。

共产党及其军事组织进行军事围剿。[①] 另一方面，毛泽东国际主义思想以及在朝鲜和越南的国际主义实践对马来西亚、泰国和菲律宾三个东南亚资本主义国家政府之间的区域合作产生了巨大影响，为了应对中国的“社会主义革命输出”威胁以及各自国内风起云涌的共产党反政府武装斗争所带来的推翻本国政权的严重安全后果，这三个资本主义国家在 1961 年成立了东南亚联盟（东盟的前身），旨在应对以中国作为红色中心的亚洲范围内的社会主义革命扩张，东南亚联盟的建立也在客观上成为东南亚区域合作的制度化源头。

① ［日］原不二夫：《马来亚共产党与中国》，《南洋资料译丛》2001 年第 4 期。

第三章　改革开放以来中国区域合作的西方理论借鉴

相比马克思、列宁等马克思主义经典作家们在区域合作观点上的"生疏"，西方社会已经衍生出一系列相对成熟的、具有很强认可度和现实执行力的区域合作理论。然而，本章并不只是对过往的区域合作理论进行简单的历史陈述或介绍，而是要借鉴汤因比的历史研究方法①，根据其对"改革开放以来中国区域合作有理论借鉴"的基本标准对所有西方区域合作理论进行灵活选取和有创造性的选择，并对这些"素材"进行归纳、演绎、比较与综合，从而得出符合本书需要、值得本书借鉴的区域合作理论。根据这一逻辑，笔者将对本书研究具有借鉴意义的、比较成熟的、能够为我所用的西方区域合作理论分为欧洲视角下的区域合作理论和美国视角下的区域合作理论。前者主要包括功能主义区域合作理论、交往主义区域合作理论、新功能主义区域合作理论以及政府间主义区域合作理论，后者主要包括传统现实主义区域合作理论、新现实主义区域合作理论、理想主义区域合作理论、新自由制度主义区域合作理论和建构主义区域合作理论。这些理论为改革开放以来的中国区域合作理论提供了十分广阔的理论成长空间和肥沃的理论生长土壤。

① 汤因比认为，无论是在自然科学领域，还是在社会科学领域，一定存在着某种"共同规律性因素"，因此，我们研究历史不是简单地描述那些历史上发生过的"彼此接近的事件"，而是要通过综合研究方法对这些"彼此接近的事件"进行总结、归纳和批判，从而对其中的"共同规律性因素"进行探究，并得出结论。参见［英］阿诺德·J. 汤因比、G. R. 厄本：《汤因比论汤因比》，胡益民等译，商务印书馆2012年版，译者前言第4—5页。

第一节　欧洲视角下的区域合作理论

区域合作在20世纪50年代就进入了西方国际政治研究的视野，它一开始并没有成为西方国际政治领域的主流研究议题，这主要是冷战的爆发和持续以及美苏两极争霸格局的体系制约，使得“权力”、“安全”、“战争”等国际政治传统议题成为大部分国际政治学者的研究重心，这种状况一直持续到20世纪七八十年代才有所改变。所以说，有很多学者将这段时期的区域合作议题研究称为“欧洲主义”或“欧洲学派”，主要是一群欧洲学者对欧洲区域合作实践的理论研究。

无论是功能主义区域合作理论和沟通主义区域合作理论，还是新功能主义区域合作理论和政府间主义区域合作理论，都是欧洲视角下的区域合作理论形态。其欧洲特色主要体现在两个方面：一方面，这些区域合作理论形态的研究学者大都来自欧洲，其自身价值观和主观因素都不可避免地深受欧洲历史和悠久文化的熏陶。其中，也有一部分学者从国籍上来说并不是欧洲人，但是他们都具有欧洲血统，其基本观点和思想与欧洲视角很相似。如功能主义代表人物卡尔·沃尔夫冈·多伊奇就是出生于捷克、移民到美国的学者，新功能主义代表人物厄恩斯特·哈斯是德国裔美国人，他们都被深深地打上了欧洲的文明烙印。另一方面，以上各种具有多元解释性的理论研究主题都是欧洲区域合作，通过相互之间的争论，关于区域合作的各种“假设被提出、修正或证实，理论被修改、拓展或放弃”①，使得这些理论相互交叉、融合和补充，使得欧洲区域合作理论无论在认识论、方法论上，还是研究重点上都取得了明显的进步，这是欧洲视角下的理论的独特之处。另外，我们要注意的是，富有“欧洲特色”的区域合作理论的形成，是由二战后所形成的两极格局决定的。美苏争霸下的两极格局使得当时的美苏两国政府及其各自的国内主流学者都将研究重心放在“权力”、“战争与和平”、“安全”等国际政治传统主题上，而“合作”主题，尤其是欧洲区域合作基本上没有进入当时国际政治主流学者的研究议程中，只有包括少数非欧洲学者在内的欧洲学者的研究，“欧洲特色”

---

① ［英］巴里·布赞、［丹麦］琳娜·汉森：《国际安全研究的演化》，余潇枫译，浙江大学出版社2011年版，第61页。

才得以形成，这种现象一直持续到20世纪70年代末80年代初美苏两国争霸趋于缓和之后，才有所改变。随着新制度主义理论在国际政治主流学界的崛起，包括欧洲区域合作在内的合作才真正成为国际政治学界的核心议题，一直持续到今天。“欧洲特色”的区域合作理论研究仍然延续着，没有中断，并且将会随着欧洲区域合作的新发展而不断产生新的富有欧洲特色的区域合作理论。

欧洲视角下的区域合作理论主要对欧洲区域合作实践具有相对独特解释力的理论进行了简要说明和解读，这些不同的区域合作理论透过不同的视角、利用不同的方法，对欧洲区域合作的“过去、现在和未来”进行了各自富有特色的解释和预测，既解释了欧洲区域合作产生和继续发展的动力源泉，也分析了欧洲区域合作具体的不同发展路径，还解释了欧洲区域合作“过程曲折”的原因所在。用安特耶·维纳的话来说，这些理论“既可能帮助继续建造欧洲一体化工程，也可能成为欧洲一体化的解构者”①。但是需要指出的是，这些理论在某一个层面对欧洲区域合作都具有较强的解释力和预测力，但是，它们无法完全解释复杂的、不断变化的欧洲区域合作进程，毕竟每一种理论尝试都会存在些许这样或那样的“偏见”，这种偏见并不是理论“缺陷”，而是相关理论学者自己的独特观点和思维逻辑在欧洲区域合作进程上的一种“镜像投射”。正是这种“偏见”推动了欧洲区域合作理论的不断争论和不断比较，在争论和相互比较之中不断向前发展，从而使得欧洲区域合作理论“像滚雪球一样”具有了越来越强的解释力和预测力。

一　功能主义区域合作理论

功能主义区域合作理论是对欧洲早期区域合作实践的一种理论指导，以英国学者戴维·米特兰尼为主要代表性人物。戴维·米特兰尼的功能主义区域合作理论的基本内容主要有以下四点。

（一）20世纪中期世界格局发生的巨大的、革命性变化使整个世界的相互依赖程度日益加深，这是功能性安排得以产生与发展的背景②

其一，国际政治格局发生剧变，因殖民地时代的结束而大量创造出来

① ［英］安特耶·维纳、［德］托马斯·迪兹主编：《欧洲一体化理论》，朱立群等译，世界知识出版社2009年版，第305页。

② David Mitrany, “The Prospect of Integration: Federal or Functional,” JCMS: *Journal of Common Market Studies*, 1965, 4 (2): 123.

的新的民族国家相互之间建立形成越来越多的国际联系；其二，社会发生重大变革，政府开始从维护个人与集体权利的“守夜人”角色向为人们积极创造条件以满足他们的社会保障和福利需要的“福利国家”角色转变；其三，科技的蓬勃发展[①]及其所带来的越来越多的跨国问题和全球性问题单靠一个国家已经无法完全解决，需要国家之间进行合作才能够解决。20 世纪整个世界的主要特征就是技术问题的增加，社会生活受到科学技术革命所取得的成就的主导。

（二）功能性安排能够弥补民族国家的固有缺陷，减少冲突与战争，带来世界和平

戴维·米特兰尼认为，尽管世界格局已经发生了变化，但是人们的思想（本性或道德观）并没有发生太大的改变，在新的世界格局面前，传统的权力政治观点已经无法发挥既定的作用，因此，我们必须建立新的政治组织方式，打破过去那种固定不变的、碰不得的领土主权观念，建立不以权力及其主张为基础的权威。在给定的条件下，这种新的国际秩序不仅能够包容和引导目前所有的趋势，而且也有能力应对随时可能出现的新问题。[②] 基于这种考虑，戴维·米特兰尼从历史角度总结出三种选择：像国联和联合国那样的邦联安排、联邦安排以及功能性安排。邦联安排属于松散的国家联合体，类似于“俱乐部”，成员国可以自由决定是否参加其偶尔采取的、具体的联合行动，无论对于国联，还是对于联合国，这样宽松的、没有权威的安排在范围上是不够的，在工作上也存在着很大的不确定性。相比邦联安排，联邦安排更受学者们的欢迎，它是成员们为了共同的（经济、安全等）利益，在自愿的基础上，交出部分主权，而且，根据宪法和公约建立的国家组织结构，可以有区域政府和世界政府诸多形式。戴维·米特兰尼认为，无论是邦联安排，还是联邦安排都是建立在民族国家基础之上的，而民族国家以及人们对民族国家的忠诚是造成世界不断发生战争与冲突的根本原因所在，所以说，二者都无法根除民族国家所带来的根深蒂固的问题，冲突和战争不

---

① David Mitrany, “The Functional Approach in Historical Perspective,” *International Affairs* (Royal Institute of International Affairs 1944), 1971, 47 (3): 532.

② Ibid., p. 533.

可避免。基于以上分析，戴维·米特兰尼指出，真正的选择并不是在竞争激烈的民族主义和“跛脚”的国际联邦之间，而是在全面的、成熟的、综合的世界政府和同样全面成熟的但更为具体和独立的功能性机构之间。[①] 尽管建立一个世界政府能够彻底解决冲突和战争，但是“从民族国家往国际组织的跳转要比从省级单位往国家联邦的跳转冒难以估量的风险”[②]，而且从“对宪法和条约的无视以及持续的民族主义”的残酷现实情况来看，[③] 世界政府在很长的一段时间内是无法建立的，是无法立即解决目前所面临的现实危机的。因此，戴维·米特兰尼最终提出，建立以功能性安排为基础的跨国家安排，“引入能够改变全球制度体系的新的组织模式”，逐渐消除导致冲突和战争的客观条件，创建一个“由许多重叠的、非一致性的国际功能性安排和民族国家共同组成的世界”[④]，最终创立和维持一个“可运转的和平体系”。

（三）功能性安排能够实现人们忠诚感的转移

人们对民族国家的忠诚是建立在民族国家对人们的社会福利需要的满足基础上的，随着整个世界相互依赖程度的日益加深，国内与国际之间的界限不断模糊，越来越多的跨国问题或全球性问题开始影响国内人们的社会经济福利需要，而单靠一个民族国家无法解决这些跨国问题或全球性问题，那么人们对民族国家的忠诚度就会下降。与此同时，那些“渐进的、技术性的、灵活的”、“故意将国内与国际、公共与私人、政治与非政治”模糊区分的功能性安排却能够解决这些跨国问题，[⑤] 因为功能性安排本身是单一功能的，其任务就是“提出单个的国际问题及其最后解决办法”。这样的话，在日益增长的功能性安排所带来的好处面前，人们对功能性安排的忠诚度就会逐渐提高，该功能性安排的综合实力和权威最终会超越民族国家。用戴维·米特兰尼的话说就是，“通过将一定的权威委托给特定的任务，并赋予必要的权力与手段，某些主权从旧的权威向新的权威转

---

① David Mitrany, "The Functional Approach to World Organization," *International Affairs* (Royal Institute of International Affairs 1944), 1948, 24 (3): 360.

② David Mitrany, *A Working Peace System* (Chicago: Quadrangle Books, 1966), p. 95.

③ Ibid., p. 93.

④ 肖欢容：《地区主义理论的历史演进》，中国社会科学院研究生院2002年博士学位论文。

⑤ David Mitrany, *A Working Peace System* (Chicago: Quadrangle Books, 1966), p. 93.

移；这种部分转移积累久了将带来整个权威的转移"[①]。

（四）自然扩展的合作是功能性安排的主要运作方式

戴维·米特兰尼的功能主义理论的根本目标就是希望通过国家之间的合作，在世界范围内消除冲突与战争，建立一个可运转的和平体系。那么合作是如何产生与发展的呢？戴维·米特兰尼认为，合作应当从那些能够影响人们社会福利需求的特定技术领域开始，这种合作是以"专业领域"为基本导向的，其中专家和技术人员会在合作中占据主导地位，一旦在一个技术领域成功实现合作，就会产生一种"自主的动力"，从而将这种合作扩展到其他领域，依次往下扩展。[②] 具体来说就是，一个技术领域对社会福利的需求，会引起该技术领域内相应的单一功能性安排的建立，并在此框架范围内实现民族国家间的合作，该技术领域内合作的成功（即解决了该技术领域内的跨国问题，满足人们的社会福利需求）使人们认识到功能性安排的好处，会产生在其他技术性领域进行类似尝试的想法或建议，这样就会引起其他技术领域专门针对本领域内的相关问题及社会福利需求进行合作。如此就会产生越来越多的各技术领域内的功能性合作，而且，在同一层次上的功能性合作会形成一种"合作圈"，代表了这一层次上的功能性合作的基本模式和基本思想。在条件成熟的情况下，这种"合作圈"就会向其他层次扩展，就会形成多层次的、立体式的功能性合作网格（如图3—1所示）。按照戴维·米特兰尼的预期，功能性合作是一个由易到难、由简单到复杂的过程，是从一个部门向另外一个部门扩展，是从技术领域向经济领域扩展，再向外交、安全领域扩展，最终扩展到政治领域，就像詹姆斯·多尔蒂在对功能性合作的前景进行判断时所说的那样，"经济统一即使不使政治协议成为多余，也将为政治协议打下基础"[③]。

戴维·米特兰尼成功地将功能主义理论运用在国际政治领域，对二战后初期乃至今天的欧洲区域合作产生了重要影响，从一定程度上说，欧洲

---

① David Mitrany, *A Working Peace System* (London: Royal Institute of International Affairs, 1946), pp. 9-14. 转引自肖欢容《地区主义理论的历史演进》，中国社会科学院研究生院2002年博士学位论文。

② 房乐宪：《欧洲一体化理论中的功能主义》，《教学与研究》2000年第10期。

③ ［美］詹姆斯·多尔蒂、小罗伯特·普法尔茨格拉夫：《争论中的国际关系理论》，阎学通、陈寒溪等译，世界知识出版社1987年版，第446—447页。

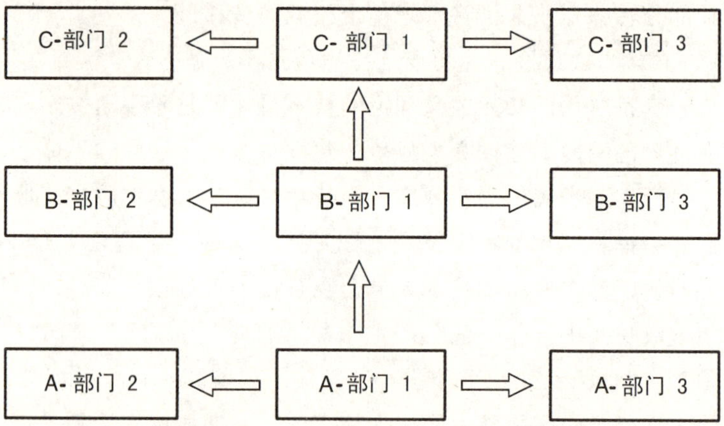

图 3—1

说明：A、B、C 分别代表不同的领域层次，A—C 代表由易到难的程度；部门 1、2、3 分别代表不同的合作部门，1—3 代表由易到难的程度。

区域合作的“逻辑演化”基本上就是按照戴维·米特兰尼功能主义核心理论产生并发展到今天的。欧共体第一任执委会主席瓦尔特·哈尔斯坦（Walter Hallstein）在 1962 年北约会议上曾经将西欧区域合作的进程形象地比喻为“一枚和平的三级火箭”：“第一级是关税同盟，第二级是经济联盟，第三级是政治联盟”①。这与戴维·米特兰尼的功能性合作的自然扩展理念不谋而合。具体来说，其一，欧洲煤钢共同体是欧洲区域合作的起点，这恰好反映了戴维·米特兰尼功能主义区域合作理论所讲的“合作应当首先从那些能够影响人们社会福利需求的特定技术领域开始”的观点。因为当时西欧百废待兴，煤炭和钢铁资源是推动西欧各国全面恢复和发展的最重要的自然资源，谁拥有的煤炭和钢铁资源丰富，谁的经济恢复和发展就迅速，从而在欧洲地缘政治版图上就会占得先机，特别是作为欧洲大陆最重要国家的法国和（当时的）西德在历史上还因为争夺煤炭和钢铁资源而发生过数次战争。因此，煤炭和钢铁资源的重要性和西欧各国对战争的恐惧和排斥是西欧各国在煤炭和钢铁领域率先进行合作的最重要的共同利益需求。在共同利益需求的驱使下，法国、西德、意大利、比

① Walter Hallstein, “NATO and the EEC,” Address by Professor Dr. Walter Hallstein, President of the Commission of the European Economic Community, at a meeting of NATO Parliamentarians, 12 November, 1962: 2.

利时、卢森堡以及荷兰六国开始建立功能性机构——欧洲煤钢共同体，在这个功能性机构的组织框架结构内，六国开展关于分配煤炭和钢铁资源的具体合作。其二，欧洲煤钢共同体的成功合作，引起相关各国的兴趣，它们在其他相关技术领域建立类似于欧洲煤钢共同体的建议纷至沓来，特别是在渔业、运输、农业、卫生、原子能工业等部门领域的功能性合作较为突出，如欧洲农业共同体、欧洲原子能共同体、欧洲卫生共同体等不断出现。这就反映了戴维·米特兰尼功能主义区域合作理论中的"自然扩展合作"的理念。其三，欧洲各技术领域内的、越来越多的功能性合作催生出"欧洲经济共同体"，它在欧洲区域合作的过程中不断演化出各种经济形式，从关税同盟、自由贸易区到单一共同市场，再到货币联盟，最后到经济联盟。其四，欧洲区域经济合作的发展进一步催生欧洲各国在外交、安全领域进行合作的需求，具体表现为欧洲共同外交与安全政策的提出。其五，随着欧洲各国相互之间联系的日益紧密，几乎在包括经济、外交、安全等所有领域里的合作都在不断往前推进的情况下，欧洲区域政治合作也应运而生了，以欧盟的诞生为主要标志，它是世界上最大的综合性区域政治经济实体。纵观二战后欧洲区域合作的进程，尽管经历了诸多反复和挫折，但它在大体方向上还是坚持了戴维·米特兰尼功能主义区域合作理论，这也显示出戴维·米特兰尼功能主义区域合作理论对欧洲区域合作的影响力。

二　沟通主义区域合作理论

沟通主义区域合作理论是欧洲视角下区域合作理论的一个重要组成部分。将沟通主义理论运用到区域合作研究领域的学者以卡尔·沃尔夫冈·多伊奇（Karl Wolfgone Deutsch）为主要代表。他综合运用心理学、政治学和社会学的相关知识，最初是为了解释民族共同体的创建与发展，后来才逐渐拓展并运用到欧洲区域合作中的政治共同体研究上面，"从民族共同体到政治共同体"，体现了多伊奇的"沟通主义理论基本逻辑的自然延伸"[①]。与功能主义理论相似的是，沟通主义理论也是为了解决世界的战争与和平问题，即寻求一种合适的方法来最大限度地避免战争，最大限度地争取和平；不过，沟通主义理论却走了一条与功能主义理论截然不同的

① 肖欢容：《地区主义理论的历史演进》，中国社会科学院研究生院2002年博士学位论文。

道路，它并没有像功能主义理论那样将希望寄托在“功能性组织”上，而是将希望寄托在“共同体”上，认为共同体是“实现永久和平的过程与条件”。即通过加强不同国家之间的沟通和交往，在社会大众和社会精英之间建立一种“相互同情、关心、信任和忠诚”的社会同化感和社会认同感，[①] 从而建立一个“你中有我、我中有你”的共同体，最终避免战争，走向和平。

多伊奇认为，国家之间的沟通与交往是实现区域一体化的主要路径，而一体化是建立共同体的基本前提。只有建立共同体，才能最终消除战争，实现和平（如图3—2所示）。具体来讲：其一，通过加强国家之间的沟通和交往，逐渐提高社会同化程度。社会同化程度在概念上是一个不断“学习”的过程，作为对相互有益的、有价值的行为的反映，人们会采取被认为是导向进一步有益的或有价值的行为，这样的话，不同国家的人们相互之间就会继续采取这种有益的或有价值的行为，从而产生相互之间的信任、信心和理解。如果这种有益或有价值的行为持续时间足够长的话，那么不同国家的人就会对国际问题有着类似的看法，而且也会在共同解决这些问题上达成一致。当来自于不同国家的人们达到这种相似性的时候，跨国社会就存在了。[②] 在这里，多伊奇实际上将国家作为一个由社会沟通的互补性而产生的一个共同体。其二，在社会同化的基础之上，一体化进程开启，其最终目标是政治共同体。一体化通常意味着由部分组成整体，即将原来相互分离的单位转变成为一个有相当程度的相互依赖性的复合体，作为整体的一体化具有任何一个构成部分单独所不能具有的系统性能，也就是我们上文所说的国家之间能够通过相互合作找到解决所面临的、共同的、单一国家无法解决的功能性问题的方法。政治共同体是一种政治行为体的集合体，它们的相互依赖对相互之间的一些有关决定的结果会产生重大的影响，主要分为消极的冲突共同体和积极的利益共同体。[③] 一体化的政治共同体主要有三个特征：[④] 具备一定的结构性组成要件，即

---

① Karl W. Deutsch, *The Nerves of Government* (New York: Free Press of Glencoe, 1963), p. 77.

② W. E. Fisher, "An Analysis of the Deutsch Sociocausal Paradigm of Political Integration," *International Organization*, 1969, 23 (2): 257.

③ ［美］卡尔·多伊奇：《国际关系分析》，世界知识出版社1992年版，第269—270页。

④ W. E. Fisher, " An Analysis of the Deutsch Sociocausal Paradigm of Political Integration," *International Organization*, 1969, 23 (2): 256.

存在拥有权力制定带有约束力的和权威性的决策的超国家制度，是共同体决策过程的中心，与国内制度共存，拥有在共同体内部的政治、经济和社会部门分配资源和收益的权力；[①] 存在一定的政治发展进程，一体化制度的诉求并不是来源于组成一体化共同体的成员国家政府，而是跨国利益集团，并且将国家间的争端诉诸谈判而不是武力或以武力相威胁；存在一个跨国社会，拥有互动程度高、共同经历、共同社会文化遗产、类似的偏好和诉求、共同的命运以及共同的心理感觉等要素。[②] 另外，一体化的政治共同体还可以从领域、范畴、范围和力量四个方面进行划分：从领域上看，可以分为世界性的、拥有普遍领域的共同体和限于一些特定国家的特殊性共同体；从范畴上可以分为限于一些特殊主题和服务的定向型共同体和根据成员国需求而行动的散向型共同体。[③] 其三，区域性国际组织而不是世界性国际组织是消除战争，实现和平的一条路径。多伊奇认为，世界性国际组织还是一个仍然十分遥远的梦，即便是历史上的国联、今天的联合国也不是完全世界性的普遍性组织。而且，由于世界性国际组织覆盖了太多的人口和领域，其运行结构日益臃肿，效率日益低下，不能够及时、有效地解决成员国所面临的实际问题，而且容易受到霸权国家的控制，成为其维护自身霸权地位、攫取自身利益的工具。因此，区域性国际组织就成为消除战争，维护和平的不二选择。这种区域性国际组织是在地理、历史和文化上存在一定联系的，拥有相似的社会、政治或经济制度，由少数几个国家联合建立起来的特定性国际组织。区域性国际组织能够在短时间内让成员国政府及其人民体会到一体化所带来的好处，逐步发展与一体化相适应的“习性与技能”，从而为在更大范围内获得一体化的成功做出准备。[④] 特别是在欧洲区域合作问题上，多伊奇做了较为深入的分析。他在《政治共同体和北大西洋地域：历史经验下的国际组织》一书中对 20 世纪五六十年

---

① Karl Wolfgone Deutsch, *Political Community at the International Level: Problems of Definition and Measurement* (New York: Doubleday&Company, 1954), pp. 33-45.

② Karl Wolfgone Deutsch, *Political Community and the North Atlantic Area: International Organization in the Light of Historical Experience* (Princeton University Press, 1957), pp. 22-69.

③ ［美］卡尔·多伊奇：《国际关系分析》，世界知识出版社 1992 年版，第 269 页。

④ 同上书，第 304 页。

代的欧洲区域合作状况分别从12个指标[①]进行实证分析，得出的结论是欧洲（即西欧）在过去10年中的社会同化程度并没有发生太大的改变，其较低的同化程度阻碍了欧洲政治一体化的产生。这与欧洲区域合作在20世纪60年代停滞不前的现实相呼应，这也是多伊奇沟通主义理论及其在此基础上的一体化和共同体理论对欧洲早期区域合作的最重要贡献。它成功地揭示了欧洲早期区域合作在经历了快速发展的10年之后突然出现停滞的原因，并在此基础上为欧洲后来的区域合作提供了一个具体的、可操作的、有效的现实路径。

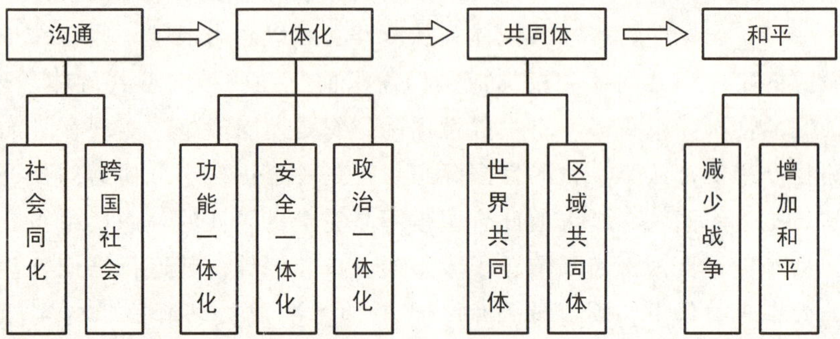

图3—2

说明：作者根据相关资料绘制。

就沟通主义区域合作理论而言，这种理论在国内外很多的欧洲一体化理论研究著作或评论中往往会被轻视，甚至被忽略掉，成为一个“盲点”，本书之所以把它列出来，是因为沟通主义区域合作理论对于欧洲区域合作的确具有重要的影响意义。该理论强调通过沟通、交往和互动培养共同体意识和相互之间的“忠诚感”，从而逐步实现社会共同体、安全共

① 这12个指标分别是：（1）主要价值的一致性；（2）与众不同的生活方式；（3）对更多的经济收益或补偿的期望；（4）至少部分参与单位在政治和行政能力上显著提高；（5）至少部分参与单位在经济上有较大的发展；（6）跨越共同疆界的牢固的社会沟通关系的产生；（7）赞同建立跨国社会的政治精英的增多；（8）政治各阶层人员具有较强的地域和社会流动性；（9）交流与交往范围的多样化；（10）对一体化进程中的沟通和交往给予全面补偿；（11）各政治单位中集团角色不太频繁的转换；（12）相互行为的显著预测能力。参见 Karl Wolfgone Deutsch, *Political Community and the North Atlantic Area: International Organization in the Light of Historical Experience* (Princeton University Press, 1957), p. 58. 转引自［美］卡尔·多伊奇《国际关系分析》，世界知识出版社1992年版，第336—338页。

同体以及政治共同体，最终实现欧洲和平。特别是沟通主义区域合作理论通过“核心区与边缘区”、“起飞”、“门槛”等概念对欧洲一体化的具体实现条件与过程进行了相当具体的解释，其“共同体”概念被后来发展起来的诸多欧洲区域合作理论与实践所广泛运用。

三　新功能主义区域合作理论

无论是功能主义区域合作理论，还是沟通主义区域合作理论，其初始都是为了解决战争与和平问题而创立的，在对实现减少战争、增加和平的最终目标的理论探索过程中，这两种理论不约而同地将目光转向区域合作，只不过对区域合作的具体方向和现实路径有着不尽一致的理解而已。与功能主义区域合作理论和沟通主义区域合作理论不同的是，新功能主义区域合作理论是直接针对欧洲区域合作在20世纪60年代停滞不前的现实所进行的、具有欧洲特色的区域合作理论思考，可以说是“第一个真正意义上的欧洲区域合作理论”[①]，曾经在一段时间内被认为是“欧洲区域合作进程的官方哲学”[②]。与沟通主义区域合作理论不同的是，新功能主义区域合作理论并没有“另起炉灶”，而是继续沿着戴维·米特兰尼主义理论的功能主义区域合作理论的基本方向，在批判性继承的基础上对其进行理论上的“调整”，从而形成一种新的解释欧洲区域合作的理论形态。其主要理论代表人物是厄恩斯特·哈斯（Ernst B. Haas）、莱昂·林德伯格（Leon N. Lindberg）、菲利普·施密特（Phillippe C. Schimitter）和约瑟夫·奈（Joseph S. Nye）等。新功能主义区域合作理论是与欧洲区域合作的现实发展密切相联系的，因此，其理论更加复杂多变，容易引起争论，不同理论代表人物之间的观点也有很大的差别，就像菲利普·施密特所说的那样：“在区域一体化理论中，没有什么理论能够像新功能主义那样经常被人们所误解、讽刺、批评、证伪，并且遭到否定。”[③] 正因为如此，“在当今研究欧洲一体化的学者中几乎没有人公开承认自己是新功能主义

① 肖欢容：《地区主义理论的历史演进》，中国社会科学院研究生院2002年博士学位论文。

② 房乐宪：《欧洲政治一体化：理论与实践》，中国人民大学出版社2009年版，第45页。

③ Philippe C. Schmitter，“NEO-NEO-Functionalism，” in Antje Wiener and Thomas Diez，eds.，*European Integration Theory*（Oxford：Oxford University Press，2003）.

者，即便是新功能主义的创立者自己也曾经两次宣布其已经过时。"[①] 然而，在20世纪80年代中期以后，随着欧洲统一市场的建成和欧盟的建立，新功能主义区域合作理论在经历了20世纪70年代的衰落以后，又重新焕发出生机，成为一个充满活力的理论。

厄恩斯特·哈斯是新功能主义区域合作理论的创立者，他最初并没有提出一个相对完整和成熟的理论形态，而只是针对米特兰尼的功能主义区域合作理论无法对欧洲区域合作所出现的新变化进行合理解释而进行的理论反思，希望通过理论修正来正确"描述、解释和预测"欧洲一体化的进程，[②] 在此基础之上，厄恩斯特·哈斯逐渐提出自己不同于米特兰尼的新功能主义区域合作理论。

（一）权力与福利的相对分离是区域一体化的基础

厄恩斯特·哈斯对功能主义所宣称的权力与福利完全分离的主张持反对态度，认为权力与福利之间远没有达到完全分离的程度，也就是说，"任何对经济福利活动的承诺在很大程度上建立在基于政治权力考虑基础之上的纯粹的政治决策的范围内……总体性的经济决策必须是在功能主义者所描述的功能性部门的一体化演进过程之前做出……政治和技术之间、政治家与专家之间的完全区分并没有实际意义，因为之前的政治决策已经使所有具体事务性问题变成技术性的了"[③]。厄恩斯特·哈斯所认为的权力与福利之间的相对分离，将政治因素成功地纳入一体化的研究议程中，确保了从功能性领域到政治性领域逐渐扩展和升级的一体化发展基本方向。

（二）社会精英是区域一体化的驱动主体

与米特兰尼认为技术型专家是一体化的主体不同的是，厄恩斯特·哈

---

① Ernst B. Haas, *The Obsolescence of Regional Integration Theory* (Berkeley: University of California, Institute of International Studies), Research Series, No. 25, 1975. "Does Constructivism Subsume Neofunctionalism?" in Thomas Christiansen, Knud Erik Jorgensen and Antje Wiener (eds.), *The Social Construction of Europe* (London: Sage, 2001), p. 29.

② Ernst B. Haas, "The Study of Regional Integration: Reflections on the Joy and Anguish of Pretheorizing," *International Organization*, 1970, 24 (4): 607-646.

③ Ernst B. Hass, *Beyond the Nation-State: Functionalism and International Organization* (California: Stanford University Press, 1964), p. 23. 转引自房乐宪《欧洲政治一体化：理论与实践》，中国人民大学出版社2009年版，第46页。也可参见肖欢容《地区主义理论的历史演进》，中国社会科学院研究生院2002年博士学位论文。

斯和莱昂·林德伯格都认为，社会精英是一体化的驱动主体。厄恩斯特·哈斯认为，存在于政党、贸易组织和利益集团中的部分社会精英有目的地主动追求自我期望和利益实现的过程是一体化的主要动力，而莱昂·林德伯格则强调政府精英的重要性，特别是随着欧洲经济共同体等超国家机构不断建立起庞大而复杂的、以常驻代表委员会、小组委员会以及研究团体等为主要代表的官僚体系，开始逐渐将政府机构和共同体机构包含到决策进程中，超国家机构的频繁、深度渗透可能会使不同国家政府中的政治家和行政人员之间的接触越来越频繁，相互会产生个体之间的情感，特别是在共同参与解决问题的运作过程中，国内问题和国外问题之间的界限也越来越模糊，这些都有助于不同国家之间就共同的政策和协调一致的政策进行谈判，而且，无论是非政府中的精英，还是政府中的精英，一旦他们认识到可以从一体化进程中持续获益，就会重新定位自身的期望和利益，并发生转移，从对先前的民族国家的期望和忠诚转移到超国家机构这个新中心上，社会精英的观念趋同和忠诚转移也会带动社会大众的观念变化和忠诚的转移，从而推动一体化的发展进程。

（三）外溢效应是区域一体化的基本路径

外溢效应是新功能主义区域合作理论的核心概念之一，也可以称之为"部门一体化的向外扩展逻辑"①，它被用来描述一体化的基本路径，具体指一个部门里的一体化会产生自发的动力，并向其他部门扩展，而旨在应对功能性特定任务的超国家机构的建立将会进一步推动经济、社会和政治进程中的一体化。外溢效应的发生是有条件的，它主要被限定在开放工业经济的、多元主义社会的民主政治体系的一群国家之间。根据新功能主义的基本观点，外溢效应主要分为三种类型：功能型外溢、政治型外溢和养成型外溢。② 功能型外溢是指功能任务本身固有的内在技术特征所产生出来的一种机制，由于经济全球化的发展，现代工业经济体系之间的分工越来越专业化和精细化，各个部门之间是相互联系和相互依赖的，因此，当一个部门中的一体化逐渐实现的时候，一方面会产生利益，这些利益会激

---

① Ernst B. Hass, *The Uniting of Europe: Political, Social, and Economic Forces*, 1950-1957, (Stanford, CA: Stanford University Press, 1958), pp. 283-317.

② Jeppe Tranholm-Mikkelsen, "Neo-functionalism: Obstinate or Obsolete? A Reappraisal in the Light of the New Dynamism of the EC," *Millennium-Journal of International Studies*, 1991, 20 (1): 4.

起其他部门行为体的兴趣，对其他部门的一体化产生压力；另一方面会不可避免地产生新问题，而这种新问题只能通过对其他部门的进一步一体化来解决，即一体化中所产生的问题只能在进一步的一体化进程中得以解决。以欧洲一体化进程为例，煤炭和钢铁等基本工业部门一体化（欧洲煤钢共同体的建立）将逐渐导致其他能源部门一体化的发生（欧洲原子能共同体的建立），最终实现整个经济部门的一体化（欧洲经济共同体）。在此基础之上，约翰·平德（John Pinder）进一步将功能性一体化分为消极一体化和积极一体化两种类型，前者指消除成员国经济部门之间的歧视性政策，后者指采取协调和共同政策以满足经济和社会福利目标。[①] 但是，功能型外溢"只能取得有限结果，它的适用范围有限，与经济和金融体系等其他部分无关，排除了任何大型活动，不可能实现总体平衡"[②]，在这个意义上，功能型外溢还不足够，还需要从更高层次上对其进行总体协调，这样的话，政治型外溢就产生了。政治型外溢多发生于多元化社会中，在这种社会中，政治是基于追求各自利益（福利）的不同集团之间的冲突基础上的，而这些集团主要以高度官僚化组织为代表，它们的领导人，即精英，是政治型外溢分析的重点所在。[③] 这些精英们经历了一个学习过程，发展出一种具有实用主义色彩的趋同观念，即如果利益可以更好地由超国家机构而不是民族国家保证，他们会将政治活动、期望以及忠诚逐渐转移到新中心——超国家机构上，这种重新调整将会使超国家机构被授予实际权力，随着超国家机构的作用力和影响力的不断增大，技术、经济和社会等功能性领域的外溢将会逐渐扩展到那些在政治上敏感的领域。简而言之，处于各个层次上的精英们在利益改变的基础上会发生观念改变，其预期和行为不断趋同，其忠诚从民族国家转移到超国家机构，从而导致超国家机构在超国家层面（主要是区域层面）上"建立、解释和执行规则"的权威和能力不断提升，这样的一个过程就是政治型外溢。

① John Pinder, "Positive Integration and Negative Integration: Some Problems of Economic Union in the EEC," *The World Today*, 1968, 24 (3): 90.

② Leon N. Lindberg, *The Political Dynamics of European Economic Integration* (London: Stanford University Press, 1963), p. 3.

③ Jeppe Tranholm-Mikkelsen, "Neo-functionalism: Obstinate or Obsolete? A Reappraisal in the Light of the New Dynamism of the EC," *Millennium-Journal of International Studies*, 1991, 20 (1): 5.

养成型外溢[1]是“加强版”的政治型外溢，是厄恩斯特·哈斯在探究如何解决冲突的研究过程中提出来的。他认为，在如何解决冲突的问题上，主要有三种模式：一是最不苛刻的、在最低共同标准基础上的和解[2]、减少谈判各方差异的和解[3]、建立在（有意或无意）提高有关各方共同利益基础上的和解。[4] 其中，在第三种解决冲突的模式中，养成型外溢最为明显，这是因为相关各方在“成功地重新定义彼此之间冲突，在一个更高水平上制定出一个冲突解决方案”的同时，也“几乎总是意味着扩大了超国家机构的授权或任务”[5]，而超国家机构是依据初始任务来制定政策的，只有在任务本身扩大的时候才能被授予并扩大权力。所以说，在解决冲突的过程中，超国家机构的授权和任务本身都发生了“溢出效应”，这种溢出效应的发生，一方面，与超国家机构所具有的一定的相对自主性相关，超国家机构在日常工作过程中常常通过各种决策进程与国家层面和超国家层面的公务员、独立专家、利益集团发生直接关系，并倾向于将实施初始任务时的承诺与新的任务议程联系在一起，试图回避官方沟通途径来达到这个目标[6]；另一方面，更主要的是因为它将“政府间谈判与独立专家、利益团体的代言人、议会和政党的参与相结合”，能够实现“不能以其他任何方式实现的共同利益”，正是这种新的共同利益重构了各个行为体的利益观念，使他们“在解决以政治和意识形态为基础的问题”的时候，更加支持超国家机构的进一步一体化。简而言之，以委员会为主要代表的超国家机构自从建立以来，就一直持续从事培养功能型外溢和政治型

---

① “cultivated spill-over”这个名词至今还没有一个比较官方的中文译名，“养成型外溢”是肖欢容在其博士论文中最早翻译并使用的中文译名，笔者觉得比较适合，因此就予以沿用。具体参见肖欢容《地区主义理论的历史演进》，中国社会科学院研究生院 2002 年博士学位论文。

② 即通过大致相等的价值交换让步，处于平等地位的谈判各方逐渐减少他们的对抗性要求，但不能超越任何谈判一方的要求底线，这是典型的传统外交谈判。

③ 即由被谈判各方都接纳的秘书处或特设的国际专家研究小组的调解服务实现的一种和解，这种和解并不是建立在最小合作意愿基础上的，而是建立在各方最终谈判立场之间的妥协基础上的，也就是说，谈判各方都有让步，这使我们沿着一体化的道路稍微前进了一些。

④ 通过成立一个类似于“委员会”的超国家机构，充分发挥立法和司法程序，努力实现和平变革进程，从而成功调节和解决冲突。

⑤ B. Rosamond, *Theories of European Integration* (Basingstoke: Palgrave Macmillan, 1999), p. 58.

⑥ Jeppe Tranholm-Mikkelsen, “Neo-functionalism: Obstinate or Obsolete? A Reappraisal in the Light of the New Dynamism of the EC,” *Millennium-Journal of International Studies*, 1991, 20 (1): 15.

外溢的工作，这就是养成型外溢的核心所在。[①]

（四）忠诚转移是区域一体化的关键

忠诚转移是指在“政治一体化进程中，来自不同国家的行为体被说服将它们的忠诚、期望和政治活动转移到一个新的中心，其机构拥有或要求拥有对先前存在的民族国家的管辖权”[②]。厄恩斯特·哈斯认为，忠诚是可以进行转移的，因为“个人的政治忠诚是对政府各个机构所执行的具体职能能够代表和实现本人利益表示满意的结果，如果行为体可以同时对几个政府机构表示忠诚，那么逐渐向能够执行大多数职能的国际组织转移忠诚也是可能的”[③]。这种忠诚转移有多重原因；一方面是人们更加看重对新中心的依附，并将此作为忠诚转移的目的本身；另一方面是新中心的权威要求他们采取相一致的行为，还有就是这种忠诚转移可能是通向另外一个最终目标的工具理性所带来的“副产品”。当然，忠诚转移并不是无条件的，而是需要有现实利益在背后推动和刺激的，也就是说，工具理性（即现实物质利益）激发了最初的一体化，一步一步将人们对民族国家的权威转移到一个新的中心——超国家机构上，并通过不断增加对超国家机构的认同，将忠诚最终从民族国家转移到超国家机构上，而这种“忠诚转移”又使这些工具理性的行为体获得更多的现实物质利益，从而推动了一体化的进一步发展。不过，厄恩斯特·哈斯还强调，忠诚焦点的转移并不必然意味着对民族国家或政府的立即否定[④]，换句话说，忠诚转移是一个长期的过程，在这个过程中会暂时存在着“多层次忠诚的现象”。如果通过确保实现忠诚转移的“第三种机制”（也就是上文中的忠诚转移的第三个原因）来发展这种多层次忠诚的进程能够持续足够长时间的话，新的中心机构可能会获得具有象征意义的最终价值。[⑤] 总的说来，厄恩斯特·哈斯一体化进程的根本驱动力量是工具利益，其逻辑进程

---

① Ernst B. Haas, “International Integration: The European and the Universal Process,” *International Organization*, 1961, 15 (3): 366-392.

② Ernst B. Hass, *The Uniting of Europe: Political, Social, and Economic Forces 1950-1957*, (Stanford, CA: Stanford University Press, 1958), p. 16.

③ Ernst B. Hass, *Beyond the Nation-State: Functionalism and International Organization* (California: Stanford University Press, 1964), pp. 49-50.

④ Ernst B. Hass, *The Uniting of Europe: Political, Social, and Economic Forces 1950-1957*, (Stanford, CA: Stanford University Press, 1958), p. 14.

⑤ Ibid., pp. 14-15.

似乎是这样的：从新中心机构获得工具物质利益→重新定义利益→长时间的忠诚转移进程（暂时存在多层次忠诚现象）→忠诚最终实现由民族国家向新中心机构的转移。

厄恩斯特·哈斯的新功能主义区域合作理论并不是完美无缺的，它无法解释所有的欧洲区域合作实践，特别是随着欧洲区域合作的向前推进，已经有越来越多的现实实践问题无法用哈斯的新功能主义区域合作理论来解释，其理论的解释力也越来越弱。在这种情况下，不仅厄恩斯特·哈斯本人希望对自己的理论进行修正，还有莱昂·林德伯格、菲利普·施密特和约瑟夫·奈等学者也对其理论进行了修正。这些学者大体上放弃了厄恩斯特·哈斯新功能主义区域合作理论中的"一体化是自动、单项的进程"的核心假设，提出了"一体化的潜在多种发展路径"的假设，将之前认为的一体化的"理所当然的条件"转变为"应当加以仔细考量的条件"①，并对厄恩斯特·哈斯的外溢理论和忠诚转移机制做出具体修正，既能够解释一体化向前发展的原因，也能够解释"去一体化"的可能性，正如菲利普·施密特所说："一个适当而又完整的一体化理论也应当是一个潜在的去一体化理论，适当的扩大理论也应当是一个潜在的收缩理论。"②

莱昂·林德伯格对厄恩斯特·哈斯新功能主义区域合作理论的修正主要集中在两个方面：

1. 一体化进程不是必然向前发展的，可能"像'Z'字形道路一样曲折"，可能"前进两步后退一步"，可能进入"死胡同"，也有可能是停滞不前或后退，③ 因此，显然需要更复杂的分析工具来分析一体化进程。为此，莱昂·林德伯格将系统论中的核心概念——反馈（feedback）运用到一体化研究中来，认为行为体之间的关系能否进一步一体化要看彼此之间的反馈情况，通过反馈，行为体要思考具体通过何种途径能够使系统进一步"一体化"或是"去一体化"（integration or disintegration）。特别是在外溢理论上，莱昂·林德伯格根据反馈效应，分别提出外溢、溢回（spill-back）和自我维持或封闭（encapsulation）三个概念来描述过去决

---

① ［意］菲利普·施密特：《新—新功能主义理论》，［英］安特耶·维纳、［德］托马斯·迪兹主编：《欧洲一体化理论》，朱立群等译，世界知识出版社 2009 年版，第 66 页。

② 同上书，第 93 页。

③ Leon N. Lindberg, "The European Community as a Political System: Notes toward the Construction of a Model," *JCMS: Journal of Common Market Studies*, 1967, 5 (4): 349.

策的累积效应是使一体化水平增加、减少还是保持现状的因素。不过，他也指出，反馈效应与一体化水平之间的精确因果关系，虽然能够清楚地表明什么样的集体决策有什么样的后果，但却很少在实证研究中得到详述。[①] 在此理论分析基础之上，莱昂·林德伯格汇集大量一体化的研究成果，根据“综合的精神”进一步系统地提出了一体化进程的四种可能性：溢回、前向关联（forward linkange）、保持现状（Status quo）以及输出失败（output failure）[②]，其中，外溢，也就是前相关联，只是一体化进程四个可能性中的一个而已。

2. 在忠诚转移问题上，莱昂·林德伯格认为，无论是在名义上还是在操作性上，厄恩斯特·哈斯提出的、具有自我修正意义的“权威—合法性转移”（authority-legitimacy transfer）概念及其根据四个基本标准所提出的三种理想化的、具有启发性的类型——区域国家、区域社群以及不对称区域重叠，并不具有整体性，这是因为任何有意义的、具有整体性的概念必须以理论为基础，而且通过这一整套概念的创造性应用可以极大地有助于发展相应的概念和其他具有可操作性的定义。[③] 因此，莱昂·林德伯格对判断是否存在“权威—合法性转移”的四个基本标准分别总结出各自的具体量化指标，从而能够对忠诚转移进行更加敏锐的辨别分析。具体来说[④]：在无数的具有特定功能的单位中的一个中心或多个不对称中心之间，权威决策集中在哪几个标准上，可以从范围、一系列阶段和决断力三个具体指标上付诸操作；在谁来收集和分配资源这个标准上，可以从领导活动和可提供给国家和超国家机构的资源两个指标上来具体衡量；在公民和集团对哪种结构具有直接的合法性感受这个标准上，可以从信仰的合法性以及服从的意愿等指标上进行衡量；在区域民族主义形式发展的横向联系或是否存在多重忠诚的某种重重叠叠的系统这个标准上，可以从共同利益的信念和共同政治认同感等指标上进行衡量。

与莱昂·林德伯格一样，菲利普·施密特也认为，厄恩斯特·哈斯的

---

① Leon N. Lindberg, “Political Integration as a Multidimensional Phenomenon Requiring Multivariate Measurement,” *International Organization*, 1970, 24 (4): 725.

② Leon N. Lindberg, S. A. Scheingold, *Europe's Would-be Polity: Patterns of Change in the European Community* (Englewood Cliffs: Prentice-Hall, 1970), p. 199.

③ Leon N. Lindberg, “Political Integration as a Multidimensional Phenomenon Requiring Multivariate Measurement,” *International Organization*, 1970, 24 (4): 719.

④ Ibid., pp. 723-724.

新功能主义区域合作理论需要进行必要的更新和重构，以适应欧洲一体化的新现实需要。菲利普·施密特从本体论和认识论的哲学角度将新功能主义区域合作理论置于欧洲一体化理论争论的总体框架结构中，并对其重新定位，认为新功能主义区域合作理论关注的重点是相关政治行为体在特定背景条件下会采取何种策略。通过对一体化不同阶段行为体的不同行为策略的分析，菲利普·施密特对厄恩斯特·哈斯的"外溢"理论做出了较为明显的修正。具体来说：

其一，在一体化的起始（initiation cycle）阶段，相关行为体之间由于不安全感和不信任，使得所有的一体化谈判都显得尤为谨慎，发展自然就相对缓慢，这个时期政策"外溢"的可能性很小。

其二，到了启动（priming cycle）阶段，由于一体化进程的不断深化，所出现的大量功能性组织不断解决各种各样的危机，通过"做各自擅长的事情"，为民族国家解决了大量的麻烦，帮助现有的民族国家体系获得新生，这个时期的民族国家还是比较乐意接受功能性组织的权威和能力增大的。在这个时期，行为体所采取的策略包括环溢（spill-around），即功能性组织在大量未开发的和争议较少的政策领域里的大量出现；加强（build-up），即民族国家成员国向功能性组织出让部分权力，以增加其处理事务的能力和权威；溢回（spill-back），即民族国家行为体由于一体化的获益较低，或相对获益不公平，或较低的"沉没成本"①，无论是在一体化范围里，还是权威上都退回外溢之前的状况；外溢（spill-over），即参与一体化进程的各个国家对其最初设定的一体化方案中的共同目标所取得的成果不满意，试图通过不断扩大相互承诺合作的范围或不断强化对原来部门的承诺，以解决他们的不满。在这些策略中，外溢最为重要，最受民族国家的欢迎。

其三，在转型（Transformative Cycle）阶段，外溢也是可能出现的，因为在不损害已经取得的成就和没人愿意放弃的前提下，拥有越来越多的资源、权威和能力的超国家机构开始将一体化进程从争议较小的功能领域

① 沉没成本是指由于过去的决策已经发生了的，而不能由现在或将来的任何决策改变的成本。人们在决定是否做一件事情的时候，不仅看这件事对自己有没有好处，而且也看过去是不是已经在这件事情上有过投入。我们把这些已经发生的、不可收回的支出，如时间、金钱、精力等称为"沉没成本"（Sunk Cost）。参见百度百科"沉没成本"词条，http：//baike. baidu. com/link？url = XGoiWwBoaoDxbrbctteQMztlj7QoAW1E_ yvHXQyFwc9zna6MXc7a3bJXIGCl。

和经济领域推进到民族国家极度敏感的政治领域，并可能对民族国家层面的权威和能力产生影响。[①] 总而言之，菲利普·施密特通过对一体化各阶段的外溢效应分析，指出了由不同危机导致的“决策周期”所带来的各种阶段性结果，使“形成超国家区域性机构”最终成为可能，这种超国家区域机构可能是一个既不同于邦联，也不同于联邦的“多层次和多中心”治理体系。[②]

约瑟夫·奈在对东非和中美洲的区域合作进行实地考察的基础上，发现新功能主义区域合作理论无法合理解释东非和中美洲的一些区域合作实践，存在着诸多问题和不足，在将东非和中美洲区域合作实践与欧洲区域合作实践进行比较的基础上，约瑟夫·奈对新功能主义区域合作理论做出了进一步的发展和升华，提出了新功能主义区域合作理论的新框架。

其一，在一体化概念上，强调一体化的类型，而不是过程。约瑟夫·奈认为，学者们对一体化概念的认识存在着模糊性，经常混用和不准确地使用它。由于一体化概念的模糊性所带来的问题就是学者们对欧洲一体化的认识存在着极大的差别。例如，多伊奇认为，1957—1958年之后的欧洲一体化已经停滞不前或者说遇到了“天花板瓶颈”，而厄恩斯特·哈斯和莱昂·林德伯格等学者则认为，1957—1958 年之后的欧洲一体化取得了巨大的跨越性进步，产生这种巨大差异的部分原因是这些学者对一体化这个概念的认识和应用存在差别，而且没有足够的方案将这些学者对一体化概念的认识进行调和、转化和统一，因此，约瑟夫·奈“分解一体化的概念，为其各个组成部分发展出相对简单的衡量指标，并用实证方法验证它们之间的相互关系。[③] 基于此，约瑟夫·奈认为，一体化是由经济一体化、社会一体化和政治一体化三部分组成的，具体来讲，经济一体化是指形成了跨国经济，它又可以分为贸易一体化和服务一体化两个子类型，前者根据区域内出口占该区域出口总额的比重计算，后者根据共同行政管理服务的支出占国民生产总值的比重计算。[④]

---

① ［意］菲利普·施密特：《新—新功能主义理论》，［英］安特耶·维纳、［德］托马斯·迪兹主编：《欧洲一体化理论》，朱立群等译，世界知识出版社 2009 年版，第 86—89 页。

② 汪波、吴仪：《新—新功能主义：对功能主义理论的重新审视》，《武汉大学学报》（哲学社会科学版）2004 年第 3 期。

③ Joseph S. Nye, “Comparative Regional Integration: Concept and measurement,” *International Organization*, 1968, 22 (4): 858.

④ Ibid., p. 861.

社会一体化是指形成跨国社会，它又可以分为大众社会一体化和精英（特殊集团）社会一体化两种子类型，前者可以根据贸易、邮件往来和电话通信等重要人际沟通指标来计算，后者可以根据区域内在大学读书的其他国家留学生占该区域内学生总数的比重和区域内航空乘客的数量占区域总航空乘客数量（既包括区域内的，也包括区域之间的）的比重等具体指标来计算。[①] 政治一体化是指形成跨国政治的相互依赖，它又可以分为机构一体化、政策一体化、态度一体化和安全共同体（一体化）四种子类型，其中，机构一体化分为官僚机构一体化和司法（管辖权）一体化，前者可以根据一体化机构的预算和行政人员数量占各成员国政府的总预算和总行政人员数量的比重来计算，后者可以超国家机构的决策、法律权力范围、履行权力范围和司法管辖权扩大等几个因素来综合衡量。政策一体化是指作为一个群体的一组国家制定对内或对外政策的程度，可以用范围（直接参与一体化进程的政府部门比重）、程度（部门参与程度如何）和重要性来衡量。态度一体化是指人们发展出的共同身份认同感和相互责任感的程度，可以通过不同时期的民意测验对精英和大众关于认同感、总体偏好、相互责任感等方面进行实证调查，得出精英和大众对一体化态度的理想比例，并通过在政策形成中的谈判风格、不求回报（牺牲自我）的程度等方式对民意调研结果进行验证，从而得出准确的结果。安全共同体（一体化）可用区域内国家间敌对事件的数量多少进行衡量。[②] 总而言之，约瑟夫·奈将一体化视为一种多维度和多层面的概念，可以从不同的角度对一体化进行多方位的实证分析，这有效地避免了对一体化认识的模糊性问题。[③]

其二，在外溢效应上，尽管没有莱昂·林德伯格和菲利普·施密特对外溢效应所做的分析全面而透彻，约瑟夫·奈还是提出了自己与众不同的观点，即“任务联系的过程机制”。这种观点认为，功能性任务的相互依赖或相互联系可能会产生两种不平衡的结果：一是一个功能性任务通过一体化进程取得巨大成就，给其他类似的功能性任务带来积极的不平衡动

---

① Joseph S. Nye, “Comparative Regional Integration: Concept and measurement,” *International Organization*, 1968, 22 (4), pp. 862-864.

② Ibid., pp. 865-874.

③ 刘颖：《小约瑟夫·奈与新功能主义理论的修正》，《湛江师范学院学报》2005 年第 4 期。

力，这种积极经验能够带来“外溢”效应。二是一个功能性任务由于存在很多暂时无法解决的问题而导致一体化进程“停滞不前”，这给其他类似的功能性任务带来消极的不平衡压力，这种消极经验可能会导致“溢回”效应的发生。[①] 所以说，要想最大限度地推动外溢效应，避免溢回效应，就应当把功能性任务等议程不仅与“政治家、利益集团、超国家机构工作人员”等支持一体化的跨国利益联合联系在一起，还要与人民大众的广泛支持联系在一起。这样的话，即使在那些支持一体化的跨国利益联合的势力衰退的时候，一体化进程仍然能够因为人民大众的广泛民意支持而继续产生外溢效应，扩大其影响力。

其三，在对“一体化”概念和“外溢”效应进行修正的基础上，在对东非和中美洲的区域一体化实践进行现实考察和比较的基础上，约瑟夫·奈提出了一个以“过程机制”和“一体化潜力”为基础的、创新性的、更为细致的新功能主义理论框架，被称为“奈模型”。一方面，奈模型分别从任务联系说、沟通和交往的增加、特意联系与联盟形成、精英或特殊利益集团的社会化、区域性集团的形成、区域意识形态与认同的吸引力、外部行为体的参与七个方面重新确立了新功能主义理论所运用的基础性概念[②]；另一方面，奈模型将过程机制中所产生的一体化条件（即一体化潜力）具体分为相对稳定不变的条件和可变的条件，前者被称为“结构性条件”，主要包括成员国经济总量上的大致均衡、精英或特殊利益集团具有互补性的思想观念、成员国内多元化社会的存在、成员国的应对和反应能力大小等；后者被称为“认知条件”，主要包括一体化参与国对分配收益方面是否公平的认知、对外部环境的认知、对付出代价的认知。[③] 总的来说，约瑟夫·奈对“一体化”概念和“外溢”概念的修正以及“奈模型”的提出是对欧洲一体化研究以及一体化比较研究的最重要的理论贡献。

经过厄恩斯特·哈斯、莱昂·林德伯格、菲利普·施密特和约瑟夫·

① Joseph S. Nye, *Peace in Parts: Integration and Conflict in Regional Organization* (Boston: Little Brown, 1971), pp. 65-66.

② Ibid., pp. 66-74. 转引自刘颖《小约瑟夫·奈与新功能主义理论的修正》，《湛江师范学院学报》2005 年第 4 期。

③ Joseph S. Nye, *Peace in Parts: Integration and Conflict in Regional Organization* (Boston: Little Brown, 1971), pp. 80-86. 转引自刘颖《小约瑟夫·奈与新功能主义理论的修正》，《湛江师范学院学报》2005 年第 4 期。

奈等学者坚持不懈的努力，新功能主义区域合作理论在一段时期内（20世纪60—70年代初）以其对欧洲区域合作实践的准确解释、分析和预测成为欧洲区域合作研究的主导性理论，尽管后来因其对20世纪70年代欧洲区域合作实践的理论解读出现偏差而沉寂一段时间，但还是随着20世纪80年代中期欧洲区域合作的重新崛起而又备受瞩目，并且在自身理论上也开始与时俱进，在保持自身特色不变的前提下，不断吸收新的研究内容和研究方法，从而使自身能够更加准确地描述和分析欧洲区域合作的现实实践。可以说，新功能主义区域合作理论为我们提供了一个十分有价值的欧洲区域合作理论分析框架，在准确描述和分析欧洲区域合作的同时，也在一定程度上塑造了欧洲区域合作的未来。①

四　政府间主义区域合作理论

经历过两次世界大战之后的欧洲精英和人民大众深刻地认识到民族国家是战争的最大根源，是和平最大的麻烦制造者，民族国家的命运处于有史以来的“最低潮”。为了最大限度地限制民族国家的作用，欧洲精英和人民大众设计出了一种能够完全替代民族国家的方案，那就是建立在一体化基础之上的超国家机构。以上这种一体化方案已经在欧洲一体化实践中存在并付诸实践了，而且已经在20世纪50年代有了不错的开端。但是20世纪60年代欧洲一体化进程中出现的“国家中心主义”思潮的回流，特别是受到极度强调民族国家主权的“戴高乐主义”的深刻影响，在发生了著名的“空椅子事件”和“卢森堡妥协”事件后，欧洲一体化从之前的“超国家”发展方向逐渐转变为建立“成员国合作基础之上的联盟”的发展方向，使得欧洲一体化陷入有史以来的最低潮，而新功能主义理论却无法合理解释这种发展转向。这个时候，以斯坦利·霍夫曼（Stanley Hoffmann）为主要代表的政府间主义区域合作理论应运而生，并进入欧洲一体化理论的争辩阵营中，它是在对新功能主义区域合作理论的反思和批判基础上建立起来的，是对欧洲一体化进程中出现的“发展转向”的一种理论解释和理论应对。斯坦利·霍夫曼的政府间主义区域合作理论主要有以下基本观点。

---

①　房乐宪：《欧洲政治一体化：理论与实践》，中国人民大学出版社2009年版，第61页。

（一）重新肯定民族国家在国际政治舞台上的中心地位和作用，民族国家仍然是欧洲一体化进程中最主要的行为体

斯坦利·霍夫曼在其为数不多的几篇关于欧洲一体化的理论性文章中反复强调了民族国家的重要性。他认为，在现有国际体系框架结构下，民族国家仍然具有强大的生命力。一方面，尽管民族国家存在着这样或那样的缺点，甚至被认为是“过时的”，“可以被取代”的，但其仍然是现有国际政治体系中最基本的、最主要的国际政治行为体，“民族国家仍然存在”，而且其拥有和控制着世界上绝大多数的资源，这是一个至少现在暂时无法改变的现实，可以说，民族国家的现实存在就是其替代者（指一体化基础之上的超国家机构）的最大障碍，特别是当一体化安排不能够给民族国家带来好处或收益的时候。另一方面，民族国家是一体化产生与发展的最大驱动力，斯坦利·霍夫曼认为，在国际政治中，民族国家是一个“趋利”行为体，其对外行为要么是为了减少自己的损失，要么是增加自己的好处，而一体化就可以被看作是“民族国家利用共同政策和共同资源来解决相互之间的共同问题”，实现自身利益的一种手段和工具，[①] 而不是一种“目标”。也就是说，一体化之所以能够产生，是因为得到民族国家的许可，没有民族国家的最初允许，一体化不可能产生，此后，一体化进程的发展方向和发展程度也深受民族国家的影响和控制，民族国家通过对一体化所带来的得与失、成本与收益的具体评估，[②] 决定其下一步对待一体化的政策。这也就是20世纪60年代一体化“突然转向”的根本原因所在，即60年代的一体化进程已经严重损害了民族国家的根本利益——国家主权，民族国家可以主动将部分国家主权让渡给超国家机构，以换取其解决民族国家暂时无法解决的跨国性问题，但是要想把国家主权完全让渡给超国家机构，将超国家机构置于民族国家之上，并操控民族国家的命运，这是民族国家绝对不允许的，因为民族国家将会失去其对内和对外决策的独立性和自主性。这样的话，民族国家也就失去了存在的意义。

（二）要重视内部条件（即国情）和外部环境对一体化进程的现实影响

斯坦利·霍夫曼认为，新功能主义区域合作理论的错误在于其将一体

---

① 肖欢容：《地区主义理论的历史演进》，中国社会科学院研究生院2002年博士学位论文。

② 值得注意的是，这里的“得与失”、“成本与收益”不仅要考虑看得见的物质利益（如经济利益），也要将那些看不见、摸不着的“主权因素”、国家荣誉与尊严等精神利益考虑在内。

化看作一个“自我维持的自主过程”，而忽视了一体化的“背景存在或条件”；认为一旦一体化进程开始运行了，就会一直向上发展，共同利益就会一直不断增加。或者至少可以说，新功能主义只是有选择性地选取了一些有利于一体化的背景存在或条件，而屏蔽掉了那些不利于一体化的背景存在或条件。[①] 事实上，一体化进程是与内部条件（即国情）和外部环境等具体历史背景密切相关的，历史背景变了，一体化进程也会发生变化，这种变化既可能往有利于一体化的方向发展，也可能往不利于一体化的方向发展。具体来说，其一，内部条件（即国情）对一体化进程的影响主要体现在产生于民族国家内部的国家利益的多样性上，即领导人、利益集团、精英以及大众等不同行为体及其所具有的民族主义、民族意识对国家利益的影响是多元的；也包括民族国家在世界上所处的位置和轨迹的多样性，即每个民族国家在国际体系中都处于一个相对独立的、与众不同的、独一无二的发展轨迹上。不同的国情会使不同的民族国家的关注焦点和国家利益趋向分散，而不是聚合。正是国家利益的这种多变性导致了民族国家对外政策的多样性，对外政策的多样性会产生不确定性，这种不确定性既可能有利于一体化进程，也可能不利于一体化进程，虽然其没有达到“决定”一体化进程的程度，但其能够对民族国家关于一体化进程的政策选择与制定设置复杂的限制。基于此，无论是通过1618—1648年30年战争期间的王朝和帝国的分裂与兼并而形成的“老”民族国家，还是二战结束后建立在殖民地解放运动和民族自决基础上的“新”民族国家，在制定外交政策，特别是一体化政策的时候，都必须将内部条件（即国情）考虑在内。

其二，外部环境对一体化进程的影响也是显而易见的。斯坦利·霍夫曼认为，外部环境对一体化进程的影响主要体现在国际体系上，即由大量民族国家构成的国际体系具有强烈的“维护民族国家多样性”的保守倾向[②]，这种保守性会从根本上影响一体化进程的产生与发展。二战结束后的欧洲很快就进入了以美国和苏联两国争霸为主要特征的两极国际体系中，处于这一国际体系中的任何行为体的活动范围与行为空间都要受到美

---

① 陈玉刚：《国家与超国家——欧洲一体化理论比较研究》，上海人民出版社2001年版，第59页。

② Stanley Hoffmann, “Obstinate or Obsolete? The Fate of the Nation-state and the Case of Western Europe,” *Daedalus*, 1966, 95 (3): 866.

苏两极的根本性制约。在这个意义上，欧洲一体化进程不可避免地要受其所处的时代背景——“美苏两极霸权”这个客观国际政治态势的影响，特别是要受到美国的世界霸权战略的深刻影响。一方面，美苏两极国际体系会影响欧洲一体化进程的启动。对于美国而言，二战结束后，苏联综合国力已经大大增强，开始挑战美国的世界霸权地位，东欧各国在苏联社会主义意识形态和集体主义的引导下，已经团结在一起。为了应对苏联及其东欧的挑战，美国迫切需要推进西欧各国的一体化建设，使其成为美国对抗苏联及其东欧盟友的桥头堡和主阵地。而且，二战结束之后的西欧各国，无论是战胜国，还是战败国，都已经千疮百孔，综合实力大大下滑，曾经作为国际体系“心脏”的、世界组织主导者的、国际法发源地的西欧在国际体系中已是“政治权力崩溃”，它们迫切需要得到来自美国的经济和安全支持。在这种背景下，美国和西欧各国各取所需，一拍即合，欧洲一体化进程就此得以迅速启动，所以说，美苏两极国际体系，尤其是美国这个外部因素是欧洲一体化进程得以迅速开启的关键因素。另一方面，美苏两极国际体系也影响着欧洲一体化进程的发展方向和发展轨迹。欧洲一体化进程在本质上是作为美国对抗苏联的一种“工具和手段”，其必将受到美国的严格控制，以确保其“不会偏离美国所预设的轨道”①，而随着欧洲一体化进程的不断深化发展，一个具有“区域实体”雏形的超国家机构开始崭露头角，并越来越强大，在20世纪六七十年代逐渐成长为一个可以与美国、苏联分庭抗礼的“世界极点”之一。这个时候的美国已经对欧洲一体化进程持反对态度，认为其已经从根本上动摇了两极国际体系的稳定性，挑战了美国的世界霸主地位，这是美国所不愿意看到的。总之，通过分析民族国家的内部条件（即国情）和外部环境（国际体系和区域外大国）对欧洲一体化进程的影响，我们可以看到，一体化无论是在范围上，还是在程度上，可能都会受到一定的限制，也不一定是一个“自我持续的过程”，政府间主义区域合作理论将内外背景因素与一体化进程联系在一起加以整体考虑，在一定程度上很好地解释了新功能主义区域合作理论所无法解释的关于欧洲一体化进程的诸多现实问题，是欧洲一体化理论的一种进步。

---

①　赵贞：《欧洲一体化启动阶段的美国因素分析》，山东大学2012年博士学位论文。

（三）高级政治与低级政治的区分

在批判新功能主义区域合作理论无法充分解释欧洲一体化现实的同时，斯坦利·霍夫曼提出了高级政治与低级政治的概念区分，并以此作为基础，对新功能主义区域合作理论中的核心概念——外溢效应——进行了纠偏，指出其局限性所在，并进一步论证了“一体化与多样化、一体化逻辑与自主性逻辑共存”[①] 的一体化综合进程。斯坦利·霍夫曼认为，低级政治是指一些技术性的、没有争议的功能和经济领域，高级政治是指事关民族国家主权、国家认同等的政治领域，在一定程度上，低级政治领域和高级政治领域是两个相对独立的领域。[②] 一体化进程在这两个领域中的表现是不尽相同的。在低级政治领域，民族国家对一体化进程没有太大的戒心，会大力支持一体化进程，因而一体化进程会取得相当高的发展，这也是政府间主义区域合作理论与功能主义区域合作理论和新功能主义区域合作理论的观点相通之处；但在高级政治领域，民族国家就表现出与其在低级政治领域中截然相反的态度，民族国家认为，在高级政治领域中的损失无法用低级政治领域中的收益来弥补，特别是在涉及国家主权等国家核心利益问题上，民族国家并不会像新功能主义区域合作理论所预计和预期的那样“自愿退缩”，选择“一体化所带来的、民族国家没有经历过的、不受控制的不确定性”，而是“宁愿选择确定性，或者是自己能够控制的不确定性”[③]。也就是说，政府间主义区域合作理论认为，一体化进程分为在低级政治领域中的一体化逻辑和在高级政治领域中的一体化逻辑两种，前者发生的基本前提是“永久性的收益大于损失”，属于功能一体化逻辑，外溢效应在这里是行得通的；[④] 但在后者那里，由于民族国家之间不可能在国防、外交和政治领域达成完全统一的目标，“永久性的收益大于损失”的情况在这里不可能发生，外溢效应也会受到相当程度的限制，

---

① 肖欢容：《地区主义理论的历史演进》，中国社会科学院研究生院2002博士学位论文。

② Stanley Hoffmann, “Obstinate or obsolete? The Fate of the Nation-state and the Case of Western Europe,” *Daedalus*, 1966, 95 (3): 874.

③ Ibid., p. 882.

④ William Wallace, “Government without Statehood: The Unstable Equilibrium,” in Helen Wallaceand, William Wallace (eds.), *Policy-Making in the European Union*, 3rd edition (Oxford: Oxford University Press, 1996), pp. 440-441.

属于一种与国家主权、认同相关联的“自主性逻辑”①。从对20世纪五六十年代欧洲一体化实践“在低级政治领域中获得成功，但在高级政治领域却惨败”的事后分析来看，政府间主义区域合作理论将会成为欧洲区域一体化理论研究争论中的、与新功能主义区域合作理论相竞争的一种主流理论视角。

第二节　美国视角下的区域合作理论

20世纪70年代之后，尤其是冷战结束以来，区域性组织开始大量出现，并在国际政治舞台上发挥着越来越多的、不可替代的影响和作用，区域合作主题开始上升为国际政治领域的核心议题之一，越来越多的国际政治学者开始将研究重心转移到区域合作研究上。由于国际政治理论博大精深，限于篇幅和结构上的约束，本书主要选取了传统现实主义理论、新现实主义理论、理想主义理论、新自由制度主义理论和建构主义理论五大主流国际政治理论作为分析区域合作理论的代表性理论，希望以此为基础勾勒出区域合作已有知识和理论的“全景图”。由于五种主流国际政治理论各自从不同的视角观察和理解国际政治的历史变迁、现实发展和未来秩序，其核心理论假设和主要理论结构也就存在着不同程度的分歧，② 这就使得紧密依附于这些宏观理论的区域合作理论也表现出很大的差别。因此，本书将会从这些主流国际政治理论的本源出发，充分挖掘其各自的具有独特视角和解释力的区域合作理论，为区域合作理论的未来发展“开辟出一块新的天地”。值得注意的是，由于这五大主流国际政治理论大都是在美国学者的研究成果上形成并发展完善的，不可避免地反映了美国国际政治研究的“知识霸权地位”，美国根深蒂固的知识传统和意识形态观念塑造了具有“美国特色”的分析和研究主题，这就使得五大主流国际政治理论框架下的区域合作理论也具有了“美国语境”，这是本书将这部分内容取名为“美国视角下的区

① Hanna Ojanen, “Theories at a Loss? EU-NATO Fusion and the ‘Low Politicisation’ of Security and Defence in European Integration,” UPI Paper 35, 2002: 3-4.

② 白云真、李开盛：《国际关系理论流派概论》，浙江人民出版社2009年版，第8页。

域合作理论”的原因所在。①

无论是传统现实主义理论和新现实主义理论，还是理想主义理论和新自由制度主义理论、建构主义理论，都是美国视角下的区域合作理论，既体现在这些理论的主要代表人物大都来自美国上，也体现在建构这些理论的核心词语（如权力、制度、文化）的具体内涵和指涉内容都具有深厚的美国色彩，并不像他们所说的那样具有普世意义。尽管如此，我们还是要对这些美国视角下的区域合作理论进行深入了解和分析，因为充分把握这些主流区域合作理论，有助于我们对21世纪第二个十年的区域合作进程进行充分的认知，并争取早日形成具有中国特色的区域合作理论，建构区域合作理论的中国视角。②

一　传统现实主义区域合作理论

爱德华·卡尔是传统现实主义理论的奠基者，他在对两次世界大战之前的国际政治形势进行深入的历史分析的基础上，对当时一度盛行的理想主义理论（主要表现为时任美国总统的威尔逊提出的“十四点原则”）进行了深刻的批判，在此基础之上，提出了与之相对应的传统现实主义理论，理想主义理论与传统现实主义理论之间的“大论战”就此展开。爱德华·卡尔关于传统现实主义的基本观点是：

其一，权力在国际政治中处于中心地位。爱德华·卡尔对道德和权力之间的关系进行了辩证分析，认为国际政治活动是权力与道德的集合，③其中，权力是绝对的，道德是相对的，道德是权力的产物，不存在普遍的、抽象的道德，不能按照人类的道德标准去衡量国际政治中的道德。④在此基础上，他开始强调权力的重要性，通过对《洛迦诺公约》的分析

---

① 当然，世界其他区域和国家的国际政治学者也提出了很多富有特色的国际政治理论和区域合作理论，在一定程度上使国际政治理论和区域合作理论真正成为全球性的，而不是美国性的社会科学理论。但是，至少从目前来说，它们仍然无法从根本上撼动美国国际政治理论和区域合作理论的地位。所以说，笔者在这里并不是否定其他区域和国家对国际政治理论和区域合作理论的贡献，而只是基于本书的结构和内容需要有选择性地选取了一些对本书内容有所帮助的国际政治理论和区域合作理论。

② 王柏松：《中国新安全观及其安全战略选择研究》，东北师范大学2013年博士学位论文。

③ ［英］爱德华·卡尔：《二十年危机（1919—1939）：国际关系研究导论》，秦亚青译，世界知识出版社2005年版，第92—96页。

④ 同上书，第141—145页。

得出“权力与政治是不可分割的，政治在一定意义上说就是权力政治”的结论。[①] 在国际政治领域同样如此，由于“权力是国家的专利”，没有权力保障的国际组织或国际政府是不能持久存在和运转下去的，注定是要失败的，国际联盟就是一个典型事例。在明确权力在国际政治中的核心地位以后，他提出国际政治领域中的权力主要分为高度相互依赖的三种权力，即军事权力、经济权力和支配舆论的权力，这个分类的创新之处在于，将支配舆论的权力从军事权力和经济权力中脱离出来。[②]

其二，国家之间存在着根本性的利益冲突。国际政治舞台上不存在普遍的、绝对的、自然的或人为的利益和谐，那种认为“普世利益与每一个国家的利益是并行不悖的”，“世界的最大利益就是自己国家的最大利益”[③] 的看法是幼稚的、荒谬的、不现实的，真正的现实是，国际政治舞台上不同国家之间的利益冲突是实实在在地存在着的，而且是一个无法避免的、必须接受的现实，如果想掩盖这种现实，不管是有意的，还是无意的，都将会歪曲问题的真实性质。[④]

在爱德华·卡尔之后，汉斯·摩根索进一步发展和完善了传统现实主义理论，其主要观点集中体现在被誉为“国际政治小百科全书”的《国家间政治》一书中，在对国际政治的研究对象、研究范围、研究术语、研究方法以及研究主题等进行系统、科学阐述的过程中，无时无刻不体现出其作为一个“现实主义者”的国际政治思想。有学者说过，在国际政治领域，想要研究现实主义理论，就不得不提汉斯·摩根索；要了解汉斯·摩根索的现实主义思想，就不得不看《国家间政治》。《国家间政治》的“书魂”就是“现实主义六原则”，可见“现实主义六原则”，无论是对于现实主义理论本身而言，还是对于国际政治研究者来讲，都有着巨大的影响力。这六条原则分别是：其一，政治受到根植于人性的客观法则的支配；其二，现实主义国际政治的主要路标是以权力界定利益；其三，以权力界定的利益这一核心概念是普遍适用的客观范畴，但是利益的具体指

---

① ［英］爱德华·卡尔：《二十年危机（1919—1939）：国际关系研究导论》，秦亚青译，世界知识出版社 2005 年版，第 100—102 页。

② 秦治来编著：《国际政治学简明教程》，浙江人民出版社 2006 年版，第 81 页。

③ ［英］爱德华·卡尔：《二十年危机（1919—1939）：国际关系研究导论》，秦亚青译，世界知识出版社 2005 年版，第 73 页。

④ Edward H. Carr, *Twenty Years'Crisis*, 1919-1939 (New York: Harper and Row, 1964), p. 60.

涉内容并不是一成不变的；其四，抽象的、普遍的道德原则不能用来指导国家行为；其五，特定国家的道德愿望不等同于普天之下适用的道德法则；其六，现实主义与其他理论学派之间的差别是真实的、深刻的。[①] 通过对现实主义六原则的具体分析，我们可以总结出汉斯·摩根索关于人性、国家权力、国家利益、意识形态以及道德原则的基本观点，概括说来就是人性观、利益观和道德观。在人性观上，汉斯·摩根索主张，人在本质上是一个自私自利的、追求权力和利益最大化的动物，而且这种近似于“恶”的人性在“中国、印度和希腊的古典哲学致力于发现这些规则以来……没有发生变化”[②]，也就是说，趋于“恶”的人性是后天教育无法改变和塑造的。由人性推及社会，作为趋于“恶”的人性中各种固有力量产物的社会及其赖以存在的客观法则也是不可改变的，我们所要做的不是对抗这些客观法则，而是相信它，无论它多么地不完善和片面，并在此基础上创造一种符合和反映这种客观法则的、能够“区分真理和意见差异”的理论，传统现实主义理论就是这样的一种理论。在利益观上，汉斯·摩根索将人性追逐权力和利益最大化的客观法则引申到国家身上，认为作为人的集合体的国家也受到趋于“恶”的人性的支配和控制，国家也是一个追求权力和利益最大化的理性行为体。也就是说，由权力界定的国家利益是国家在国际政治舞台上所采取的各种对外行为的根本依据，“国家的外交政策应当为本国的国家利益服务，也就是为保持、扩大和显示国家权力服务”[③]，这样的话，国家之间必然存在着利益上的冲突，而这种冲突只能够通过权力上的对抗来得到解决。所以说，国家之间对权力的争夺和斗争是国际政治舞台上的基本客观事实，权力不仅是国家实现自身利益的手段，而且在一定程度上也成为国家的目标所在。不过，汉斯·摩根索也强调最根本的国家利益还是国家的生存和安全，一个国家所要追求的利益应当与其实力相匹配，因此汉斯·摩根索将追求权力斗争的国家的对外政策分为维持现状政策、帝国主义政策和威望政策三种类型。简而

① ［美］汉斯·摩根索著，肯尼斯·汤普森等修订：《国家间政治：权力斗争与和平》，徐昕等译，北京大学出版社 2006 年版，第 28—41 页。也可参见 Hans J. Morgenthau, *Politics among Nations: The Struggle for Power and Peace*, 3rd. edition (New York: Alfred A. Knopf, 1961), pp. 4-15.

② ［美］汉斯·摩根索著，肯尼斯·汤普森等修订：《国家间政治：权力斗争与和平》，徐昕等译，北京大学出版社 2006 年版，第 28 页。

③ 同上书，译序第 3 页。

言之，传统现实主义的利益观是“以权力限定国家利益，以国家利益限定对外政策”[①]。在道德观上，汉斯·摩根索认为，普遍的道德原则是存在的，但其在抽象的普遍形式下是无法适用于国家行为的，道德原则必须经过具体时间和地点的环境的过滤。[②]也就是说，个人可以为了普遍的道德而牺牲自我，但是国家不能因为普遍的抽象道德而牺牲民众的利益，因为国家的最大道德就是国家生存，“国家利益就是国家道德的标尺”[③]。

尽管爱德华·卡尔和汉斯·摩根索没有关于区域合作的直接论述，但是通过这两位学者的以上观点，我们可以总结出传统现实主义区域合作理论的主要内容：

其一，国家是区域合作的主体。从汉斯·摩根索的《国家间政治》这一书名中就可以看出，传统现实主义者将国际政治等同于“国家间政治”。也就是说，国家是国际政治中最主要的甚至是唯一的行为体，而诸如跨国公司、非政府组织、跨国政党等非国家行为体在根本上还是要受到国家的制约和控制的，没有国家的允许，这些非国家行为体就不可能持续地发挥作用和影响。在这个意义上，国家也就自然而然地成为区域合作的主体，没有国家的参与和支持，区域合作就不会产生与发展。

其二，权力是区域合作的根本驱动力。在传统现实主义者眼中，国家寻求自身国家利益和权力的最大化是无可厚非的，其权力较量的最终形式必然是冲突或战争，但是在长期的国际政治实践过程中，一个国家（即便是一个大国或强国）的实力对比不可能在任何时候都处于优势地位，而且对于那些小国或弱国而言，其本身亦是无法与大国或强国进行直接对抗的，所以说，在一个特定的阶段或时期，尤其是在一个区域内的一些国家之间会形成权力相对均衡的态势。当出现这种情况时，“联盟”政策就是当事国家所倾向采取的主要外交政策之一。这种联盟政策实质上就是一种区域合作政策，是联盟中各个成员国家之间在国家利益相对一致的情况下所采取的一种“权力聚集”现象，所以说，一个区域内的国家之间采取区域合作政策的根本驱动力还是基于权力的考虑。

---

① ［美］汉斯·摩根索著，肯尼斯·汤普森等修订：《国家间政治：权力斗争与和平》，徐昕等译，北京大学出版社 2006 年版，译序第 5 页。

② 同上书，第 36 页。

③ 秦亚青：《权力政治与结构选择——现实主义与新现实主义评析》，秦亚青：《权力·制度·文化》，北京大学出版社 2005 年版，第 30 页。

其三，区域合作是零星的、相对的和暂时的。鉴于权力是区域合作的根本驱动力，而国际政治舞台上的国家权力又处在一个不断变化发展的过程中，所以当联盟成员国之间的权力对比不再均衡、利益不再一致的时候，或是当联盟无法保证和实现对成员国家的国家利益所做出的承诺的时候，维系联盟政策的根本动因就消失了，区域合作也就不复存在了，区域斗争或冲突又重新成为这些国家的主要互动形式。也就是说，区域合作并不是一个普遍的国际政治现象，而且对于国家来说，区域合作也不像权力和利益那样是绝对的和永恒的变量，而只是一个相对的、暂时的变量。

其四，国际社会现有的国际法律条约并不一定能够保障区域合作的顺利实现。近现代国际体系的一个显著特点就是国际法律体系的建立和完善，国际法被认为可以通过规定国与国之间的相互权利和义务，推动国家之间进行协调、合作，而不是斗争，从而对国家的对外行为，尤其是权力斗争，进行一定程度的限制。① 与此同时，由于威斯特伐利亚体系建立以来的国际政治的主体是主权国家，而它们并不承认任何世俗权力能够超越它们之上，这种无政府状态使得国际社会中并不存在一个制定国际法和强制执行国际法的世界性权力机构，使得国际法成为一种“软法”，具有根深蒂固的分散性，这就使得国际法推动区域合作的能力和效果大打折扣。不仅如此，国际法还容易被一些超级大国所利用，成为实现其自身权力和国家利益最大化的一种工具和手段，这样一来，区域合作就更加难以实现。总的说来，传统现实主义理论关于区域合作的观点是悲观的，在一个区域范围内的一群国家之间的关系更多的是竞争、冲突，甚至战争，合作是脆弱的，而且是实现权力的工具，区域合作并不是国际政治的必要内容，将国家利益寄托在区域合作上是危险的。②

二　新现实主义区域合作理论

传统现实主义理论成功地将国际政治理论的研究对象从“国际政治应当是什么”转移到“国际政治是什么”上，并从国际政治的现实问题出发建立了相应的理论。但是，汉斯·摩根索等学者在寻求构建国际政治

① ［美］汉斯·摩根索著，肯尼斯·汤普森等修订：《国家间政治：权力斗争与和平》，徐昕等译，北京大学出版社 2006 年版，第 311 页。

② 宋秀琚：《国际合作理论：批判与建构》，世界知识出版社 2006 年版，第 135 页。

理论的过程中，将“解释外交政策问题与发展国际政治理论的问题相混淆”，错误地认为“理论是关于事实的解释”，“积累越来越多的资料，研究越来越多的事例，就越有可能获得真理，找到解释模式”①。事实证明，传统现实主义理论的这种归纳主义理论建构方法是错误的，它所展示的只是国际政治的“理论碎片，而不是总体理论全貌”②。肯尼斯·华尔兹等学者在批判性地继承传统现实主义理论的核心观点的基础之上，借鉴行为主义和实证主义的研究方法，建立了一套新现实主义理论，它“不是阐述一种新的理论，而是使现实主义理论更加系统化，即为现实主义提供一个更加坚实的理论基础”③。概括来讲，肯尼斯·华尔兹的新现实主义理论主要有以下几个主要观点：

其一，国际政治的最初推动力是无政府性，即“不存在任何凌驾于国家之上的国际权威或世界政府”④。肯尼斯·华尔兹认为，科学意义上的理论需要建构在可以被检验和执行的价值判断的基础之上，其理论假设必须“客观、精确、确定和可测量”⑤。从这个意义上讲，传统现实主义将人性作为国际政治理论的起点是无法被验证和操作执行的，这样的理论起点不够精确、稳定，因富有弹性而可以被随意解释。在此基础之上，肯尼斯·华尔兹将目光转移到具有行为主义特征的、可以通过整体来解释事物本身的系统理论上，提出建立国际政治领域里的系统理论，即通过国际层面的因素来解释国家的行为及其互动关系⑥，从而对国际政治系统中的各种事物做出准确的解释与预测。在论证国家政治系统的过程中，肯尼斯·华尔兹认为，国际政治与国内政治的最大不同在于各自系统中的主要构成单位之间的关系不同，国内政治系统的主要构成单位的功能不相同，彼此之间是从属关系，“最高权力集中在社会最高权威手中”，因而属于等级制或集权制；而国际政治系统的主要构成单位（即民族国家）的功

---

① 秦治来编著：《国际政治学简明教程》，浙江人民出版社2006年版，第126页。

② Kenneth N. Waltz, “Realist Thought and Neo-realist Theory,” *Journal of International Affairs*, 1990, 44 (1): 25-26.

③ Joseph Nye, “Neorealism and Neoliberalism,” *World Politics*, 1988, 40 (2): 235-251.

④ 秦亚青：《西方国际关系学的现实主义与新现实主义理论》，《外交学院学报》1996年第2期。

⑤ ［美］肯尼斯·华尔兹：《国际政治理论》，信强译，上海世纪出版集团2008年版，评介第III页。

⑥ 秦治来编著：《国际政治学简明教程》，浙江人民出版社2006年版，第126页。

能具有同一性，彼此之间的关系是平等的，差别在于能力的大小，不存在以实力为基础的、具有系统范围内权威的、合法的超国家机构或世界政府，因而是分权的、无政府的，或者可以被称为“没有政府的政治”。不过，需要注意的是，无政府性并不代表着“无秩序”，总而言之，无政府性不仅是国际政治客观存在的根本事实①，“只要民族国家体系存在，无政府性就是这个体系最显著的特征”②。与此同时，无政府性也是国际政治理论最为重要的核心理论假设，目前国内外国际政治学界几乎所有的理论建构都是以这个假设作为逻辑起点的。

其二，民族国家仍然是国际政治的核心行为体。传统现实主义理论所坚持的“民族国家中心论”的观点在20世纪六七十年代开始受到挑战。有越来越多的学者认为，一方面，民族国家并不是国际政治舞台上唯一的重要行为体；另一方面，民族国家在国际政治舞台上的重要性正在不断降低，而其他非国家行为体的重要性正在不断上升，民族国家越来越难以控制这些非国家行为体。面对这些质疑，肯尼斯·华尔兹并未简单地重复传统现实主义理论的论调，而是从系统理论的视角对民族国家的中心地位进行了论证。具体来说，肯尼斯·华尔兹认为，国际政治系统由国际结构和互动的国际政治单元构成，其中，国际结构是由某一时期所存在的主要国际政治行为体——无论是城邦、王朝、帝国，还是民族国家——定义的，而不是由所有的国际政治行为体来定义的。也就是说，肯尼斯·华尔兹只是从构成国际政治系统的“无穷多的个体中选取某一个或几个主要行为体，然后根据它们来定义系统结构”③，这样看来，新现实主义理论既没有承认民族国家的唯一行为体地位，也没有否定其他非国家行为体在国际政治舞台上所发挥的相关作用力和影响力。自从威斯特伐利亚体系建立以来，民族国家一直就是国际政治的主要行为体。从目前来看，在未来很长一段时期内，非国家行为体的作用和影响将会持续加大，可能会在一定程度上赶上某些小国的地位和作用，但是它们仍然无法与大国相匹敌，或是

① Robert Art, Robert Jervis, *International Politics*, 2nd ed. (Boston: Little Brown, 1986), p. 7.

② 秦亚青：《国际体系的无政府性——读温特〈国际政治的社会理论〉》，《美国研究》2001年第2期。

③ ［美］肯尼斯·华尔兹：《国际政治理论》，信强译，上海世纪出版集团2008年版，第99页。

超越大国。与此同时，民族国家也不会任由非国家行为体“稀释”自己的权力，而是会通过不断增加国家行为的频率和强度来“自主决定如何应对所处的环境以实现自己的目标”[①]，这将是一股强劲而又惊人的国际趋势，所以说，民族国家，尤其是大国仍然将担负着构成国际政治系统结构单位的角色。

其三，安全是民族国家的最高目标和最大国家利益。新现实主义理论认为无政府状态下民族国家之间的冲突无法用国内政治中的权威方式来解决，而只能依靠各个民族国家自己解决，这就决定了国际政治体系是一个“自助体系”。这种自助体系要求每一个民族国家只有依靠不断增强国力来维护自己的生存利益，而一国实力的增强会引起其他国家的怀疑，会被视为威胁，于是，其他国家也会不断增强自身的实力。这样一来，就会形成一种竞相增强实力的竞赛，从而导致安全困境的形成。[②] 从安全困境的形成过程来看，某一国拥有最大的权力不一定会带来国家的安全。不过，如果一国拥有过小的权力，则很有可能会被其他拥有较大权力的国家所利用，甚至被牺牲掉自身的利益。所以说，权力并不是国家的最高目标和国家利益所在，安全才是一国的最大国家利益，一国无法为了实现权力最大化而冒失去国家安全的风险，除非一国不想作为一个政治实体继续存在。安全利益构成其他一切物质性利益的基础，其中，国家生存是安全利益中的重中之重，是实现国家任何目标的前提，[③] 而权力则是实现国家安全，保障国家生存的最主要、最可靠的手段。特别是，相对权力比绝对权力更为重要，更应受到重视，[④] 这是因为在无政府状态下，无论是国际政治谈判，还是国际事件的解决，最终都取决于国家之间相对实力的分配状况，国家相对实力分配的变化会引起国家在整个国际政治系统中国际地位的变化，从而影响国家的安全利益。

通过对新现实主义理论的论述，我们可以总结出其关于区域合作的一

---

① ［美］肯尼斯·华尔兹：《国际政治理论》，信强译，上海世纪出版集团2008年版，第103页。

② 秦亚青：《西方国际关系学的现实主义与新现实主义理论》，《外交学院学报》1996年第2期。

③ ［美］肯尼斯·华尔兹：《国际政治理论》，信强译，上海世纪出版集团2008年版，第97页。

④ 宋伟：《国际关系理论——从政治思想到社会科学》，上海教育出版社2011年版，第93页。

些观点和看法，概括起来主要有以下三点：

其一，无政府状态下的区域合作空间是很大的。相比传统现实主义基于人性假设的权力所具有的排他性，区域合作与权力实现是相对立的，而新现实主义理论的无政府性假设给予了实现区域合作更大的可能性，认为“安全是可以进行分享的”①，合作与安全不相冲突，如果某种程度的区域合作是维护一国安全所必需的，那么这种合作就是国家可能采取的行为选项。在这个意义上，尽管新现实主义强调权力手段是维护国家安全利益的最可靠的手段，但是其并未排斥国际制度所能发挥的部分作用，在一定的区域范围内，国家也可能会通过国际制度下的区域合作手段来实现和维持国家安全利益。不过，这种国际制度并不牢靠，不能长期维持下去，这是因为无政府状态下的国家自助体系对国际制度存在的外在环境构成一定程度的影响。也就是说，“在自助体系内，规则、制度以及合作模式的发展，不但在广度上受到了限制，而且在方式上受到了约束，否则，它们的发展将会是另外一番景象”②。所以说，新现实主义提供了实现区域合作的很大空间，关键要看区域合作是否能够给一国带来安全。

其二，国际系统结构也会给区域合作带来障碍。新现实主义理论又叫“结构现实主义理论”，强调“基于国家之间的实力分配”的、具有一定自主性和独立性的国际系统结构决定国家行为及其相互之间的关系，主要表现为国际系统结构奖励那些遵循国际系统结构要求的、顺应国际系统结构规律的行为，惩罚那些违反国际系统结构要求的、破坏国际系统结构规律的行为。③ 国际系统结构限制区域合作的第一种方式是“对相对受益的关注”，即区域内的不同国家之间面对共同利益而开展区域合作活动时，都会关心“如何对共同收益进行分配”的问题，也就是“谁将获益更多”的问题。如果一国获得相对较少的分配收益，就会不自觉地担心对方国家利用所获得的更多的分配收益来增强其国家实力，从而加大两国之间的相对实力差距，从而威胁本国的安全。这样的前景会促使获得收益较少的国家拒绝采取区域合作行为。国际系统结构限制区域合作的第二种方式是

① 宋秀琚：《国际合作理论：批判与建构》，世界知识出版社 2006 年版，第 138 页。

② ［美］罗伯特·基欧汉主编：《新现实主义及其批判》，郭树勇译，北京大学出版社 2002 年版，第 307 页。

③ ［美］肯尼斯·华尔兹：《国际政治理论》，信强译，上海世纪出版集团 2008 年版，第 113 页。

“一国担心由于合作的开展以及商品和服务的交换而变得依附于他国”[①]。随着整个世界专业化分工程度越来越高，国与国之间的相互依赖程度也在不断提升，对于有些国家来说这可能是利好，但对一些资源不足的小国来说，这样的成本、代价和风险都相对太高。这些国家就会倾向于不参与区域合作，或者减少区域合作的频度和程度，从而减少相互依赖的程度。

其三，霸权有利于区域合作的实现。新现实主义理论认为，国际政治系统是由民族国家这样的单元组成的，而民族国家的差别主要在于能力的大小和强弱，因而大国和强国就成为建立和维持国际政治系统的决定性力量。[②] 此外，由于国际社会中并不存在类似于国内社会中所具有的“强制性的中央权威”，但是可以存在一个具有绝对主导作用的霸权国家，这个作为“建立和维持国际政治系统的决定性力量”的霸权国家可以为稳定国际政治系统提供必要的“国际公共物品”，如安全、经济稳定、合作以及和平等。[③] 也就是说，霸权国家的实力越强大，国际政治系统就越稳定，依附于国际政治系统而产生的国际制度的力量就越大，而国际制度对于区域合作来说是一个重要的条件和平台。因此，在存在霸权国家的情况下，一个区域内各个国家之间建立并维持区域合作的可能性就越大。而随着霸权国家实力的不断下降，其他国家与霸权国家之间的实力差距不断缩小，国际机制的力量就不断下降，而区域合作也就失去了基本的制度保障条件，趋于弱化，甚至消失。[④] 这样一种建立在权力基础上的区域合作理论是新现实主义理论对于区域合作理论的重要贡献之一。既然霸权是影响区域合作的一个重要条件，那么霸权究竟是通过何种方式影响区域合作的呢？宋秀琚博士在《国际合作理论：批判与建构》中将其分为两种方式：[⑤] 一是善意的霸权区域合作方式，即霸权国为国际社会提供并带头遵守国际机制，同时自愿提供国际公共物品，其他非霸权国有选择参与区域合作或是不参与区域合作的权利，并且非霸权国在选择参与区域合作的时

① ［美］肯尼斯·华尔兹：《国际政治理论》，信强译，上海世纪出版集团2008年版，第112页。

② 夏安凌、黄真：《论新现实主义的国际合作理论》，《教学与研究》2006年第11期。

③ ［美］罗伯特·基欧汉：《霸权之后：世界政治经济中的合作与纷争》，苏长和等译，上海人民出版社2006年版，第36页。

④ 宋伟：《国际关系理论——从政治思想到社会科学》，上海教育出版社2011年版，第114—115页。

⑤ 宋秀琚：《国际合作理论：批判与建构》，世界知识出版社2006年版，第144—145页。

候，也可以不用付出任何代价，霸权国容忍其“搭便车”行为；二是恶意的霸权区域合作方式，即霸权国为了防止“搭便车”行为的发生，建立有利于自己的国际机制，并强制其他非霸权国参与这个国际机制，这种强制性的区域合作是不公平的，不仅表现在区域合作地位的不公平上，还表现在分配收益的不公平上。通过这两种方式，区域合作的实现具有了更大的现实可能性。

三　理想主义区域合作理论

理想主义理论是自由主义理论在国际政治领域的“传承者”，而阿尔弗雷德·齐默恩（Alfred Zimmern）和托马斯·伍德罗·威尔逊（Thomas Woodrow Wilson）是理想主义理论的主要代表人物。在人性观上，齐默恩反对传统现实主义理论关于人性恶的假设，认为人性是矛盾的，无所谓善与恶，或者说既可能存在恶的一面，也可能存在善的一面，关键是后天的教育，因为人性是随着环境和教育的不断变化而变化的，通过后天的教育和学习，可以逐渐减少和控制人类身上恶的一面，不断增加人类身上善的一面。[①] 在战争与和平问题上，齐默恩认为，旨在“通过自由贸易来实现世界和平”的科布登学派（Cobdenite School）并没有阻止一战的爆发，而以国际法和社会意识为基础的国际联盟是控制国际政治无政府状态，消除战争，实现世界和平的有效途径。这是因为国家之间发生冲突或战争并不是因为人性本恶，而是因为人类的“无知”，只有当通过后天教育和学习之后，人们的基本素质才会提高。而作为人类集合体的国家才会增加相互之间的理解和认识，建立一种“共同接受的观念和行为准则”，从而抑制国际政治中无政府状态所带来的负面影响。在齐默恩看来，“被国家所认可的”国际法就是这种为国家提供的“最低行为底线”[②]，光有国际法还不行，还必须存在一种社会意识，这种社会意识能够“在国际事务中找到集体所遵守的准则（即国际法）”[③]，使国家对国际法形成一种发自内

---

① Paul Rich, “Reinventing Peace: David Davies, Alfred Zimmern and Liberal Internationalism in Interwar Britain,” *International Relations*, 2002, 16 (1): 123.

② Alfred Zimmern, “The Decline of International Standards,” *International Affairs* (Royal Institute of International Affairs, 1931-1939), 1938, 17 (1): 3-31.

③ Alfred Zimmern, “International Law and Social Consciousness,” *Transactions of the Grotius Society*, 1934, 20: 25-44.

心的尊重精神，从而使国际法真正能够被遵守、认可和执行。由于国际政治没有一个共同权威来执行国际法的基本原则，齐默恩将目光聚焦到国际联盟身上，认为它是一个“在现有国家主权与国际秩序之间找到平衡，以求各国追求其权益的同时不至于影响整体的稳定”① 的理想的实践国际法基本原则的国际机构。一方面，国际联盟是当时主权国家之间进行国际合作的主要平台，能够相对容易地获得主权国家的现实支持；另一方面，国际联盟的主要内容，如“和平解决争端、裁减军备以及集体安全”等②，能够最大限度地反映国际法的基本原则。尽管国际联盟最终也未能阻止二战的爆发，但齐默恩认为，其根本原因并不在国际联盟本身上面，而是因为其成员国，尤其是主要大国未能遵守其核心条款（尤以集体安全为主）。总的说来，齐默恩对国际政治的乐观态度，让人们意识到国家之间的战争并非是不能避免的，而是可以通过设计一个具体而又可行的路径来实现世界和平的。

20世纪初，与齐默恩齐名的理想主义代表人物还有威尔逊，他被称为“理想主义理论的集大成者”，曾经有人将他的观点总结为“威尔逊主义”，他的主要观点蕴含在他在1918年的国会演讲“十四点计划”③

---

① Alfred Zimmern, “Liberty, Democracy and the Movement towards World Order,” by Geneva Institute of International Studies (London: George Allen & Unwin Ltd, 1936), 1936: 147. 转引自李冈原、王黎《历史学家视野中的国际关系——论齐默恩关于国际社会建构思想》，《浙江学刊》2011年第4期。

② H. Lauterpacht, “International Law after the Covenant,” *Anarchy or World Order*, 1936: 283-286. 转引自李冈原、王黎《历史学家视野中的国际关系——论齐默恩关于国际社会建构思想》，《浙江学刊》2011年第4期。

③ 1918年1月8日，威尔逊在国会参众两院联席会议上发表了著名的演说，该演说内容被后来的学者称为“十四点计划”。其主要内容是：其一，签订公开和约，反对秘密外交；其二，除领海外，保证海上航行绝对自由（和平时与战时都如此）；其三，取消国家之间的一切经济壁垒；其四，各国裁减军备，以保证国内安全为最低限度；其五，公正处理殖民地问题，让殖民地的居民和政府有更多的选择权利和自决权利；其六，退还德国占领的俄国领土；其七，德国完全退还比利时的被占领土；其八，完全恢复法国的领土自由，阿尔萨斯和洛林归还法国；其九，根据民族分布情况调整意大利疆界；其十，允许奥匈帝国境内各民族自治；其十一，罗马尼亚、塞尔维亚和门的内哥罗的领土予以恢复，保障巴尔干地区各国的政治经济自由；其十二，土耳其统治下的主体民族有在“自治”的基础上不受干扰的发展机会，达达尼尔海峡在国际保证下永远开放为自由航道；其十三，重建独立的拥有出海口的波兰，以国际条约保证其政治经济独立和领土完整；其十四，根据旨在国家不分大小、相互保证政治独立和领土完整的特别盟约，设立国际联合机构。参见百度百科“十四点计划”词条，http://baike.baidu.com/link?url=OeK-Dtx61DGLim85EC5VNKEHQGAPuD1RvzHAQ7Ae5TL1GBV3lx3KGxpMb4BIMiXrW。

里面：

其一，重视道德在国际政治中的作用和影响。威尔逊深受基督信仰和基督教教义的影响，认为“只要心系上帝，遵循基督教教义”，人性中的恶是可以被改造的。国家也是如此，国家之间也可以通过不断相互了解和认知来摒弃相互冲突的一面，共同坚持崇高的道德原则和伦理标准，从而实现世界和平。从一定程度上讲，威尔逊第一次明确地将其道德目标和道德判断纳入美国的外交政策和外交安排中，而且还积极组织道德力量去维护这些外交政策和安排，最终使美国所信奉的公正与正义成为世界上占主导地位的控制力量。[①] 威尔逊的道德观打破了近代国际政治体系建立形成的被大多数国家所认可的传统外交观点，即“国与国之间的交往只存在物质利益上的冲突，并不存在孰优孰劣的价值冲突，没有一个国家试图把自己的道德标准加于另一个国家”[②] 之上。不过，在这里需要强调的是，威尔逊的国际道德充满了“美国的优越感和特殊使命感”，是美国的价值观和道德原则的国际延伸，因此，它并不是真正意义上的普世道德价值，只能称之为“美国式的道德原则”。

其二，通过建立以集体安全为基础的多边性国际组织以避免战争。基于人性可以进行自我完善的假设，威尔逊认为，可以通过建立一种相对完善的、国家利益得到有效调解的普遍性国际组织来尽可能地永久避免战争，这种国际组织就是国际联盟。它建立在所有主权国家平等和公平的基础上，建立在所有主权国家的共同利益基础之上，是一个能够让有关国家充分表达自己的意见并发泄自己不满的平台，[③] 是一种任何单个主权国家或国家联盟都无法挑战的、具有强大约束力的国际组织。通过建立国际联盟，“权力将臣服于道德之下，武力将受民意指挥”[④]，破坏和平者将会受到所有成员国的集体惩罚，集体安全机制得以建立并得到执行，从而不断增加各个国家之间的合作意愿和能力，避免战争的爆发。

通过以上关于齐默恩和威尔逊主要理论观点的梳理，我们可以将理想

---

① Arthur Link, *The Papers of Woodrow Wilson* (New Jersey: Princeton University Press), Vol. 53, 1986: 523. 转引自付强《托马斯·伍德罗·威尔逊的政治伦理思想评述》，《华北水利水电学院学报》（社会科学版）2013 年第 3 期。

② 俞沂暄：《国际秩序转变背景下的威尔逊主义：起源、政策和影响》，复旦大学 2003 年博士学位论文。

③ 秦治来编著：《国际政治学简明教程》，浙江人民出版社 2006 年版，第 75 页。

④ 姜秀敏：《威尔逊的理想主义述评》，《东北大学学报》（社会科学版）2006 年第 1 期。

主义理论关于区域合作的观点总结为以下几点：

其一，区域合作不仅是可能的，而且其未来前景是乐观的。理想主义理论认为，人类是一种理性动物，这种理性会促使采取各种方法抑制自己人性中恶的部分，发扬自己人性中善的部分。这样一来，人与人之间就会保持和谐的关系。作为人类集合体的国家也是如此。一个区域范围内国家之间的冲突或战争不是因为国家本质上是一个权力欲望很强的、好战的行为体，而是因为区域国家没有意识到区域国家之间的和谐关系会给国家带来更大的利益，这就需要国际道德的建立及约束。有了国际道德的强制约束，就算是国家之间存在利益冲突，也是可以用战争以外的和平方式来解决，使国家之间持续保持合作关系。

其二，国际制度是实现区域合作的有效途径。既然区域合作是大有可能的，那么就需要建立一个合适的载体来保证区域合作的顺利实现，在理想主义者眼中，这个载体就是国际制度（现实中主要体现为国际联盟及其附带条约规定），由于国际社会没有一个中心权力机构来行使权威，这就要求国家之间建立一种能够以强力来约束国家之间行为的国际法律规则，这种国际法律规则不是形同虚设的，而是得到国家认可的，具有惩罚性的。一旦某些国家——无论是大国，还是小国——破坏了这些国际法律规则，那就必须受到国际制度中其他国家的一致惩罚，一直到其重新遵守这些国际法律规则为止。通过国际制度的强制约束力，区域合作就能逐渐成为区域内理性国家的主要互动方式，成为区域社会通往和平与繁荣的必由之路。

四　新自由制度主义区域合作理论

新自由制度主义理论是自由主义国际政治理论在20世纪80年代的新发展，既是对理想主义理论的批判性继承和选择性发展，也是在与新现实主义理论的“第二次国际政治理论大辩论”中脱颖而出的，其主要代表人物是罗伯特·基欧汉（Robert O. Keohane）、戴维·鲍德温（David A. Baldwin）等学者。从20世纪80年代起，新自由制度主义者陆续出版了一系列代表性著作和文集，罗伯特·基欧汉1984年出版的《霸权之后》是新自由制度主义理论的第一本重要著作。罗伯特·阿克塞尔罗德在同一年出版的《合作的进化》从社会生物学视角，利用计算机仿真模型对国际政治中合作行为的发生及持续原因进行了解释。1986年出版的两本论文集《无政府状态下的合作》和《新现实主义及其批判》收录了当时很多著名国际政治学者的文章，前者集中探讨了无政府状态下合作的可能性及其条件，后者从对新现实主义的批判中提出新自由制度主义理论的基本观点，这表明新自由制度主义理论开始朝国际政治主流理论迈进。在这之后，《国际制度与国家权力》（1989）、《国家为什么合作：国际关系中的条件与选择》（1990）、《国际关系理论论争：现实主义与自由主义的挑战》（1990）、《新现实主义与新自由主义》（1993）四本具有代表性的著作相继出版，使新自由制度主义理论构建形成了“一套结构相对严谨、思辨性比较深刻的”理论体系[①]，从而奠定了新自由制度主义理论在西方国际政治理论中的主导地位。

新自由制度主义理论是在与新现实主义理论的争辩中逐渐建立并发展起来的，但是，它并未完全否定新现实主义理论，在某些基本理论假设上与新现实主义理论保持着一致，不过却得出了与新现实主义理论完全不同的结论。[②]

其一，新自由制度主义理论也承认国际政治的无政府状态假设，但并不认为无政府状态就一定会导致国家自助体系的循环发生，从而导致权力和利益的根本冲突，而是认为在无政府状态下的国际政治现实实践中，可以存在多种形式的国家互动模式，既可以有国家间的冲突，也可以有国家间的合作，一些国家“的确在无政府状态下通过合作实现了共同的目标”，而且是在“没有任何最高的国际权威”的情况下。[③] 在全球化产生之前或者产生初期，在跨国联系还没有发展到能够影响民族国家利益的时候，国家之间的冲突可能会占主导地位，但是在全球化深入发展的今天，在“复合相互依赖”[④] 截然不同的国际政治经济图景下，相比冲突而言，合作已经成为国家的主要行为选项。

其二，国际政治行为体是多元的。新自由制度主义理论认为，随着跨国联系的日益增加，已经有越来越多的非国家行为体可以通过非政府间关

---

① 秦亚青：《国际制度与国际合作——反思新自由制度主义》，秦亚青：《权力·制度·文化》，北京大学出版社 2005 年版，第 93 页。

② 秦亚青：《国际制度与国际合作——反思新自由制度主义》，《外交学院学报》1998 年第 1 期。

③ ［美］肯尼斯·奥耶：《解释无政府状态下的合作：假说与战略》，肯尼斯·奥耶主编：《无政府状态下的合作》，田野等译，上海世纪出版社 2010 年版，第 3—4 页。

④ ［美］罗伯特·基欧汉、约瑟夫·奈：《权力与相互依赖》，门洪华译，北京大学出版社 2002 年版，第 41 页。

系渠道影响民族国家的内政与外交，甚至出现了一种“有目的地反对或影响国家外交政策的自治性或半自治性行为体”①，在这个意义上，应重视非国家行为体，将其纳入国际政治理论研究中。当然，新自由制度主义理论并没有否认“民族国家是国际政治的主要的行为体”这一新现实主义理论的主要论断，只不过认为民族国家在国际政治舞台上的主体地位和主导作用正在下降和减弱。

其三，民族国家是理性的行为体，以实现国家利益的最大化为主要目标。新自由制度主义理论认为，民族国家的“理性”特征要求国家“以最小的成本或代价获取最大的利益”，而不是像新现实主义理论所说的那样，在任何环境下都要以权力手段实现国家利益的最大化，特别是对于旗鼓相当的两个国家而言。即便是两国之间存在着根本的利益冲突，但在当前“复合相互依赖”的国际政治现实下，采取冲突或战争的方式来解决这一问题并不是“理性”的选择，因为这会给双方国家带来巨大的、难以估量的损失和代价，和通过战争所获得的收益相比，可能并不会真正获益多少，而“合作方式则可能是成本效益较高的实现国家利益的方式”，因此，在当前的“复合相互依赖”的国际政治现实下，合作而不是冲突将是国际政治的实质。②

通过以上对新自由制度主义基本理论假设的分析，我们可以看出，新自由制度主义理论在本质上并不是对新现实主义理论的一种替换或取代，而是像罗伯特·基欧汉所说的那样，“我们无意摧毁现实主义，而是对它加以补充，使之包含在更为宽泛的理论框架中”③，这种宽泛的理论框架既包含对权力结构的关注，也包含对国际系统进程制度性变化的关注。所以说，在新自由制度主义者看来，影响国际政治的因素不仅有权力因素，还包括国际制度因素④，特别是在对新现实主义“霸权合作论”的批判基础上，新

---

① 白云真、李开盛：《国际关系理论流派概论》，浙江人民出版社 2009 年版，第 78 页。

② Robert O. Keohane, "The Demand for International Regimes," *International Organization*, 1982, 36 (2): 325-355. 转引自秦亚青《国际制度与国际合作——反思新自由制度主义》，《外交学院学报》1998 年第 1 期。

③ ［美］罗伯特·基欧汉、约瑟夫·奈：《权力与相互依赖》，门洪华译，北京大学出版社 2002 年版，第 322 页。

④ 国际制度是指在国际政治的议题领域中所形成的一系列隐含的或明确的原则、规范、规则以及决策程序，参见 Stephen D. Krasner, ed., *International Regimes* Ithaca: Cornell University Press, 1983, p. 2.

自由制度主义提出，虽然确保国家之间进行合作的国际制度主要是在霸权国家的领导下建立起来的，但是霸权国家的衰落并不会必然导致国际制度的崩溃，[①] 因为国际制度具有一定的相对独立性和自主性，"后霸权时代"大量存在的国际制度为合作创造了更为有利的制度化环境。如果没有这些国际制度，合作机会将变得更为困难，而且，对现有国际制度危机进行化解总比创建新的国际制度更容易些，[②] 所以说，"后霸权时代"的合作不仅是可能的，而且对于国际政治的和平与繁荣具有重要的意义和价值。

既然通过国际制度可以促进合作的发生及发展，那么新自由制度主义理论关于区域合作的观点具体包括哪些内容呢？下面，笔者将进行详细论述。

其一，区域合作的内涵得到重新界定。区域合作是指对那些处于区域不和谐状态中的区域国家之间的政策进行"操纵性调整"（主要是谈判和协商）或"适应性调整"（单方面主动改变或服从），[③] 使区域国家相互之间的政策偏好趋于"一致"。当"一国政府遵从的政策被另外国家的政府视为能够促进它们自己目标的相互认识的时候"，[④] 区域合作行为就发生了。区域纷争是指各个国家将彼此的政策视为对自己的目标实现的一种障碍，当采取相关措施后，仍然无法解决，区域纷争就发生了。区域合作与区域纷争也不是截然分开的，是"混合在一起的"，区域合作并不意味着没有区域纷争，应当被视为对区域纷争或潜在的区域纷争的反应，[⑤] 区域纷争并不意味着不存在区域合作，因为区域纷争只是暂时的，最终还是要达成一定程度的区域合作的。

其二，国家对绝对获益的强调和关注，使得区域合作成为现实。新自由制度主义理论认为，在无政府状态下的国际政治中，各个国家只关心它们自己的绝对获益，并不关心其他国家获益多少，特别是并不像新现实主义理论那样强调相对获益的重要性及其对国家行为的作用、效果及预期，

---

① 苏长和：《解读〈霸权之后〉——基欧汉与国际关系理论中的新自由制度主义》，《美国研究》2001 年第 1 期。

② ［美］罗伯特·基欧汉：《霸权之后：世界政治经济中的合作与纷争》，苏长和等译，上海人民出版社 2006 年版，第 236 页。

③ Charles Lindblom, *The Intelligence of Democracy* (New York: The Free Press, 1965), pp. 33-34.

④ ［美］罗伯特·基欧汉：《霸权之后：世界政治经济中的合作与纷争》，苏长和等译，上海人民出版社 2006 年版，第 52 页。

⑤ 同上书，第 53—54 页。

也并不认为“相对获益就一定能够及时转化为本国（权力）优势，并使其他国家处于（权力）劣势地位”。尽管国家之间存在着不同程度的利益冲突，但是在绝对获益的动机驱使下，国家还是会寻求一种有效的方式或制度，“使国家放弃各自的帕累托最优战略，转而选择集体最佳结果”[①]，即都取得各自利益，只存在利益多少的问题。新自由制度主义理论对绝对获益的关注和强调，使在无政府状态下区域范围内的各个国家之间采取区域合作行为的可能性变得越来越大，区域合作的前景也更加乐观。

其三，无政府状态下的区域合作不仅是可能的，而且是很有必要的。新自由制度主义理论认为，无政府状态下的区域合作是必要的，因为在复合相互依赖时代，跨国联系日益密切，国与国之间的互动联系也越来越频繁，相互影响力也越来越突出，一国的国家利益不可避免地会受到区域内其他国家不可预料的变化的负面影响，为了最大限度地降低这种“外在危害”，区域内不同国家之间就需要就相互之间的政策做出一定的协商和调整，这就是区域合作的具体体现。实现这种区域合作主要有两个途径：[②] 一是在霸权国存在的情况下，由霸权国采取一定的措施，或从中协商，或建立一定的区域性国际制度进行区域合作。二是在后霸权国时代，就需要在那些对区域内共同议题特别关心的各个国家之间通过一定的（无论是既定存在的，还是新创建的）国际制度进行区域合作。相比第一个途径来说，这个途径是较为困难的，但是只要这些区域范围内的国家之间存在一定的共同利益，并且能够真正意识到这些共同利益足够重要，[③] 那么，就会有区域合作的潜在可能性和必要性。

其四，国际制度对区域合作的积极推动是显而易见的。在国际政治实践过程中，存在着大量的以“囚徒困境”为主要代表的“混合动机博弈”[④]情况。在博弈过程中，尽管区域内国家之间存在着一定的共同利益或利益

① ［美］罗伯特·基欧汉：《局部全球化世界中的自由主义、权力与治理》，门洪华译，北京大学出版社 2004 年版，第 329 页。

② ［美］罗伯特·基欧汉：《霸权之后：世界政治经济中的合作与纷争》，苏长和等译，上海人民出版社 2006 年版，第 235—236 页。

③ 同上书，第 50 页。

④ 混合动机博弈，既不是完全冲突博弈，也不是完全合作博弈，通俗来讲是指两个博弈者可以通过相互的合作获得收益，但是每一个博弈者也可以从欺骗对方的行为中获得比其他博弈者更多的收益。参见 Thomas C. Schelling, *The Strategy of Conflict* (Cambridge: Harvard University Press, 1960), p. 89.

聚合，但是仍然因为信息不对称或沟通不通畅等障碍性问题而未能进行区域合作，反而会发生一定程度的区域冲突，这也是国际政治现实中“纷争盛行而合作稀少”的主要原因所在。[①] 新自由制度理论认为，国际制度具有权威性、制约性和关联性的特征，能够有效解决“囚徒困境”所面临的区域合作困难。一方面，国际制度具有权威性，国际制度虽然不像国内社会中的法律那样具有高度的约束力，但也是国际社会中的相关成员国所认可的规则，因此具有权威性。当一个国家在某个领域对另一个国家采取违反国际制度的具体行为的时候，这种具体行为不会被视为一个“孤立的行为”，国际制度会将其与未来联系在一起。也就是说，用“其他国家不再与不合作者进行再次合作”的“未来惩罚”制裁现在的不合作行为，如果这种未来的影响足够大的话，那么目前的不合作行为所付出的代价将会超过其眼前的获益。[②] 这样一来，国际制度的权威性能够使得国家放弃通过不合作行为而获得的一次性的、短期的收益机会，使其采取合作行为，以获得多次的、长远的收益机会。[③] 另一方面，国际制度具有制约性，对于那些故意违反国际制度的不合作行为，国际制度就会采取惩罚手段，以使“违规者”在以后的互动和交往中不再采取不合作的违规行为。当然，这种惩罚手段并不是武力或以武力相威胁，而是提高该国在国际政治活动中的“交易成本”，使其最终无法承受，从而使其重新回到合作的轨道上来。[④] 还有一个值得注意的现象就是，国际政治中的一些不合作行为并非当事行为体“故意为之”，而是由于互动双方因为各自获得信息的能力存在差别而造成信息不对称和不确定性加强，使得互动双方无法充分认识到彼此之间的共同利益所在，从而阻碍合作行为的发生。对于这种情况，国际制度可以通过向互动双方“提供可靠的、高质量的信息”，使得双方能够充分了解彼此之间的实际情况和准确意图，从而降低双方的交易成本，最终推动合作行为的发生。[⑤] 通过以上论述，可以看出，在复杂相

---

① ［美］罗伯特·基欧汉：《霸权之后：世界政治经济中的合作与纷争》，苏长和等译，上海人民出版社 2006 年版，第 68—70 页。

② ［美］罗伯特·鲍威尔：《国际关系理论中的绝对获益和相对获益》，［美］戴维·鲍德温主编：《新现实主义与新自由主义》，肖欢容译，浙江人民出版社 2001 年版，第 213—214 页。

③ 秦亚青：《国际制度与国际合作——反思新自由制度主义》，秦亚青：《权力·制度·文化》，北京大学出版社 2005 年版，第 101—102 页。

④ 同上书，第 103 页。

⑤ 同上书，第 104—105 页。

互依赖程度不断加深的国际政治现实的前提下，国际制度对于国际社会中各种行为体的影响越来越深刻，在长期的、反复的国际政治交往过程中，国际制度能够引导行为体日益趋向区域合作，这也就是一些学者所说的“制度合作”。

五　建构主义①区域合作理论

经过国际政治领域的前两次理论论战，最初的现实主义理论和理想主义理论分别演化成新现实主义理论和新自由制度主义理论，这两种国际政治理论不仅正朝着科学化理论的方向发展，而且也存在着“理论趋同”的趋势，主要表现为理论框架趋同、世界观趋同、认识论趋同以及研究方法趋同四个方面。② 特别是在本体论上，这两种国际政治理论是一致的，都属于物质主义理论，只是在具体观点上存在着一定的分歧和对立，这说明物质主义国际政治理论在国际政治领域中占据着主导地位。尽管如此，被统称为反思主义理论的各种非主流国际政治理论不断向新现实主义理论和新自由制度主义理论发起挑战，它们“不承认理性主义的基础，强调理论的诠释性、行为体和结构的互构性以及主体间意义的重要性”③，尤其是从 20 世纪 80 年代末 90 年代初开始，以亚历山大·温特（Alexander Wendt）和彼得·卡赞斯坦（Peter J. Katzenstein）为主要代表的、在物质主义理论和反思主义理论之间走“中间道路”的建构主义理论开始异军突起，逐渐形成与新现实主义理论、新自由制度主义理论三足鼎立的局面。1998 年，《国际组织》杂志在纪念创刊 50 周年之时，分别邀请新现

---

① 为方便论述，本书所提及的建构主义就是指亚历山大·温特的结构建构主义理论。事实上，建构主义理论内部派别众多，不同的学者有不同的分类方法。彼得·卡赞斯坦在《国际组织杂志与世界政治研究》一文中将建构主义理论分为常规建构主义、批判建构主义和后现代建构主义三大派别；袁正清教授在《国际政治理论的社会学转向》（上海人民出版社 2005 年版，第 37—42 页）中总结出 11 种分类方法，分别是霍普夫的传统派和批判派；鲁杰的新古典派、后现代派和自然主义派；温特的现代主义派、后现代主义派和女性主义派；卡赞斯坦、基欧汉和克拉斯纳的传统派、批判派和后现代派等。秦亚青教授在《文化与国际社会：建构主义国际关系理论研究》（世界知识出版社 2006 年版，第 19 页）中将建构主义分为卡赞斯坦的安全文化理论、江忆恩的战略文化理论、鲁杰的体系演进理论、温特的结构建构主义理论、克拉托赫威尔的规范建构主义、奥努弗的规则建构主义等。转引自王在亮、高英彤《国际政治学中“区域”概念重构及现实考量》，《太平洋学报》2013 年第 1 期。

② ［美］亚历山大·温特：《国际政治的社会理论》，秦亚青译，上海世纪出版集团 2008 年版，译者前言第 10—11 页。

③ 同上书，译者前言第 12 页。

实主义理论、新自由制度主义理论和建构主义理论的代表人物斯蒂芬·克拉斯纳、罗伯特·基欧汉和彼得·卡赞斯坦共同主编《国际组织》杂志秋季号专辑，并共同撰写《国际组织杂志与世界政治研究》（International Organization and the Study of World Politics）一文[①]，对过去50年来的国际政治研究进行了总体回顾，并对以上三大主流学派之间的辩论进行了总结，这标志着建构主义理论已经被国际政治主流学界所承认。建构主义理论对新现实主义理论和新自由制度主义理论的批判并不是聚焦在它们说了什么，做了什么上，而是聚焦于它们忽略了什么，即世界政治中国家利益的社会结构内容和形成来源问题。[②] 也就是说，建构主义理论创造了一套新的话语体系，对国际政治进行新的和富有意义的解释，将国际政治理论从理性主义话语体系中解放出来，扩大了国际政治理论研究的话语体系。

建构主义国际政治理论的基本要点包括以下三个方面：

其一，作为观念的国际结构。亚历山大·温特认为，建构主义理论是一个结构性理论，在任何一个既定的国际政治体系中，在本质上只存在唯一的、作为整体的结构，这样一个整体性结构主要包含物质结构、利益结构和观念结构三个相互关联、不可分割的组成部分，这与沃尔兹的新现实主义理论的基本观点是一致的。但是在“结构由什么因素决定”的问题上，这两种理论出现了严重分歧。新现实主义理论认为，物质结构决定利益结构，观念结构只有在物质结构的支持下才能发挥一定的作用，就像罗伯特·吉尔平所说：“很难想象没有得到某种物质力量的支持，一种观念能够推动社会，成为世界上的一支重要力量。”[③] 而建构主义理论则认为，观念结构建构（决定）利益结构，利益结构建构（决定）物质结构，物质结构建构（决定）客观现实。[④] 之所以这么说，是因为个体行为体针对他者行为的基础是他者对于个体行为体的意义。也就是说，物质结构只有通过观念结构，才能对个体行为体产生有意义的影响，单纯的物质结构是

---

① Peter J. Katzenstein, Robert O. Keohane, Stephen Krasner, “International Organization and the Study of World Politics,” *International Organization*, 1998: 1.

② J. Checkel, “The Constructive Turn in International Relations Theory,” *World Politics*, 1998, 50 (2): 324.

③ ［美］罗伯特·吉尔平：《温和现实主义视角下的国际关系研究——罗伯特·吉尔平教授访谈》，《世界经济与政治》2006年第4期。

④ ［美］亚历山大·温特：《国际政治的社会理论》，秦亚青译，上海世纪出版集团2008年版，第139页。

无法解释个体行为体的具体行为的。[①] 由于观念的范畴太广泛，也可以将其称为知识——个体行为体认为属真的观念，有规范、规则、制度、意识形态、组织和威胁体系等多种具体形式。[②] 这种知识分为自我知识和共有知识两种，前者属于个体行为体拥有而他者没有的观念；后者属于个体行为体共同拥有的和相互关联的观念。[③] 在国际政治行为体交往、互动之前和交往、互动初期，也就是最低限度的国际结构阶段，自我知识在知识结构分配中占据着主要地位，是界定个体行为体的自我利益和他者利益的决定性力量。而随着交往、互动程度的提升和频度的增加，共有知识开始逐渐取代自有知识，在知识结构分配中占据着主要地位，开始成为决定个体行为体的自我利益和他者利益的决定性力量。这种共有知识是中性的，既可以是"冲突"性质的，也可以是"竞争"性质的，还可以是"合作"性质的，就像妮娜·坦南瓦尔德所说的那样，共有知识"可以是'好'的，也可以是'坏'的"，共有知识"可以告诉国家发动战争是邪恶的，也可以告诉国家发动战争是光荣的"[④]。

其二，行为体与结构之间是相互建构的。在亚历山大·温特的建构主义理论看来，国家是国际政治舞台上的主要行为体，也就是其所强调的"施动者"，没有国家就没有国际政治体系，国家使国际政治体系成为一种可能，[⑤] 结构就是国际政治中的共有观念或共有知识。在国际政治舞台上，"行为体与结构之间的相互建构"主要表现为两个方面：一方面，国家之间通过长期的、持续的、复杂的、相互交织的互动实践使国家双方之间形成了一种"共有知识"，而无政府状态就是这样一种"共有知识"，也就是说，无政府状态是由国家互动造就的结果，而非新现实主义理论和新自由制度主义理论所说的"既定因素"。另一方面，结构也能通过建构国家的身份和利益，决定国家的具体行为，在建构主义者看来，国家是一

---

① 秦亚青：《国际政治的社会建构——温特及其建构主义国际政治理论》，《欧洲》2001 年第 3 期。

② ［美］亚历山大·温特：《国际政治的社会理论》，秦亚青译，上海世纪出版集团 2008 年版，第 141 页。

③ 同上书，第 140 页。

④ Nina Tannenwald, *Dogs that Don't Bark: The United States the Role of Norms and the Non-use of Nuclear Weapons Since 1945* (Cornell University, 1996), p. 48.

⑤ ［美］亚历山大·温特：《国际政治的社会理论》，秦亚青译，上海世纪出版集团 2008 年版，第 194 页。

种有意识的、有意图的行为体，其自我身份和利益并不是必然的客观存在，而是通过国际结构建构出来的，存在于国家之间的关系当中，即不同的国际结构会造就不同的国家身份，不同的国家身份进而会造就不同的国家利益，而国家身份和利益的确定决定了国家的具体行为。①

其三，国际结构是不断进化的。亚历山大·温特认为，作为共有观念、共有知识或文化的无政府结构是不断进化的，在宏观层次上可以有多种“逻辑”和趋势。从目前来看，无政府体系的结构和趋势主要取决于“敌人、对手和朋友”这三种角色中哪一种在体系中占据主导地位，处于相应国际体系中的国家会将这种角色内化到自己的身份、利益和行为当中。② 按照这种观点，可以将无政府结构分为以敌人角色为主要特征的霍布斯式无政府结构，以对手角色为主要特征的洛克式无政府结构和以朋友角色为主要特征的康德式无政府结构。在霍布斯式无政府结构中，国家之间的互动所形成的共有知识是“一切人反对一切人”，国家之间相互认同的角色身份是“敌人”。在这种“自助体系”中，国家十分强调以军事力量为主要支撑的国家实力对于国家生存的重要性，在采取具体对策的时候，往往会往“最坏处”做准备，为了国家利益（即国家生存），往往倾向于采取强烈的改变现状方式，按照“不是杀人就是被杀”的原则无限制地使用暴力。③ 在洛克式无政府结构中，国家之间的互动所形成的共有知识是“承认国家的主权权利”，国家之间相互认同的角色身份是“竞争对手”，在这种“相互之间自我克制”的无政府结构中，作为解决国家利益冲突的战争方式是正常的和合法的，并非不可接受，但是需要加以制约。这种制约的最低标准就是不侵犯对方国家主权，因为战争的目的不是毁灭对方，而是夺取战略优势。④ 在康德式无政府结构中，国家之间的互动所形成的共有知识是“非暴力和互助”，国家之间相互认同的角色身份是“朋友”，在这种“能够达到持久友谊”的无政府结构中，解决国家之间利益争端的首选方式不再是“战争”，它被视为“不合法的手段”，而是“谈判、仲裁或诉诸法律”等非战争方式，就是在战争的代价对于双

---

① ［美］亚历山大·温特：《国际政治的社会理论》，秦亚青译，上海世纪出版集团2008年版，第236—238页。

② 同上书，第255页。

③ 同上书，第256—260页。

④ 同上书，第272—277页。

方来说并不高的时候，也是如此。[①] 综上三种无政府结构，比照国际政治的历史和现实，就可以发现，在威斯特伐利亚体系建立之前的国际政治历史的大部分时间里，霍布斯式无政府结构一直占据着主导地位，自从威斯特伐利亚体系建立以后的近三个世纪里，洛克式无政府结构逐渐占据主导地位。从20世纪末开始，国际政治体系开始朝着康德式无政府结构演进，这种转变主要集中在欧洲，以一体化的欧盟的成立和不断壮大为主要代表。可以预见，国际政治体系的无政府结构与行为体之间仍将处于不断的建构与被建构当中，在这个过程中，“没有一个因素是永恒不变的”[②]，一定会有新内容产生，这是建构主义螺旋式上升的进程演化逻辑的必然结果。

综上所述，建构主义视角下的区域合作理论主要包括以下几个观点：

其一，区域合作是一种文化现象，国家之间经过长期的、以互动和实践为主的社会化过程能够形成一种以“合作”为主导思想的无政府文化。这种合作式无政府文化并不是遥不可及的，而是可以在局部区域完全实现的。建构主义理论认为，国际政治互动模式既可以是以冲突为主导的，也可以是以合作为主导的，还可以是战争占主导地位的，究竟何种互动形式占据主导地位，主要依赖于国家互动过程中所形成的共有观念或共有知识。如果共有知识是洛克式无政府文化，那么区域合作就有发生的可能性；如果共有知识是康德式的无政府文化，那么该国际政治体系中的国家，特别是一个区域范围内的国家就会确立区域合作的共有知识，相互确认对方的“朋友”身份，在此身份基础之上的国家利益不仅包括国家的自身利益，还包括该国际政治体系的集体利益。也就是说，这些国家在进行互动的时候，不仅会考虑自己的国家利益。也会照顾到其他国家的利益，甚至整个国际社会的集体利益。在此情形下，区域范围内国家之间的主流互动方式就是制度化的区域合作。

其二，在以洛克式无政府文化为主导的当前国际政治体系中，国家之间进行区域合作的可能性是有的，但不是必然的。洛克式无政府文化的主要特征是承认国家的主权，即便国家之间的区域合作被利用，也不会危及

---

① ［美］亚历山大·温特：《国际政治的社会理论》，秦亚青译，上海世纪出版集团2008年版，第288—295页。

② 宋秀琚：《国际合作理论：批判与建构》，世界知识出版社2006年版，第174页。

本国的主权。也就是说，国家的生存权利已经得到根本保障，并不需要像霍布斯式无政府文化中的国家那样时时刻刻为处于“自助体系”中国家的生存而忧虑。这样一来，军事已经不是解决国家之间冲突的主要手段，非军事手段（如经济手段）的重要性相对上升。在洛克式无政府文化中，区域合作的产生及发展程度取决于处于该体系中的大多数国家对于这种文化的内化程度，主要有强迫遵守、利己驱动和合法化三个等级。[①] 在强迫遵守等级阶段，很多国家对采取区域合作行为要么是不情愿的，要么是不符合自身国家利益需要的。无论哪一种情况，这些国家都有用暴力改变现状的意愿，如果产生这种想法的国家占大多数，那么，以承认国家主权为主要特征的洛克式无政府文化就会“后退到”以暴力为主要特征的霍布斯式无政府文化上。所以说，在洛克式无政府文化中，必须依赖一定数量的、物质实力较为强大的国家进行外部压迫，确保国家之间的互动行为不会使国家主权状况发生任何变化，在根本上威胁不到国家的生存权利。[②] 在利己驱动阶段，国家采取区域合作行为基于“能够提升国家在安全和经济贸易方面的外在既定利益”。如果采取区域合作行为所带来的利益超过代价，那么国家就会支持；如果采取暴力行为所带来的利益超过代价，那么国家也会采取暴力行为。也就是说，在第二等级阶段，洛克式无政府文化的作用更像是为国家提供的、用来权衡区域合作所带来的收益和成本的舞台，国家采取区域合作行为在较大程度上属于“工具主义”性质。[③] 到了“合法化”等级阶段，国家遵守洛克式无政府文化并不是外在强迫的，也不是仅仅将洛克式无政府文化作为自己获利的客观载体，而是认为洛克式无政府文化是合理的，它已经成为一种“背景知识”，认同并遵守它被认为是理所当然的，在这一基础之上，国家之间采取区域合作行为也是基于国家利益的，但是这种利益不仅包括国家的自身利益，还包括“我们大家的利益”[④]。总的说来，当洛克式无政府文化经过这三个等级阶段，被国家完全内化之后，国家之间的区域合作就逐渐从被迫采取的行

① Alexander Wendt, *Social Theory of International Politics* (Cambridge University Press, 1999), p. 286.

② Ibid., pp. 285-286.

③ Ibid., p. 287.

④ Alexander Wendt, *Social Theory of International Politics* (Cambridge University Press, 1999), pp. 288-290.

为、注重利益的行为转化成注重集体利益的自愿行为。这种国家之间的、反复的、注重集体利益的区域合作行为就会促使国家之间形成区域合作的共有观念或共有文化，区域合作文化就这样产生了。

就建构主义区域合作理论而言，作为物质性因素的权力和制度都不是国家之间进行区域合作的根本原因所在，影响区域合作的关键变量是共有观念（或共有知识，或共有文化）。在建构主义理论看来，无政府国际结构并不是一种既定的客观存在，而是一种“共有知识”，即国家在互动实践过程中所形成的共有知识，在不同的社会历史时期里，存在着不同的共有知识，也就存在着不同的无政府国际结构。就目前来讲，主要有霍布斯式无政府文化（结构）、洛克式无政府文化（结构）和康德式无政府文化（结构）三种“单向度发展”[①] 的无政府文化（结构），其中，在霍布斯式无政府文化（结构）中，区域合作是零星的、脆弱的、不稳定的，冲突与战争占据着主导地位；在洛克式无政府文化（结构）中，区域合作逐渐趋向长期和稳定，与竞争共同成为国家的主要互动形式；在康德式无政府文化（结构）中，以多元安全共同体和集体安全为代表的区域合作行为占据主导地位。

① 宋秀琚：《国际合作理论：批判与建构》，世界知识出版社 2006 年版，第 217 页。

第四章　改革开放以来中国区域合作的理论演进

改革开放以来，分别以邓小平、江泽民和胡锦涛为核心的中国三代中央领导集体根据不断变化的国内外形势，审时度势，不断与时俱进，提出了很多富有创造性的区域合作理论，为改革开放以来中国区域合作实践提供了正确的理论指导。而且需要强调的是，以邓小平为核心的第二代中央领导集体有关区域合作理论的主要观点为改革开放三十多年来的中国区域合作总体理论与实践提供了理论指导，而以江泽民为核心的第三代中央领导集体丰富和发展了以邓小平为核心的第二代中央领导集体有关区域合作理论，以胡锦涛为总书记的中央领导集体的区域合作理论则是对前二者的进一步完善。三者之间环环相扣，构成一个相对完整的、全面的中国区域合作理论体系。

第一节　邓小平区域合作思想

毛泽东逝世之后，以邓小平为核心的第二代中央领导集体扛起了中国特色社会主义建设的前进大旗，特别是以邓小平为核心的第二代中央领导集体在新的历史条件下，适应时代发展的需要，对区域合作主题做了更多、更深入的新思考，其理论贡献主要体现在三个方面。

一　中国区域合作要顺应和平与发展的时代主题

以邓小平为核心的第二代中央领导集体准确地认识到并牢牢把握住20世纪70年代末80年代初悄然发生变化的国际形势，并根据已经变化的世情对毛泽东时期的对外决策，尤其是区域合作战略进行了适时调整，将区域合作从“战争与革命”的时代主题背景转移到“和平与发展”的时代主题背景，将曾经作为社会主义革命输出补充手段的、具有浓重意识形态色彩的区域合作转变为实现中国国家利益的、必不可少的、主要的路径依赖选择，赋予区域合作截然不同的地位和作用，从而使中国走上全新的区域合作前进和发展的道路。

（一）以邓小平为核心的第二代中央领导集体深刻认识到和平与发展已经取代战争与革命成为新的时代主题

这是因为世界形势在四个方面已发生了深刻的变化：其一，美苏持续进行世界霸权的争夺，尽管两国的绝对实力仍然在增长，但是两国与世界其他国家的实力差距不断缩小，相对实力开始下降。美国因为深陷越战泥潭而无法自拔，国力损耗严重；苏联则是因为热衷于与美国进行军备竞赛，尤其是长达十年的阿富汗战争（1979—1989），使苏联国民经济处于滑落甚至崩溃的边缘。美苏两国相对实力的下降已经越来越无法完全支撑两国在世界范围内的霸权争夺和斗争了。其二，原本“铁板一块”的资本主义和社会主义两大阵营开始出现裂缝，世界的多元化开始出现雏形。在资本主义阵营这边，日本、欧洲等资本主义国家利用美国所提供的安全保障和20世纪中期开启的第三次科技革命的良好机遇，将国家重心持续放在经济发展上面，到20世纪70年代，资本主义世界已经形成美、日、欧“三足鼎立”的世界经济格局，资本主义世界三强因为经济利益矛盾而进行争吵的局面不可避免；在社会主义阵营这边，苏联经常利用各种手段（包括军事手段）干预社会主义国家的内部矛盾，尤以1968年苏军入侵捷克斯洛伐克为典型，并以“有限主权论”和“社会主义大家庭论”、“利益有关论”、“大国特殊责任论”等论调作为借口，苏联的这种大国沙文主义行径遭到社会主义阵营国家不同程度的反对。中国也从最初的向苏联“一边倒”，适时调整并转变为“一大片”和“两个拳头打人”，在依托第三世界国家的基础上，既反对美国的帝国主义，又反对苏联的社会帝国主义。其三，维护世界和平的力量不断增长，并开始超越发动战争的力量，再次爆发世界大战的可能性大大下降。一方面，美、苏、英、法、中相继取得核试验成功，拥有核武器，成为核国家，世界各国对核战争的恐惧、客观上形成的“核平衡”以及根本无法承受的“核灾难”后果，使爆发世界大战的可能性大大下降；另一方面，由于第三次科技革命带动了交通和通信技术的迅猛发展，世界真正成为一个“复合相互依赖”的整体，在这个整体中任何一个国家的政策和举动都可能引发其他国家不同程度的应对策略和行动变化，这使得世界上各个国家的利益在客观上相互交织、联系在一起，“一荣俱荣、一损俱损”成为现实，这就使得国家发动战争的可能性下降，偏好和平的可能性提高。其四，随着20世纪50—70年代民族解放运动的蓬勃发展，在亚洲、非洲和拉丁美洲已经有越来越多的民族获得解放，实现国家独立。这些有着共同历史经历和共同利益的国家相互之间进行联合与合作，以不结盟运动和77国集团为主要代表。正是因为这些新国家的成立，使得联合国不再是美苏两国实现自身利益的简单工具，开始能够真正发挥其维护世界和平与推动世界发展的实质作用力和影响力。最明显的实例就是1972年，在广大的亚非拉发展中国家的坚决支持下，中国重返联合国，成功恢复联合国常任理事国的席位。正是基于以上四个客观的、变化的世界政治经济现实，20世纪80年代，以邓小平为核心的第二代中央领导集体经过细心观察和仔细思考，开始在不同场合向全世界公开强调和平而不是战争，发展而不是革命成为新的时代主题。1985年，邓小平在会见日本企业界人士时正式提出“和平和发展是当代世界的两大问题”的著名论断，明确指出“现在世界上真正大的问题，带全球性的战略问题，一个是和平问题，一个是经济问题或者说发展问题”①。1989—1991年，随着东欧剧变和苏联解体的相继突然发生，美苏冷战格局正式宣告结束，世界进入多极化的新时代，这在事实上进一步印证了以邓小平为核心的第二代中央领导集体所提出的和平与发展的时代主题的正确性，和平与发展不仅成为中国外交的时代背景，也成为中国外交的主导目标，还成为世界各国的普遍共识。

（二）和平与发展时代主题的确定，使中国在制定周边外交战略，处理周边国家利益争端的过程中更加倚重区域合作，而不是社会主义革命输出和战争等传统手段

一方面，和平与发展时代主题的确定，使中国及时在对外形象传播和宣传上主动放弃过去的“世界大战不可避免”、“以革命制止战争”等“好战”说法，回归到世界“和平力量”的传统文化形象上。邓小平说过：“中国现在是维护世界和平和稳定的力量，不是破坏力量。中国发展

① 中共中央文献编辑委员会：《邓小平文选》第3卷，人民出版社1993年版，第104—105页。

得越强大，世界和平越靠得住。”[①] 中国不仅这么说，也会这么做，以实际行动向世界证明中国不仅反对任何国家采取任何形式的霸权主义和强权政治，自己也庄严承诺永远不称霸，不仅在自身国家实力还不是很强大的时候如此，即便将来中国发展了，强大了，也不会“翘起尾巴来，在世界上称王称霸，指手画脚，那就会把自己开除出第三世界的‘界籍’，肯定就不再是社会主义国家了”。[②] 另一方面，和平与发展时代主题的确定，使中国将区域合作而不是区域对抗、冲突或战争做为实现自身国家利益，实现周边区域和平与发展的主要路径选择。这是因为中国作为一个亚洲大国，作为一个刚刚实现时代主题转变的社会主义国家，作为一个将经济建设作为工作重心的发展中国家，就必须在亚洲范围内将区域合作作为构建中国与周边国家良好关系的桥梁和纽带。只有这样，才能逐渐消除周边国家，尤其是亚洲范围内的资本主义国家对中国的历史记忆和地缘现实的疑虑，增加国家之间的互信。而且，和平与发展的时代主题也决定了中国与亚洲周边国家之间所存在的各种政治、经济、军事以及文化等各方面的矛盾与冲突将不同于冷战及其以前的、具有零和博弈色彩的近现代传统矛盾与冲突，而是处在和平与发展的时代精神引导下，在多边主义的框架制度范围内。这些矛盾和冲突如果处理得当，完全可以转化为合作，并实现双赢甚至多赢。[③] 所以说，以邓小平为核心的第二代中央领导集体在面对国际局势中出现的新问题的时候所提出的各种新办法，充分体现了和平与发展的新时代主题和区域合作之间的辩证关系。一方面，和平与发展的新时代主题决定了中国在面对亚洲范围内的老问题和新问题的时候，都要“跳出过去的老路找到解决问题的新方法”，这种新方法就是区域合作。只有区域合作才能不使这些问题成为横亘在这些国家之间的安全隔阂，才不会造成新的区域安全困境和区域安全冲突。另一方面，中国与亚洲范围内各国之间的区域合作反过来也进一步推动了整个亚洲的和平与发展，因为区域合作不仅能够将区域国家之间的争端成功化解掉，还能够强化区域国家之间的联系。随着这种联系程度的不断加深、联系频度的不断提高以及联系范围的不断扩大，区域各国会逐渐形成一个区域整体，从而使整个

---

① 中共中央文献编辑委员会：《邓小平文选》第 3 卷，人民出版社 1993 年版，第 104 页。

② 中共中央文献编辑委员会：《邓小平文选》第 2 卷，人民出版社 1994 年版，第 112 页。

③ 郑永年：《中国与全球资本主义：冲突、合作与和平发展》，《国际政治研究》2007 年第 1 期。

亚洲在整体上实现区域和平与发展。

二　中国区域合作要继续坚持和平共处五项原则

（一）和平共处五项原则产自于亚洲文明矩阵，历久弥新，是建立区域政治经济新秩序的基础性原则

所谓和平共处五项原则，是指“互相尊重主权和领土完整、互不侵犯、互不干涉内政、平等互利、和平共处”[①]。和平共处五项原则是由周恩来总理在1953—1954年接见印度政府代表团就如何发展中印两国政府关系进行会谈时提出来的，随后在周恩来总理访问印度期间，将其正式写进《中印两国总理联合声明》中。这是第一次将和平共处五项原则写入正式的官方外交文件，并将其作为指导和处理国际关系的基本原则。和平共处五项原则自提出近六十年以来，得到国际社会广泛而又积极的响应，不仅体现在绝大多数国家的双边或多边条约中，也体现在很多国际会议或国际组织的国际法律文件中。其中主要包括1955年万隆会议发表的《关于促进世界和平与合作的宣言》，联合国大会分别在1957年审议通过的《一个关于和平共处的宣言》、1961年审议通过的《关于各国间和平共处的国际法原则》、1970年审议通过的《关于各国依联合国宪章建立友好关系及合作的国际法原则宣言》、1974年审议通过的《关于建立新的国际经济秩序宣言》等国际法律文件，[②] 以及其他区域性组织通过的区域性法律文件，如1985年的《南亚区域合作联盟宪章》、1994年的《非洲内部关系准则宣言》等[③]。印度前总理K. R. 纳拉亚南说过：“两国之间的原则协定能够被几乎全世界普遍接受并最终被联合国接纳，这在国际关系史上亦是很罕见的。[④]”正是因为和平共处五项原则能够经得起历史和现实的考验，具有强大的生命力，邓小平才着重强调，在新的时代背景下，周恩来总理所提出的和平共处五项原则仍然是处理国家与国家之间关系的最好

---

① 中共中央文献编辑委员会：《邓小平文选》第3卷，人民出版社1993年版，第390页。

② 段霞：《中国外交空间的拓展——邓小平国际战略思想研究》，首都经济贸易大学出版社2004年版，第170页。

③ 刘文宗：《和平共处五项原则的理论和外交实践回顾》，中国网，2004—6—28。参见 http：//www. china. com. cn/zhuanti2005/txt/2004 - 06/28/content_ 5597191. htm。

④ ［印］K. R. 纳拉亚南：《在纪念和平共处五项原则发表50周年国际研讨会上的讲话》，中华人民共和国驻印度共和国大使馆网站，2004—6—14。参见 http：//www. fmprc. gov. cn/ce/cein/chn/ssygd/jnhpgcwxyz/t195685. htm#。

方式，“能够为不同制度的国家服务，能够为发达程度不同的国家服务，能够为左邻右舍服务”①。在这个意义上，和平共处五项原则将继续是成功解决亚洲范围内的区域政治经济新老问题，指导新型区域政治经济关系，建立和平、稳定、公正、合理的区域政治经济新秩序的基础性原则。

（二）区域合作作为建立区域政治经济新秩序的主要方式，也必须坚持和平共处五项原则

改革开放以来，邓小平更加重视周边外交，认为“中国社会主义现代化事业的展开，离不开一个和平、安定的国际环境，特别是周边环境”②。在“稳定周边”的战略思维指导下，邓小平将和平共处五项原则全面而又彻底地贯彻到与区域内国家的区域合作中。在区域政治和安全层面，邓小平超越意识形态和社会制度的制约，对周边的资本主义国家和社会主义国家一视同仁，将与它们的关系统统建立在和平共处五项原则基础上。例如，在中国与东南亚国家的关系上，有学者统计，邓小平在1980—1989年的10年中，先后17次接见来中国访问的东南亚各国客人，可见，邓小平对东南亚国家的重视。③ 通过邓小平的正确调整，中国与苏联在“结束过去，开辟未来”的共识基础上使双边关系恢复正常化；与朝鲜、越南、老挝等周边社会主义国家建立起正常的国家关系，不再打着社会主义革命的意识形态口号干预其内政，但也不允许它们损害中国的国家利益；与泰国、菲律宾以及马来西亚等资本主义国家也建立了睦邻友好的正常外交关系，着重从这些国家比较重视和担心的共产党问题、华侨华人问题以及领土争端等问题出发，主动采取了一系列实际行动。④ 例如，1978年，邓小平在对泰国、马来西亚和新加坡进行友好访问的时候，就主动提及这些问题，并集中、明确阐述了中国关于这些问题的原则立场和有关政策。在随后访问马来西亚的时候，邓小平重申了1974年中国政府

---

① 中共中央文献研究室编：《邓小平年谱一九七五——一九九七》（下），中央文献出版社2004年版，第1252页。

② 王光厚：《试论改革开放以来的中国周边外交》，《国际论坛》2011年第6期。

③ 段霞：《中国外交空间的拓展——邓小平国际战略思想研究》，首都经济贸易大学出版社2004年版，第182页。

④ 王光厚：《冷战后中国东盟战略关系研究》，吉林大学出版社2008年版，第35页。

与马来西亚政府建交公报中关于华侨华人问题的共识[①]，并就马来西亚共产党与中国之间的关系问题进一步指出："作为共产党人在这一原则问题上，不可能有别的承诺，彼此之间有来有往是自然的，但应当把国与国关系、党与党关系分开，平等、独立的政党之间正常往来与支持在和平共处五项原则基础上发展国家关系并无矛盾。至于有关政府与本国共产党关系是内政问题，我们不予干涉。各国的社会制度只能由各国人民自己选择，革命是不能输出的。"[②] 在中国与部分周边国家之间存在的岛屿争端问题上，邓小平创造性地提出了"搁置主权争议、共同开发"的区域合作新思路。邓小平加强区域合作的倡导很快就获得了周边国家的响应，1990—1994 年，在南中国海问题上存在岛屿争端的东南亚国家连续召开了五次"处理南中国海潜在冲突"非正式讨论会。[③] 中国从第二次会议开始一直积极参与，并在很多方面推动了南中国海的多领域区域合作：在不存在主权争议的部分南中国海的区域合作领域将包括航运、海运和通信安全领域，共同搜索和救援，反对海盗和武装抢劫，促进海洋生物资源合理利用，保护海洋环境，进行海洋科学研究，消除海洋毒品走私和贩运等；[④] 在存在主权争议的部分南中国海区域，相关国家应适当考虑和评估进行区域合作的可能性，并采取理智的、和平的方式在这些区域先期进行区域合

---

① 中华人民共和国政府和马来西亚政府声明，它们都不承认双重国籍。根据这一原则，中国政府认为，凡已自愿加入或已取得马来西亚国籍的中国血统的人，都自动失去了中国国籍。至于那些自愿保留中国国籍的侨民，中国政府根据其一贯的政策，要求他们遵守马来西亚政府的法律，尊重当地人民的风俗习惯，与当地人民友好相处。他们的正当权利和权益将得到中国政府的保护，并将受到马来西亚政府的尊重。参见《中国政府和马来西亚政府联合公报（1974 年）》，新华网，http：//news. xinhuanet. com/ziliao/2002 - 04/17/content_ 361350. htm。

② 江培柱：《睦邻友好是我国外交的基本方针——1978 年邓小平副总理出访东南亚三国纪实》，《外交学院学报》1997 年第 3 期。

③ 1990 年 1 月 22—25 日，第一次"处理南中国海潜在冲突"非正式讨论会在印度尼西亚的巴厘岛举行，东盟六国（印度尼西亚、马来西亚、菲律宾、新加坡、泰国、文莱）参与；1991 年 7 月 15—18 日，第二次"处理南中国海潜在冲突"非正式讨论会在印度尼西亚的万隆召开，东盟六国、中国大陆、中国台湾、越南、老挝参加；1992 年 6 月 29 日—7 月 2 日，第三次"处理南中国海潜在冲突"非正式讨论会在印尼的日惹召开，参会国家和地区与第二次相同；1993 年 8 月 23—25 日，第四次"处理南中国海潜在冲突"非正式讨论会在印尼的泗水举行，参会国家和地区与第二次相同；第五次"处理南中国海潜在冲突"非正式讨论会在印尼的武吉丁宜市举行，除东盟六国、中国大陆、中国台湾、越南、老挝参加外，柬埔寨也参加了。参见张良福《历次"处理南中国海潜在冲突"非正式讨论会述评》，《国际政治研究》1995 年第 1 期。

④ 郭胜伟：《邓小平外交谋略》，中央文献出版社 2008 年版，第 227—228 页。

作，比如交换信息和共同开发；[①] 在南中国海的区域合作要循序渐进，将各方利益都考虑在内，反对区域外大国的介入。[②] 正是因为邓小平从和平共处五项原则出发，对以上双方都很关注的矛盾和问题进行积极应对和主动解决，消除了区域内国家对中国的疑虑和不信任，避免了中国和区域内国家的双边关系恶化，而且还推动了中国与区域内国家关系的正常化。在区域经济层面，中国与区域内国家的区域政治和安全关系的改善，进一步推动了双方在区域经济上的发展。中日两国在 1972 年恢复邦交之后，两国贸易和投资得到迅速发展。在中日贸易总额方面，按中方统计，从 1979 年的 67 亿美元，增加到 1989 年的 146 亿美元；[③] 在日本对华直接投资方面，按日方统计，从 1979 年最初的 0.14 亿美元，增加到 1990 年的 4.07 亿美元，日本成为中国最重要的贸易伙伴之一。[④] 在 1978 年邓小平访问东南亚国家之后，中国与东南亚国家之间的经贸关系也得到迅猛发展。在中国东盟贸易总额方面，从 1984 年的 28.77 亿美元，增加到 1993 年的 100 亿美元。到 1995 年，突破 200 亿美元，达到 203 亿美元。[⑤] 在东盟对中国直接投资方面，从 1983 年的 0.053 亿美元，增加到 1993 年的 10.1 亿美元，而且，1992 年之后东盟国家一年的对华投资额就超过了 1979—1991 年的投资额总和。[⑥] 所以说，以邓小平为核心的第二代中央领导集体正确处理了区域合作与和平共处五项原则之间的辩证关系，一方面，严格按照和平共处五项原则处理中国与区域内国家的政治、经济、安全和文化等各个方面的关系，释疑建信，能够扭转中国与区域内国家的不利关系，实现正常化；另一方面，中国与区域内国家互信的增加，将反过来推动中国在政治、经济、安全和文化等各个方面与区域内国家进一步深化合作，实现更大程度和更广范围的发展。

---

① 段霞：《中国外交空间的拓展——邓小平国际战略思想研究》，首都经济贸易大学出版社 2004 年版，第 182 页。

② 张良福：《历次“处理南中国海潜在冲突”非正式讨论会述评》，《国际政治研究》1995 年第 1 期。

③ 索冰：《20 世纪 80 年代以来中日经贸发展的阶段特点问题及趋势》，东北师范大学 2007 年硕士学位论文。

④ 刘昌黎：《日本对华直接投资鸟瞰》，《外国问题研究》2011 年第 3 期。

⑤ 参见周聿峨等《中国—东盟自由贸易区与云南边境地区城镇化》，《思想战线》2004 年第 3 期；郭胜伟：《邓小平外交谋略》，中央文献出版社 2008 年版，第 97 页；周中坚：《20 世纪 80 年代以来中国同东盟国家的经贸关系》，《东南亚研究》1987 年第 4 期。

⑥ 王修志等：《中国与东盟相互投资的新发展及推进策略》，《商业研究》2009 年第 5 期。

三 中国区域合作要真正以国家利益为重

邓小平认为，经历了十年“文化大革命”之后，中国必须对过去的、在一定程度上“作为国际阶级斗争工具”的区域合作方针和政策进行改变，“世界在变，人们的思想不能不变。由于过去特别是‘文化大革命’中犯的错误，中国耽误了大约二十年的建设时间，粉碎‘四人帮’后，……要发展就要变，不变就不会发展”[①]。在如何改变中国区域合作方针和政策问题上，邓小平明确提出了“国家利益是区域合作的最高准则”这个论断。

（一）了解并明确邓小平的国家利益观十分重要

在这里，国家利益不再是马克思和列宁著作里只具有阶级性的国家利益，也不再是毛泽东著作里阶级性与民族性相统一的国家利益，而是在充分继承马克思、列宁、毛泽东关于国家利益的合理观点的基础上，又进一步借鉴了西方近现代国际政治理论中的国家利益观点，把人们从过去那些看似正确的国家利益的“思想迷途”中解放出来，以现实、准确、客观的态度分析和真正维护中国国家利益。

其一，邓小平国家利益观是对马克思、列宁的国家利益观的极大修正。马克思和列宁认为，国家利益具有明显的阶级性，国家利益在根本上是统治阶级的利益，而国家与国家之间的矛盾与斗争就是不同阶级的矛盾与斗争在国际社会里的自然延伸和扩展。[②] 在这个意义上，区域合作不受国界的天然制约，只存在于无产阶级内部或资产阶级内部，无产阶级与资产阶级之间主要体现为区域斗争，即便存在区域合作（如帝国主义阶段的苏俄和资本主义国家的贸易往来），也只是暂时的、相对的，并且一个国家无产阶级的区域合作政策的制定（需不需要制定，如何制定）要服从于整个世界范围内无产阶级斗争的需要。

其二，邓小平国家利益观对毛泽东国家利益观做了些许修正。毛泽东对于国家利益的看法与马克思、列宁的看法不完全一致，他认为，国家利益具有双重性，是阶级性与民族性的统一。具体到中国区域合作，其阶级性是指中国的区域合作决策要充分体现社会主义意识形态和无产阶级世界

① 中共中央文献编辑委员会：《邓小平文选》第3卷，人民出版社1993年版，第283页。

② 陈岳：《国际政治学概论》，中国人民大学出版社2010年版，第134—135页。

革命的要求，其民族性体现在中国的区域合作决策不能以牺牲民族独立和民族自信心为代价而全盘接受社会主义意识形态和无产阶级世界革命的要求。相比马克思、列宁的观点，毛泽东关于国家利益双重性的认识更加科学和进步，但其仍然存在着现实操作性比较难的缺陷，即如何在区域合作过程中适当把握和成功拿捏体现在国家利益中的阶级性和民族性，尤其是具有相同意识形态和社会制度的国家在涉及民族利益的区域合作问题上发生冲突怎么办？面对具有不同意识形态和社会制度的国家，在区域合作中应当怎么办？所以说，毛泽东关于国家利益双重性的认识，并没有从根本上解决国际政治中国家利益本质的问题，中国在区域合作的现实实践中仍然面临着诸多两难境地。例如，中国在20世纪60年代的亚洲区域合作实践中搞社会主义革命输出，其意识形态倾向过于明显，赋予国家利益在区域合作中的阶级性成分过多，既没有获得区域内社会主义国家的热烈欢迎，还使区域内的资本主义国家产生了严重的恐惧感，从而对中国区域合作进程造成很大程度的破坏，并且反过来严重损害了中国的国家利益。

其三，邓小平国家利益观是对西方近现代国际政治理论中国家利益观点的选择性借鉴。西方近现代国际政治理论中的国家往往指的是民族意义上的国家，这是由威斯特伐利亚体系决定的。自从1618—1648年30年战争结束并签订威斯特伐利亚和约以后，世界开始进入威斯特伐利亚时代，民族国家开始登上国际政治舞台，并成为最主要的国际政治行为体，以平等、主权为核心的近现代国际政治法则得以确立。由于民族国家之上不再存在任何权威，“民族国家至上”成为最为普遍的国际政治基本准则。而且，所有的民族国家都具有极为相似的国家功能，例如，“每个国家都有自己的机构来制定、执行和解释法律法规，征收岁赋和实施自卫。每个国家都依靠自身的资源和手段，为其国民提供食物、衣服、住房、交通以及福利设施。……”[①] 在这个意义上，无论是大国还是小国，无论是富国还是穷国，无论是资本主义国家还是社会主义国家，这些民族国家的利益也就只存在内容上的不同，而没有本质上的不同，国家利益的阶级性也就不存在了。不过，西方近现代国际政治理论中的国家利益观点也有其不好的一面，即民族国家，尤其是大国、强国，往往会依靠其自身的强大实力不

① ［美］肯尼斯·华尔兹：《国际政治理论》，信强译，上海世纪出版集团2008年版，第102—103页。

择手段地实现国家利益，甚至会以牺牲他国国家利益为代价，过去往往是通过冲突或战争的方式，现在主要是通过霸权主义和强权政治的方式。邓小平比较认同国家利益的超阶级性，但是却反对不择手段地实现国家利益。

其四，基于以上三点，邓小平国家利益观认为，国家利益具有阶级性和民族性的双重属性，分别对应于国家的双重身份——政治国家和民族国家。与此同时，国家还具有对内和对外两种截然不同的职能，对内职能是为了体现政治国家的身份，体现国家利益的阶级属性，对外职能则只为了体现民族国家的身份，体现国家利益的民族属性。也就是说，政治国家意义上的国家利益的阶级性主要体现在国内社会中，而民族国家意义上的国家利益的民族性主要体现在国际社会中，因此，民族国家而不是阶级，是国际政治的本质所在。既然如此，在国际政治舞台上，国家与国家之间的关系不能以意识形态划界，不能以阶级斗争为纲，不能与霸权主义和强权政治为伍，而是要建立在和平共处五项原则的基础之上。

（二）邓小平国家利益观是指导中国区域合作的最高准则

通过以上对邓小平国家利益观的重点分析，可以使中国的区域合作摆脱以阶级作为出发点的意识形态与社会制度的制约和束缚，从而成功解决毛泽东没有解决好的问题，即具有不同意识形态和社会制度的国家也可以“把意识形态撇开，根本不去管它，就讲友谊，谈可以合作的东西”①，找到能够促使双方进行区域合作的共同利益；与此同时，即便参与区域合作的国家具有相同的意识形态和社会制度，也应当按照邓小平的国家利益观制定自身的区域合作政策，其中，“国家主权、国家安全要始终放在第一位”。② 除此之外，经济利益也十分重要，不能因为意识形态和社会制度的相同，就在区域合作中做损害国家主权、国家安全以及国家经济利益的事情，1979 年的对越自卫反击战和 1988 年的中越南沙海战就是典型事例。这就表明，以国家主权、安全和经济利益为主要内容的，不受意识形态和社会制度束缚的国家利益不仅是中国进行区域合作的最高准则，也应该是世界其他国家推进区域合作的主要准则。按照邓小平的国家利益观，

① 中共中央文献研究室编：《邓小平思想年谱（一九七五——九九七）》，中央文献出版社 1998 年版，第 317 页。

② 中共中央文献编辑委员会：《邓小平文选》第 3 卷，人民出版社 1993 年版，第 347 页。

中国的区域外交政策和方针由过去“那种分化、对立的思维方式逐渐被融合、合作的思维方式所取代”①。特别是在区域合作方针政策的制定和实施上，中国开始在三个方面进行改变：一是不断寻找并认识到与区域内国家客观存在的共同利益，如热爱和平、有着相似的近代历史经历以及区域内不同国家之间的经济互补性等，通过这些共同利益的增加，来推动区域合作的开启和不断发展。二是由于国家利益的不完全排他性，区域内国家在区域合作中产生各种矛盾和问题是不可避免的，但是这并不意味着这些矛盾是不可调和的，② 而且解决这些新矛盾和新问题的方式也不一定非得使用武力或以武力方式相威胁。在和平与发展的新时代主题下，不断寻找区域内国家的新共同点，不断培植新的共同利益，是减少和化解在区域合作中产生的各种新矛盾和新问题的更好的方式。三是区域合作也是一把双刃剑，中国既能够受益于区域合作的成果，促使区域合作朝着有利于自己的方向发展。与此同时，中国也可能会因为区域合作而受制于区域内其他国家。③ 对于这种双重效应，中国不应当害怕，事实上，中国每多参加一个区域性组织和机构，就会与其中的成员国多建立一个层次的共同利益，从而使中国与区域内国家之间的区域合作程度越来越深，区域合作范围越来越广，最终推动区域内国家的共同发展和进步。可以说，邓小平的国家利益观为中国改革开放三十多年来的区域合作政策和方针的制定和实施提供了科学的决策依据。

第二节　江泽民区域合作思想

1989 年，邓小平主动提出辞去中华人民共和国中央军事委员会主席职务的请求，并在 1990 年召开的七届全国人大三次会议上得到批准，这标志着邓小平正式从中央领导岗位上退居到二线，以江泽民为核心的第三代中央领导集体开始登上中国历史舞台，并逐渐成为未来十年中国区域合作理论与实践的主要书写者。在区域合作问题上，以江泽民为核心的第三代中央领导集体在充分继承以邓小平为核心的第二代中央领导集体的区域

① 俞新天：《国际体系中的中国角色》，中国大百科全书出版社 2008 年版，第 338 页。

② 阎学通：《中国国家利益分析》，天津人民出版社 1996 年版，第 267 页。

③ 同上书，第 275 页。

合作观点的基础上，根据日新月异的国际新形势，开启新的区域合作实践历程。其“区域合作思路更加开放，区域合作方式更加多样，区域合作领域更加广泛，区域合作内容更加全面”①，并且，在区域合作新历程基础上，提出了一些更为新颖、更加灵活、更能维护国家利益、富有创造性的区域合作新观点，主要体现在以下几个方面。

一　将经济全球化背景下的区域经济合作放在区域合作的核心位置

（一）经济全球化带来的机遇和挑战并存

所谓经济全球化是指“资本、商品、服务、信息、人才等生产要素逐渐跨越国界，在全球范围内进行流动和扩张，从而使各个国家的市场逐渐融合在一起，世界市场就此形成，整个世界经济也成为一个不可分割的有机整体”②。由此可见，经济全球化既是一种状态，也是一个过程。事实上，早在20世纪70年代中期，经济全球化就已经初露端倪，但是，囿于美苏冷战格局的整体制约，经济全球化始终没有在全世界范围内显现出其强大的整合力。随着20世纪80年代末90年代初的苏东剧变等一系列事件的发生，经济全球化就像一匹脱了缰的野马，迅速冲破冷战格局所人为造成的世界分裂，将全世界密切联系在一起。其主要内容是“生产全球化、贸易全球化、金融全球化、投资全球化和区域经济合作日益加强”③，其主要表现是承载各种目的的、具有不同内容的、分布在不同层次上的各种世界性、区域性、次区域性的国际组织和国际会议的不断建立和发展，其主要特征是“多元性、跨国性、调和性、超国家性”④，在这个意义上，经济全球化对不同的区域将会产生不同程度的影响，即便是对同一区域的不同国家也会产生不同程度的影响。正因为如此，以江泽民为核心的第三代中央领导集体在不同的公开场合对经济全球化这个话题进行了相关阐述。早在1994年，江泽民就隐约注意到经济全球化的重要性，他在亚太经济合作组织第二次领导人非正式会议上说：“经济的确越来越

① 中共中央文献编辑委员会：《江泽民文选》第3卷，人民出版社2006年版，第242页。

② 李而炳主编：《21世纪前期中国对外战略的选择》，时事出版社2004年版，第60页。

③ 胡树祥主编：《中国外交与国际发展战略研究》，中国人民大学出版社2009年版，第110页。

④ 同上书，第105页。

成为当今国际关系中最首要的关键的因素。”[①] 不仅如此，在 1997 年的中央经济工作会议上，江泽民进一步提出将经济因素作为全球化趋势的重要表现和主要内容进行表述，认为“从当今世界经济发展状况来看，有这样几种趋势值得我们注意。一是世界经济技术合作加强，全球化趋势愈益明显。经济市场化、贸易与投资国际化、区域经济合作化的步伐加快，各国经济联系日益紧密，相互依存度增加，合作增强”。[②] 到了 1998 年，江泽民在学习邓小平理论工作会议（1998. 7. 17）上的讲话中正式提出“经济全球化趋势持续发展”的重要论断，[③] 并在同年召开的第九次驻外使节会议（1998. 8. 28）上就经济全球化的定义、产生原因、本质等基本理论进行了系统阐述。从此，经济全球化成为中国制定自身外交政策和方针所必须参考的国际经济背景之一。

（二）正确处理好区域合作与经济全球化的关系，将经济全球化背景下的区域经济合作放在区域合作的核心位置

经济全球化趋势在客观上所造成的包括发达国家和发展中国家在内的你中有我、我中有你的相互交织、依存的复杂经济局面，与中国的改革开放战略是不谋而合的，不仅有利于中国吸引外资，引进先进技术，还有利于学习先进管理经验，开拓国际市场。[④] 有数据表明，在进入 20 世纪 90 年代之后，中国的进出口贸易总额从 1990 年的 1154 亿美元，排名世界第 15 位，高速增长到 1999 年的 3607 亿美元，排名世界第 9 位，这就充分说明经济全球化给中国带来的巨大利益。[⑤] 但是，仍然需要看到的是，经济全球化趋势是由发达资本主义国家推动形成的，并在其中占据主导地位，中国作为一个发展中国家，面临着很多压力和挑战，比如国家主权风险和国家经济安全等。面对这种机遇与挑战，江泽民认为，中国在对外开放的基本国策上，不仅不能退缩，反而要积极参与经济全球化进程，进一步“坚定不移地扩大对外开放”，与此同时，还要“不断丰富对外开放的形

---

① 中共中央文献编辑委员会：《江泽民文选》第 1 卷，人民出版社 2006 年版，第 414 页。

② 江泽民：《在中央经济工作会议上的讲话》，《人民日报》1997 年 12 月 9 日。

③ 中共中央文献研究室：《十五大以来重要文献选编》（上），人民出版社 2002 年版，第 483 页。

④ 中共中央文献编辑委员会：《江泽民文选》第 2 卷，人民出版社 2006 年版，第 198—200 页。

⑤ 李爱华：《马克思主义国际关系理论专题研究》，人民出版社 2013 年版，第 295 页。

式与内容，不断提高对外开放的质量和水平”[①]，以更加积极的姿态走向世界。这其中，扩大区域开放，加强区域经济合作将会成为中国应对经济全球化挑战的重要途径。众所周知，亚洲范围内的大部分国家都是发展中国家，这些国家在相对不均衡的、不对称的经济全球化进程中面临着被发达国家经济渗透、扩张、被边缘化的风险，有着相同或相似的经济利益诉求，因此，它们的应对措施就是加强彼此之间的区域经济联系和区域经济合作，推动区域经济共同发展。先说东盟。20 世纪八九十年代，作为亚洲范围内第一个区域合作组织的东盟由最初的 5 个创始成员国扩大到 10 个成员国，真正涵盖整个东南亚区域。与此同时，东盟还与亚洲范围内的中国、日本、韩国、印度等国家建立起对话伙伴关系，区域经济合作开始发力。再说中国。做为区域范围内最大国家的中国在 20 世纪 80 年代末 90 年代初确定了“立足亚太，稳定周边”的区域合作方针，并且在多个公开场合对此进行了确认。1993 年，江泽民在参加第一届亚太经合组织领导人非正式会议的时候，就特别强调了亚太区域对中国的重要性。他指出：“中国实行全方位开放，面向全世界，首先是面向亚太地区。”[②] 1995 年，江泽民在会见时任新加坡总统的王鼎昌和内阁资政李光耀时也曾经强调：“中国十分重视同东盟国家的关系，把发展同东盟国家长期稳定的睦邻友好关系视为稳定周边环境的重要因素。”[③]进入 21 世纪初，江泽民在继续贯彻这一方针的基础上从“周边国家是我国重要的战略依托”的战略高度提出“同周边国家发展睦邻友好关系”的新观点，认为在新世纪，“加强睦邻友好关系”，对于“进一步稳定周边有着重大的现实意义和深远的历史意义”[④]。在 2002 年中共十六大上，江泽民正式将“区域合作”上升到战略高度，这是中国首次将“区域合作”纳入党的全国代表大会官方文件中。总之，在经济全球化的大背景下，以江泽民为核心的第三代中央领导集体相继提出“立足亚太，稳定周边”，“睦邻互信”，“睦邻友好”，“与邻为善，以邻为伴”等一系列前后呼应的区域经济政策与方针，

---

① 中共中央文献编辑委员会：《江泽民文选》第 2 卷，人民出版社 2006 年版，第 255 页。

② 江泽民：《在亚太经济合作组织领导人非正式会议上的讲话》，《人民日报》1993 年 11 月 22 日第 1 版。

③ 蒋千红：《江泽民会见王鼎昌李光耀，强调中国十分重视同东盟国家的友好关系》，《人民日报》1995 年 8 月 22 日第 1 版。

④ 中共中央文献编辑委员会：《江泽民文选》第 3 卷，人民出版社 2006 年版，第 313 页。

在这些区域经济政策与方针的正确指导下，中国与周边国家互利互惠的区域和次区域经济合作得到不断深化和发展，区域经济一体化得到不断推进，尤其是中国—东盟自贸区构想的提出[①]，更是为本区域范围内的经济合作提供了强大的内在发展动力支持。

二　在新安全观的指导下更加突出、强调区域安全合作的重要性

（一）江泽民新安全观的提出

国家安全是保障国家生存的前提，是国家利益不可分割的重要组成部分。在威斯特伐利亚体系建立以来，国家安全的本质就是保障国家主权的独立自主，维护国家领土完整，维护国民不受任何形式的损害。如果国家安全得不到保障，那么这个国家也就不是一个真正意义上的现代主权国家。20世纪80年代末90年代初，苏东剧变、苏联解体等一系列重大事件的发生，使得已经持续半个多世纪的冷战格局瞬间倒塌，对国际和区域安全形势总体来说发生了更加有利于世界和平的变化。与冷战时期相比较，国际安全环境取得了较大程度的改善，与此同时，冷战的结束也在较大程度上缓解了中国的地缘安全压力，尤其缓解了中国与苏联之间边境争端冲突压力和边境军事安全压力。中国在1991年迅速与从苏联解体中独立出来的、需要与中国重新划定国界的四个国家（吉尔吉斯斯坦、哈萨克斯坦、塔吉克斯坦、俄罗斯）进行边境区域裁军和加强军事互信的谈判，并且相继在1996年和1997年签订中、吉、哈、塔、俄《关于在边境地区加强军事领域信任的协定》和中、吉、哈、塔、俄《关于在边境地区相互裁减军事力量的协定》，这两个文件的签订对于维护区域安全、区域和平与区域发展具有重要意义，也给区域内其他类似争端的解决提供了成功的案例。尽管中国周边因为民族矛盾和边境冲突而引发局部性冲突与战争的可能性不大，区域安全总体上得到一定程度的缓解，但是，这并不表示中国的区域安全形势就得到了完全改善，因为区域安全形势也发生了很多新的深刻变化，带来了很多新的区域安全问题。

一是随着经济全球化带来的全球性或区域性问题的增加，如贫困与饥

① 2000年11月，朱镕基在第四次中国—东盟领导人会议上，首次提出建立中国—东盟自由贸易区的构想。2002年11月，在第六次中国—东盟领导人会议上，朱镕基和东盟10国领导人正式签署了《中国与东盟全面经济合作框架协议》，协议决定到2010年建成中国—东盟自由贸易区。这标志着中国—东盟建立自由贸易区进程的正式启动。

荒问题、环境污染问题、毒品犯罪问题、跨国犯罪问题、难民问题、人口问题、资源短缺问题等，[①] 这些问题给整个区域带来新的安全挑战和威胁，使得区域安全形势更加复杂多样。

二是以金融安全、贸易安全、货币安全以及财政安全为主要表现的经济安全成为区域安全的新内容，[②] 尤其以 1997 年的亚洲金融危机为典型，其所带来的资本严重流失、货币大幅度贬值、股市暴跌、企业大量倒闭、民众大量失业等严重的经济衰退，甚至可能会带来社会和政治动乱，[③] 这种破坏程度不比传统冲突和战争小，在相互依赖程度如此紧密的当代世界，它所带来的损失从一定程度上讲可能更大，影响程度可能更深，波及范围可能更广。

三是国际恐怖主义威胁。国际恐怖主义是指“暴力实施者为通过制造恐惧气氛、引起社会注意实现其政治或社会目的，而对非战斗目标（包括军队非战斗人员和无辜平民目标）进行的暗杀、爆炸、绑架、劫持人质、劫持交通工具、施毒、危害计算机系统以及其他形式的暴力、暴力威胁或非暴力的破坏活动”[④]，具有政治性、暴力性、极端性、有组织性以及突发性等特征。[⑤] 特别是在 2001 年美国“9・11”恐怖主义事件发生以后，江泽民就明确表示对国际恐怖主义的坚决反对和强烈谴责态度，指出“恐怖主义对当今世界的和平与安全构成严重威胁，已经成为国际公害”[⑥]。国际恐怖主义对于中国的威胁直接体现在以“东突伊斯兰运动”为主要代表的东突恐怖主义势力上面。冷战结束以后，东突恐怖主义势力开始在国内外频繁制造暴力恐怖活动，造成无辜平民伤亡和财产损失，不仅严重危害中国国家安全，也对区域内其他国家的和平与稳定造成严重威胁。

综上论述，可以发现，中国的区域安全形势正在发生新变化，以军事冲突或战争为主要表现的传统安全形势趋于缓和，但是以区域性安全问

---

① 高英彤：《理想国际政治秩序探寻》，吉林人民出版社 2012 年版，第 41 页。

② 胡树祥主编：《中国外交与国际发展战略研究》，中国人民大学出版社 2009 年版，第 159 页。

③ 杨国庆：《从亚洲金融危机看美国金融霸权》，复旦大学 2007 年博士学位论文。

④ 陈志军：《恐怖主义定义解读》，《犯罪研究》2004 年第 1 期。

⑤ 张明明：《恐怖主义特性和中国政府的反恐立场》，《理论前沿》2006 年第 24 期。

⑥ 江泽民：《共同促进世界的和平与发展》，《人民日报》2002 年 1 月 1 日第 1 版。

题、经济安全以及国际恐怖主义为主要代表的非传统安全[①]形势日益严峻。在这种相对复杂的国际和区域安全形势下，中国政府开始不断倡议建立一种新型的区域安全合作模式，并为此进行不断努力。这最早可以追溯到1996年7月钱其琛在印度尼西亚首都雅加达召开的第三届东盟地区论坛会议上发表的讲话，提出通过“地区多边安全对话与合作”“促进地区安全，巩固政治安全”，并适时开始探讨“综合安全”，这是中国政府首次就不同于传统安全观的新的安全观进行集中阐述，但此时并没有提出“新安全观”的概念。[②] 到了1999年联合国日内瓦裁军会议上，江泽民首次提出以“互信、互利、平等、协作”为核心内容的新安全观。2002年9月，外交部部长唐家璇在第五十七届联大一般性辩论上发表讲话，就“新安全观”进行全面、完整的阐述。他在对安全内涵不断扩大、安全共性不断增加、安全手段不断更新进行论述的基础上，进一步强调在新形势下安全观念也需要不断更新和改进，这就是以互信、互利、平等、协作为核心的新安全观。新安全观的根本宗旨是“通过对话增进相互信任，通过合作促进共同安全”[③]。此后，中国的新安全观就基本进入了具体操作和实际运用阶段。

（二）正确处理好新安全观与区域安全合作的关系，以“新安全观”指导中国的区域安全合作，通过区域安全合作进一步发展和完善“新安全观”

新安全观是以江泽民为核心的第三代中央领导集体提出来的，其中江泽民发挥了最大的影响力和作用力。以上海合作组织的建立为例，上海合

① 冷战结束后，非传统安全问题越来越多，安全研究出现“扩大化”的倾向，但是并没有使用“非传统安全”一词，而较多地使用生态安全、经济安全、人的安全等概念。根据国内学者傅勇的研究，最早使用非传统安全概念的学者是保罗·斯塔尔（Paul B. Stares）。他在1998年主编的《新安全议程：一份全球调查》（*The New Security Agenda*：*A Global Survey*）一书中首次使用“非传统安全”一词，而国内学术界和媒体是在“9·11”事件后开始使用“非传统安全”一词的。参见傅勇《非传统安全研究与中国》，复旦大学2005年博士学位论文。

② 《钱其琛在东盟地区论坛会议上的讲话》，《人民日报》1996年7月24日第6版。

③ 互信，是指超越意识形态和社会制度异同，摒弃冷战思维和强权政治心态，互不猜疑，互不敌视。各国应经常就各自安全防务政策以及重大行动展开对话与相互通报。互利，是指顺应全球化趋势发展的客观要求，各国应在维护本国利益的同时，互相尊重对方的安全利益，在实现自身安全利益的同时，为对方安全创造条件，实现共同安全。平等，是指国家无论大小强弱，都是国际社会的一员，应相互尊重，平等相待，不干涉别国内政，推动国际关系的民主化。协作，是指以和平谈判的方式解决争端，并就共同关心的安全问题进行广泛深入的合作，消除隐患，防止战争和冲突的发生。参见《唐家璇在第五十七届联大一般性辩论会上的讲话》，《人民日报》2002年9月16日第7版。

作组织的前身是上海五国会晤机制，从1996年最初建立到2000年的第五次元首会议，上海五国会晤机制的区域影响力和作用力不断扩大。从最初主要探讨“加强边境区域军事信任”的议题，逐渐扩大到维护区域安全，其中联合起来打击恐怖主义、分裂主义和极端主义势力是最主要的区域安全合作内容。中、俄、哈、吉、塔五国在边境军事领域和区域安全领域进行充分合作的基础上，逐渐“外溢”[①] 到区域经济领域，这不仅符合和平与发展的时代主题，也符合五国人民的根本利益，因为如果不将区域合作从军事和安全层面扩展到经济层面，这种区域合作将不会最大限度地惠及五国人民，而得不到国内人民最大限度支持的区域合作最终将是暂时性的，不会持续发展下去。随着中、俄、哈、吉、塔五国在军事、政治、安全、经济等各个领域相继开展区域合作，现有的上海五国会晤机制已经远远无法应对区域范围内不断产生的各种新问题，无法满足区域范围内各国的合作需求，这就要求上海五国会晤机制进一步提升自身的制度层次，进一步扩大自身的制度范围，进一步增强解决新问题的制度功能。在这种背景下，江泽民从“新安全观”角度出发提出倡议，建立了上海合作组织。通过上海合作组织的建立，中、俄、哈、吉、塔、乌六国[②]进一步深化了在区域安全领域的合作，不断推进双边和多边的区域经济合作，为实现区域共同安全目标打下坚实的区域制度和组织基础。通过上海合作组织的建立，可以看出，新安全观是中国进行区域安全合作的有效理论指导，与此同时，中国不断发展的区域安全合作实践也进一步推动了新安全观的升级。比如，“上海精神”就是在新安全观的基础上提出的一种新的、符合中亚实际需要的区域安全合作理念，是对新安全观的有益补充，也在一定程度上推动了新安全观的升华。

三　以“伙伴关系外交”思想指导区域政治合作

（一）中国伙伴关系外交的提出

国际政治语境中的伙伴关系，是由美国总统尼克松在20世纪70年代

① 这种从区域军事和安全合作到区域经济合作的“外溢”模式与欧盟从区域经济合作到区域安全合作的“外溢”模式正好相反，这也在一定程度上说明，区域合作模式是多样化的，在不同区域可以存在不同的区域合作模式。

② 2001年6月14—15日，上海五国元首在上海举行第六次会晤，乌兹别克斯坦以完全平等的身份加入“上海五国”，并成为上海合作组织的六大创始成员国之一。

提出来的，[①] 在冷战结束后的20世纪90年代开始盛行于全世界，形成一股建立“伙伴关系”的高潮。伙伴关系，主要是指在从两极向多极转变的进程中，区域与区域之间、国与国之间或者区域与国家之间，通过口头的或书面的、具有一定法律效力的条约或协定确立起来的，以谋求共同政治、经济、安全利益为目标的，共担风险的，不针对其他区域和国家的、相互合作、平等互利的新型关系。[②] 20世纪90年代中期以来，以江泽民为核心的第三代中央领导集体在继承以邓小平为核心的第二代中央领导集体的“不结盟”外交思想的基础上，在有选择性地借鉴尼克松的“伙伴关系”概念的前提上，根据不断变化的国内外复杂形势，并从进一步优化中国社会主义现代化建设的国际环境考虑，尤其是针对冷战后新出现的“中国威胁论”[③]，提出并全面实施了“伙伴关系外交”思想。中国的伙伴关系外交，具体是指中国依据自身国家利益，根据不同国家或国家组织（集团）在中国整体外交战略中的不同地位和不同作用，与不同国家或国家组织（集团）建立具有不同形式的、不同内涵的和不同程度的合作关系。根据这个定义，中国的伙伴关系外交主要有三个基本特征：一是“不结盟，不对抗，不针对第三方”，[④] 这是中国伙伴关系外交的最大特

---

① 美国总统尼克松在1970年的国情咨文中，提出以“伙伴关系、实力和谈判”为三大支柱的“新和平战略”，其中，伙伴关系用来处理美国与其全球盟友之间的关系，实力与谈判用来处理美国与社会主义国家，尤其是与苏联之间的关系。伙伴关系的核心是：美国将不再承担保卫世界上所有自由国家的全部责任，是美国世界霸主地位开始衰落的主要产物和重要表现。参见夏亚峰《“尼克松主义”即美国对外政策的调整》，《中共党史研究》2009年第4期。

② 张晓玉：《论大国关系由“同盟”向“伙伴”的转变》，《当代亚太》1997年第5期。

③ 根据国内学者葛易的考察，冷战后的“中国威胁论”最早是由日本学者村井友秀提出来的。他在1990年的《诸君》期刊上发表《论中国这个潜在的威胁》一文，将中国作为日本未来的潜在威胁，但这并没有引起很大反响。“中国威胁论”真正引起世界范围内的不良影响，是由西方学者和西方媒体渲染和传播出来的，可以说，美国学者罗斯·芒罗是将“中国威胁论”推向世界的始作俑者。他在1992年秋季号的《政策研究》期刊上发表的《觉醒的巨龙：亚洲的真正威胁来自中国》一文，认为中国将是美国未来的主要威胁，并从经济和安全两方面进行具体分析，之后有越来越多的西方媒体不断渲染“中国威胁论”，使得这一说法开始产生对中国形象的实际不良影响，尤其是一些东南亚国家开始受到这种错误说法的影响，对中国的态度开始发生一些变化。尽管中国政府、学者、媒体不断对“中国威胁论”进行驳斥，但是仍然无法在客观上消除“中国威胁论”已经造成的不良影响，并一直持续到今天。参见阎学通《愚昧的偏见与冷战对抗的遗风——驳“中国威胁论”》，《瞭望周刊》1993年第12期，胡才《消除“中国威胁论”的影响 发展中国与东南亚的关系》，《亚太研究》1993年第12期；葛易《浅析“中国威胁”论》，《国际政治研究》1994年第8期。

④ 中共中央文献编辑委员会：《江泽民文选》第3卷，人民出版社2006年版，第304—305页。

点，也是对尼克松最初提出的“伙伴关系”的根本改变。尼克松的“伙伴关系”在本质上仍然属于控制与被控制的同盟关系的变体，并不是真正的伙伴关系。所以说，中国的伙伴关系外交是一种真正意义上的相互尊重关系。二是将合作行为视为实现伙伴关系的主要途径，伙伴关系并不只是一纸文字，而是需要切切实实的行动来证明的，那种通过相互之间平等协商和谈判实现共同利益的合作行为是实现伙伴关系的主要途径。三是伙伴关系是普遍性与特殊性的结合。伙伴关系的普遍性体现在它是一种“结伴而不结盟”的“非对抗性的合作关系”上，[①] 其特殊性体现在针对不同的国家，伙伴关系的具体内涵和特点是不尽相同的，即使针对同一个国家，在不同的发展阶段，伙伴关系也会有不同的具体内涵和特点，这种特殊性主要体现在伙伴关系的修饰词语上面，如“全方位战略伙伴关系”、“建设性合作伙伴关系”、“建设性战略伙伴关系”、“战略协作关系”、“全面伙伴关系”、“友好合作伙伴关系”、“睦邻互信伙伴关系”等。[②] 中国的伙伴关系外交是对中国独立自主的和平外交政策的新发展，是在新的现实条件下对和平共处五项原则的创造性运用，同时也对“世界和平与发展”的中国外交总目标的实现起到了积极的促进作用。[③]

（二）以“伙伴关系外交”思想指导亚洲区域政治合作，与亚洲区域内国家建立伙伴关系

1996—2002 年，在“伙伴关系外交”思想的指导下，中国与亚洲区域内的很多国家建立了伙伴关系，其中，中国与印度在 1996 年建立“面向 21 世纪的建设性合作伙伴关系”，中国与巴基斯坦在 1996 年建立“面向 21 世纪的全面合作伙伴关系”，中国与尼泊尔在 1996 年建立“面向 21 世纪的世代友好的睦邻伙伴关系”，中国与东盟在 1997 年建立“面向 21 世纪的睦邻互信伙伴关系”，中国与日本在 1998 年建立“致力于和平与发展的友好合作伙伴关系”，中国与韩国在 1998 年建立“面向 21 世纪的合作伙伴关系”，中国与土耳其在 2000 年建立“新型合作伙伴关系”。通过“伙伴关系外交”，中国可以更有针对性地与区域范围内的不同国家或国家集团就双方之间具有共同利益的领域加强合

① 中共中央文献编辑委员会：《江泽民文选》第 3 卷，人民出版社 2006 年版，第 258 页。

② 刘传春：《马克思主义国际合作思想：演进与逻辑》，人民出版社 2013 年版，第 134 页。

③ 王巧荣：《论 20 世纪 90 年代中国的伙伴关系外交》，《思想理论教育导刊》2006 年第 2 期。

作，最大限度地实现双方的利益。与“结盟外交”或“集团外交”需要签署一定的正式条约或协议，具有一定的约束力不同的是，“伙伴关系外交”大多是通过双方元首的联合声明或联合公报来确定彼此之间伙伴关系的，伙伴关系相对更为自由，属于那种自觉履行“国际道义义务的合作关系”，[①] 但是也需要建立一些更为具体的执行机制来保证伙伴关系的具体落实。需要注意的是，中国与不同国家所建立的不同的伙伴关系，并不是说中国与这些国家之间的关系存在“远近亲疏”的区别，而“只是表明不同的伙伴关系在合作的领域、程度和方式上有差异而已”。[②] 总而言之，以江泽民为核心的第三代中央领导集体提出并开始实施的“伙伴关系外交”直接推动了中国与区域内国家的区域政治合作层次，尤其是区域政治互信得到明显加强，一段时间以来甚嚣尘上的“中国威胁论”也随着中国“伙伴关系外交”的具体实施戛然而止，中国与区域内国家之间开始真正实现良性政治互动。

四　加强区域合作的制度化建设

按照美国学者诺斯的观点，制度是一种“游戏规则”，是“为决定人们的相互关系而人为设定的一些制约”。[③] 延伸到国际政治舞台上，区域性国际制度是指一个特定区域范围里包括国家在内的各种国际政治行为体围绕着某个特定的区域或区域问题而人为设立的“一系列隐含的或明确的原则、规范、规则以及决策程序”[④]。区域性国际制度能够对区域社会中无政府状态产生一定程度的制约作用，向其成员提供完整而全面的区域合作信息，减少区域合作的不确定性，降低区域合作的成本，有效化解各种区域危机或冲突，塑造并保持区域合作体系的连续性和稳定性，最终形成一种关于区域合作的积极偏好和未来良性预期。[⑤] 改革开放，尤其是20世纪90年代以来，随着中国综合国力的持续增强和国际影响力的不断提高，以江泽民为核心的第三代中央领导集体对自身国家定位有了更加明

---

① 凌胜利：《中国为什么不结盟》，《外交评论》2013年第3期。

② 李葆珍：《结盟、不结盟、伙伴关系：当代中国大国关系模式的嬗变》，《郑州大学学报》（哲学社会科学版）2009年第2期。

③ 道格拉斯·C. 诺斯：《制度、制度变迁与经济绩效》，刘守英译，上海三联书店1994年版，第3页。

④ 苏长和：《重新定义国际制度》，《欧洲》1999年第6期。

⑤ 高英彤：《理想国际政治秩序探寻》，吉林人民出版社2012年版，第137—141页。

确、清晰的认识，不再将自己定位成一个“游离于国际体系”外的国家，转而定位成一个“在国际体系内发挥重要作用”的国家，[①] 中国对自身国际身份认知的改变，使得中国在短时间内就改变了对区域性组织、制度或机制的态度，从过去那种不参与或被动参与区域合作的态势，转变为积极参与区域合作，[②] 在不断加强与区域范围内国家之间双边合作关系的基础上，同时强调要积极参与区域范围内的多边合作关系。这主要体现在两个方面：一是积极参加各种现已存在的由区域范围内的其他国家或国家集团联合建立起来的不同层次的、不同内容的区域性组织、制度或机制，如亚太经合组织、东盟区域论坛；二是利用自身的区域影响力，建立符合区域范围内国家共同利益的新的多边区域合作组织、制度或机制，引导区域合作朝着有利于自己的方向发展，如上海合作组织、美中朝韩四方会谈机制、东盟“10＋1”合作机制和东盟“10＋3”合作机制。通过以上趋于制度化的区域合作实践，中国深度融入区域社会，并在积极参与区域合作实践的复杂互动进程中不断学习、借鉴和创新，形成关于区域合作的新的认知。在新的区域合作认知的基础上，中国又重新投入新一轮的区域合作实践进程中，进一步形成新的区域合作认知。[③] 经过区域合作实践—区域合作认知—新的区域合作实践—新的区域合作认知这种连续的、完整的、不间断的区域合作实践进程，中国不仅收获了巨大的利益，同时也获得了区域内大部分国家的认同。它们对于中国全面融入区域社会以及中国正在日益深刻地影响区域社会的事实基本上不持异议。总之，以江泽民为核心的第三代中央领导集体通过区域性多边组织、制度或机制成功地将区域合作“从口号式的规则转化成具有法律约束力的规则”，为最终建立具有“我们感觉”的“区域共同体”社会打下坚实的制度基础。[④]

第三节　胡锦涛区域合作思想

1978—2002年，经过以邓小平和江泽民为核心的两代中央领导集体

---

① 储新宇：《区域合作秩序的建构与中国的策略选择——历史与现实维度的经验分析》，吉林大学出版社2012年版，第111页。

② 秦亚青：《国家身份、战略文化和安全利益——关于中国与国际社会关系的三个假设》，《世界经济与政治》2003年第1期。

③ 朱立群等：《中国与国际体系：进程与实践》，世界知识出版社2012年版，第2—3页。

④ 秦亚青等：《国际体系与中国外交》，世界知识出版社2009年版，第285页。

在区域合作方面的深度耕耘，中国已经从独立于区域社会的“旁观者”成功转变为区域社会的重要参与者，从以与区域内国家的双边合作为主逐步扩展到双边合作与多边合作并重，并且开始建立并主导区域合作的制度化进程。中国深度参与区域合作进程，一方面显著增强了中国的综合国力和区域内国家对中国的信任，另一方面也使区域内国家提高了对中国的期望值，增加中国大国责任和区域责任的舆论呼声不绝于耳。与此同时，区域合作也给中国带来了更多新的挑战，其中，以国内问题区域化和区域问题国内化为主要表现的国内社会与区域社会的联动效应所带来的挑战性最为突出，“整合内外资源，理清和整合国内机制，将两个大局合二为一”①成为中国制定区域合作战略的必然要求。正是在这种背景下，2003—2012年，以胡锦涛为总书记的中央领导集体在充分继承和发展邓小平、江泽民的相关区域合作理论的基础上，面对纷乱复杂的区域环境，准确掌握新的区域形势，提出新的区域合作理论观点，实现区域合作认知上的巨大飞跃。

一　区域合作已经从过去的“工具性手段”升华成“价值观”

以胡锦涛为总书记的中央领导集体关于区域合作的认知与以往的最大不同在于将区域合作从过去的“工具性手段”升华成“价值观”，具体来讲，无论是邓小平时代的中国区域合作实践，还是江泽民时代的区域合作实践，都是为了最大限度地实现中国的国家利益，尤其注重经济利益和安全利益。对于那些可能会给中国的国家利益带来损害的区域合作组织、制度或机制，中国往往采取观望、怀疑的态度，并不会立即参与其中。也就是说，中国会有选择性地进行区域合作，这就说明了此时的区域合作仅仅体现为一种实现国家利益的“工具性手段”；到了胡锦涛时代，在过去作为“工具性手段”的区域合作实践基础上，中国的综合国力以及区域主导地位已经得到较大程度的提升，中国的自身利益与区域利益已经实现初步融合，这种客观事实决定了中国已经无法像过去一样再“游离”于区域社会以外，也决定了中国必须而且只能够通过全面参与“区域合作”来推动中国与区域内其他国家的共同发展，推动中国利益与区域利益的共

① 杨洁勉等：《中国共产党和中国特色外交理论与实践》，东方出版中心2011年版，第50页。

同实现。就是对于一些以往认为具有歧视性的区域组织、制度或机制，中国也积极参与并利用自己的影响力逐渐影响和修正其区域合作规则。[①] 正是在这种利益相互交织、一个“区域共同体”已初见端倪的现实背景下，以胡锦涛为总书记的中央领导集体开始将“合作”与“和平”及“发展”并列并提升到国际主流趋势的重要地位上，这是自邓小平将中国的“世界认知”[②] 从“战争与革命”转换成“和平与发展”之后中国的“世界认知”又一次发生重要转变。这次转变并不是对“和平与发展”的否定，而是在其基础上的继承与升华。中国“和平、发展、合作”思想的提出，在一定程度上使合作“内化为国家生存之所需”，成为指导中国外交的一种“世界观”和“文化”。[③] 在这个意义上，作为合作在区域层面上具体表现的区域合作，也是指导中国区域外交的一种价值观。早在2004年4月，胡锦涛就在博鳌亚洲论坛上指出，在世界范围内，“世界要和平、国家要发展、人民要合作是不可阻挡的历史潮流”，在亚洲范围内，“和平、发展、合作已成为亚洲前进的主流”，“和平、发展、合作”同时也是引领亚洲各国共同前进的旗帜。[④] 同年9月，胡锦涛在与第三届亚洲政党国际会议代表进行会谈时再次强调，“和平、发展、合作已经成为亚洲形势的主流”，所以说，区域合作已经成为包括中国在内的亚洲范围内的所有国家之间进行交流，实现共同发展的指导思想，即便现有的区域秩序存在着一定的缺陷，即便中国与区域范围内的一些国家存在着一定的区域矛盾和摩擦，中国也会通过富有建设性的区域合作，“参与、维护和建设”区域体系，从而促使区域体系朝着有利于公正、合理的方向发展，[⑤] 就像温家宝在2005年首届东亚峰会上所说的那样，“区域合作是当今时代的一个重要趋势”，只有通过区域合作，“我们才能超越彼此分歧”，只有通过区域合作，“我们才能不断扩大共同利益”，只有通过区域合作，“我们才能有效应对各种挑战，抵达共赢的彼岸”[⑥]。

---

① 胡树祥主编：《中国外交与国际发展战略研究》，中国人民大学出版社2009年版，第248页。

② 即中国对世界发展和未来趋势的总体认识情况。

③ 胡树祥主编：《中国外交与国际发展战略研究》，中国人民大学出版社2009年版，第229页。

④ 胡锦涛：《中国的发展 亚洲的机遇——在博鳌亚洲论坛2004年年会开幕式上的演讲》，《人民日报》2004年4月25日第1版。

⑤ 胡树祥主编：《中国外交与国际发展战略研究》，中国人民大学出版社2009年版，第247页。

⑥ 温家宝：《坚持开放包容 实现互利共赢——在首届东亚峰会上的讲话》，《人民日报》2005年12月15日第1版。

二　以“睦邻、安邻、富邻”指导中国新时期的区域合作实践

2003 年，温家宝借出席东盟商业与投资峰会的机会，将中国新时期的区域合作政策首次明确表述为“睦邻”、“安邻”和“富邻”，[①] 这是对中共十六大提出的“与邻为善，以邻为伴”总体区域合作方针的新的内容阐述，将中国的区域合作实践划分得更为细化，目标更为明确，更加具有现实操作性。2004 年 8 月，胡锦涛在第十次使节会议上再一次指出，“要坚持与邻为善，以邻为伴的方针和睦邻、安邻、富邻的政策，把加强双边友好与区域合作结合起来”[②]。以此作为起点，“睦邻、安邻、富邻”成为中国未来十年（2003—2012）区域合作实践的具体指导政策。

（一）以“睦邻”政策指导中国区域政治合作

从字面意思看，“睦”指的是和谐、友好、亲近，“睦邻”通俗来讲就是指好邻居的意思，延伸到国际政治领域，“睦邻”指的是互为邻国的两个或多个国家相互之间和好、亲近关系。具体到中国的“睦邻”政策，则是指中国为建立或保持与周边邻国[③]之间和好、亲近关系而采取的一系列政策措施。这可以从以下两个方面对其进行深入理解：其一，“睦邻”属于区域政治关系范畴，是中国与周边国家或国家集团之间通过高层（主要是国家元首、政府首脑）互访、缔结联合声明、联合公报、双边和约等外交途径而建立的和谐的、稳定的、友好的区域政治关系，它建立在国家平等的基础之上，与那些建立在不平等国家关系基础上的区域政治关系截然不同，如中国在改革开放之前与苏联等社会主义国家采取的结盟政策，又如苏联在冷战时期对其邻国采取的大家庭方式等。这些都是不平等的区域政治关系的典型代表。在“睦邻”政策指导下，中国不仅与绝大多数周边国家建立起具有良好稳定预期的双边政治互信关系，还与区域范围内的相关区域或次区域组织建立起良好的政治互信关系。例如，中国在

---

① 温家宝：《中国的发展和亚洲的振兴——在首届东盟商业与投资峰会上的讲话》，《人民日报》2003 年 10 月 8 日第 1 版。

② 胡锦涛：《在第十次驻外使节会议上的讲话》，《人民日报》2004 年 8 月 30 日第 1 版。

③ 中国是世界上拥有邻国最多的国家，共有邻国 20 个，其中，陆上邻国 14 个，分别是：朝鲜、俄罗斯、蒙古、哈萨克斯坦、吉尔吉斯斯坦、塔吉克斯坦、阿富汗、巴基斯坦、印度、不丹、尼泊尔、缅甸、老挝和越南；海上邻国 6 个，分别是：韩国、日本、菲律宾、马来西亚、文莱、印度尼西亚。参见邱观史《中国应与邻国构建陆上财富带》，国际在线，2010-1-4，http：//gb. cri. cn/27824/2010/01/04/4865s2721295. htm。

2003 年加入《东南亚友好合作条约》，这使得中国成为第一个东南亚区域以外签署东盟友好合作条约的国家，极大地提高了中国与东盟国家之间的政治互信水平，也为进一步强化中国和东盟国家之间的战略互信奠定了坚实的政治和法律基础。[①] 不仅如此，中国在 2005 年正式成为南亚区域合作联盟的观察员，标志着中国与南亚国家的政治互信水平达到一个新的高度，这是中国继在中亚主导建立上海合作组织，在东南亚参加东盟“10 + 1”、“10 + 3”多边机制之后参加的第三个区域性多边合作机制，中国的“睦邻”政策得到进一步的落实。其二，“睦邻”政策是一个长期的区域政治合作过程，在周边国家中开展的“伙伴关系外交”成为持续落实“睦邻”政策的一个重要途径，以胡锦涛为核心的第四代中央领导集体在 2003—2012 年将“伙伴关系外交”进一步深化，并全面落实。一方面，中国与东盟、印度、尼泊尔、巴基斯坦、韩国以及土耳其 6 个国家或国家集团在原有的伙伴关系基础上进一步升级；[②] 另一方面，中国分别与蒙古、哈萨克斯坦、斯里兰卡、乌兹别克斯坦、阿富汗、柬埔寨、越南、老挝、印度尼西亚、孟加拉国、缅甸、阿联酋、泰国 13 个区域内其他国家建立起新的伙伴关系。[③] 通过以上“伙伴关系外交”的持续发展，中国的“睦邻”政策得到全面落实，中国与周边国家的相互理解与信任程度

① 胡树祥主编：《中国外交与国际发展战略研究》，中国人民大学出版社 2009 年版，第 282 页。

② 中国与东盟 2003 年将“面向 21 世纪的睦邻互信伙伴关系”升级为“面向和平与繁荣的战略伙伴关系”；中国与印度 2005 年将“面向 21 世纪的全面合作伙伴关系”升级为“面向和平与繁荣的战略合作伙伴关系”；中国与尼泊尔 2009 年将“面向 21 世纪的世代友好的睦邻伙伴关系”升级为“全面合作伙伴关系”；中国与巴基斯坦 2012 年将“面向 21 世纪的全面合作伙伴关系”升级为“全面战略伙伴关系”；中国与韩国 2003 年将“面向 21 世纪的合作伙伴关系”升级为“全面合作伙伴关系”，并在 2008 年将“全面合作伙伴关系”再次升级为“战略合作伙伴关系”；中国与土耳其 2010 年将“新型合作伙伴关系”升级为“战略伙伴关系”。

③ 中国与蒙古 2003 年建立“睦邻互信伙伴关系”，2010 年将“睦邻互信伙伴关系”升级为“战略伙伴关系”；中国与哈萨克斯坦 2005 年建立“战略伙伴关系”，2011 年将“战略伙伴关系”升级为“全面战略伙伴关系”；中国与斯里兰卡 2005 年建立“真诚互助、世代友好的全面合作伙伴关系”；中国与乌兹别克斯坦 2005 年建立“友好合作伙伴关系”，2012 年将“友好合作伙伴关系”升级为“战略伙伴关系”；中国与阿富汗 2006 年建立“全面合作伙伴关系”，2012 年将“全面合作伙伴关系”升级为“战略合作伙伴关系”；中国与柬埔寨 2006 年建立“全面合作伙伴关系”，2010 年将“全面合作伙伴关系”升级为“全面战略合作伙伴关系”；中国与越南 2008 年建立“全面战略合作伙伴关系”；中国与老挝 2009 年建立“全面战略合作伙伴关系”；中国与印度尼西亚 2010 年建立“战略伙伴关系”；中国与孟加拉国 2010 年建立“全面合作伙伴关系”；中国与缅甸 2011 年建立“全面战略合作伙伴关系”；中国与阿联酋 2012 年建立“战略伙伴关系”；中国与泰国 2012 年建立“全面战略合作伙伴关系”。

得到极大的提升，“共筑本地区稳定、和谐的国家关系结构”[①] 亦不难实现。

（二）以“安邻”政策指导中国区域安全合作

“安邻”实际上就是指通过各种区域安全合作实践，在使中国获得良好的区域安全环境的同时，同时使周边国家获得客观事实意义上的安全和主观情感意义上的安全感，就像建构主义理论所说的那样，安全并不单纯是一种客观存在，也是一种主观建构，是国家之间互动实践的结果。这种互动实践既可能产生安全感，也可能产生不安全感。客观事实安全是指中国与周边国家通过和平谈判和双边、多边协商解决了相互之间的区域矛盾和问题，实现了区域范围内所有国家的和平、安定。这种实现客观安全的“安邻”努力主要体现在两个方面：一是在时机成熟的情况下，中国与越南、蒙古、老挝、缅甸、塔吉克斯坦等陆上邻国进行边境划界谈判、双边安全合作、多边安全合作，成功解决了一些涉及区域安全的重大问题；[②] 二是中国在2002年签订《南海各方行为宣言》的基础上，继续释放出巨大的和平善意，与越南、菲律宾等存在海上岛屿争议的部分东盟国家进一步深化海洋合作，使海洋争端得到最大限度的和平解决，使南海真正成为“和平之海、友谊之海”。主观情感安全实际上是指一种心理状态，是国家对作为客观事实安全现状的一种主观认识，这种认识既可能是正确的，也可能是错误的。相比客观安全而言，主观安全更加难以实现，这也就是在中国一直努力推动区域综合安全的同时，在周边国家的媒体、精英、民众中仍然经常出现“中国威胁论”的原因。所以说，在“安邻”政策方面，中国不仅要努力推动区域范围内所有国家的客观安全，而且要提高中国政府的区域公共外交水平，增强中国的区域公共外交能力，[③] 将中国在大量区域安全实践中所充满的善意成功地传递到周边国家的媒体及其精英、民众当中，并转化成主观安全的安全感，使周边国家及其民众从内心不再产生对中国的恐惧感，建立一种客观安全与主观安全相统一的区域安全共同体。

---

① 温家宝：《中国的发展和亚洲的振兴——在首届东盟商业与投资峰会上的讲话》，《人民日报》2003年10月8日第1版。

② 胡树祥主编：《中国外交与国际发展战略研究》，中国人民大学出版社2009年版，第289页。

③ 王伟华：《“中国周边公共外交”学术研讨会综述》，《国际展望》2013年第5期。

（三）以“富邻”政策指导中国区域经济合作

“富邻”，就是指在中国经济发展的同时，也让周边邻国享受到中国经济发展所带来的“红利”，实现区域内国家的共同经济发展。在中国与东盟区域经济合作方面，随着2002年《中国与东盟全面经济合作框架协议》的签订，中国和东盟国家经过近十年的努力，分别经过2003年“早期收获计划”的实施，2004年《货物贸易协议》的签署，2007年《服务贸易协议》的签署，终于在2010年正式建成中国—东盟自由贸易区。它是世界上覆盖人口最多的自由贸易区，也是仅次于欧盟和北美自由贸易区的世界上第三大经济规模的自由贸易区，同时也是发展中国家最大的自由贸易区。在中国与中亚国家的区域经济合作方面，上海合作组织发挥了巨大的区域平台作用。相关统计数据显示，“中国与上海合作组织成员国间的贸易额从2001年的121亿美元增长到2012年的1237亿美元，增长超过10倍”[①]，可见，上海合作组织已经成为“富邻”政策在中亚得到实际落实的一个有力的区域平台。

三　区域合作是中国和平发展的重要载体

（一）和平发展的提出

“和平发展”最初被称为“和平崛起”，是由郑必坚最早提出来的。他在2003年11月举行的博鳌亚洲论坛年会上提出，在经济全球化的新时代条件下，中国不会走“国强必霸”的老路，而是要“和平崛起”[②]。随后胡锦涛和温家宝等国家领导人在多个场合从官方层面对“和平崛起”进行了正式阐述，[③] 在国内外产生了较大反响。其中，既有肯定的声音，以布热津斯基为代表，他分别从中国近代的屈辱历史遭遇、中国改革开放以来以经济发展为主的发展道路以及中国想方设法深度融入国际体系的做法，阐述了作为“后起之秀”的中国与现有霸主美国之间的冲突并非不

---

① 商务部欧洲司：《上海合作组织区域经济合作的回顾与展望》，《国际商报》2013年9月16日。

② 郑必坚：《郑必坚论集》下卷，上海人民出版社2005年版，第1189—1190页。

③ 2003年11月，温家宝在美国哈佛大学演讲时，代表中国政府首次提出“中国和平崛起”的议题。同年12月，胡锦涛在纪念毛泽东同志诞辰110周年座谈会上进一步阐述中国“坚持走和平崛起的发展道路”的必要性。2004年2月，胡锦涛在中共中央政治局第十次集体学习时又强调，要将和平崛起道路与独立自主的和平外交政策有机结合起来。同年3月，温家宝在两会之后的记者招待会上再一次阐述了中国和平崛起道路的重要内涵，这是中国政府最后一次在公共场合提出“和平崛起道路”，后来都改为“和平发展道路”。参见常欣欣《中国特色社会主义与中国和平发展新道路》，人民出版社2013年版，导论第1—2页。

可避免，中国“和平崛起”的可能性是很大的；[①] 也有质疑的声音，米尔斯海默的观点最为典型，他认为中国不可能“和平崛起”，如果中国的经济一直保持高速发展的话，中美之间必将产生激烈的安全竞争，而且包括印度、越南、俄罗斯等在内的中国的邻国也会参与到限制中国崛起的行列中。[②] 这种质疑的甚至是“误读”的声音已经开始影响中国提出“和平崛起”的原本意图，在这种背景下，国家领导人在综合听取各种意见的基础上，提出用“和平发展”来代替“和平崛起”。在2004年4月的博鳌亚洲论坛年会上，胡锦涛从官方层面提出“和平发展”，并在同年8月的第十次驻外使节会议和纪念邓小平诞辰100周年纪念大会上、同年9月的中共十六届四中全会等多个场合连续对“坚持走和平发展的道路”进行解读。2005年12月，国务院发布《中国的和平发展道路》白皮书，分别从中国和平发展道路的历史必然性、中国发展与世界发展的一致性、科学创新发展、互利共赢共同发展以及最终目标五个方面进行了详细阐述，并且将中国和平发展道路概括为“和平的发展、开放的发展、合作的发展、和谐的发展”[③]，这是中国政府第一次明确阐述中国和平发展道路的具体内涵。《中国的和平发展道路》白皮书的发布表明，和平发展道路已经正式成为以胡锦涛为总书记的中央领导集体外交理论的重要组成部分，是新时期中国特色外交理论的主要内容之一。在2007年的中共十七大上，胡锦涛正式宣布中国将会“走和平发展道路”，并将其郑重地写进中共十七大报告，这是“中国共产党在新的历史起点和战略全局高度作出的一次开创性理论创新”[④]。2011年，国务院再次发布《中国的和平发展》白皮书，分别从道路开辟、总体目标、具体对外方针政策、历史必然性以及世界意义五个方面对中国的和平发展进行全面解读。与此同时，中国和平发展的主要特征显得更为鲜明，“科学发展、自主发展、开放发展、和平发

---

① Z. Brzezinski, “Make Money, Not War,” *Foreign Policy*, 2005 (146): 46-47.

② J. Mearsheimer, “Better to be Godzilla than Bambi,” *Foreign Policy*, 2005 (146): 47-48.

③ 和平的发展是指“争取和平的国际环境发展自己，又以自身的发展促进世界和平”；开放的发展是指“依靠自身力量和改革创新实现发展，同时坚持实行对外开放”；合作的发展是指“顺应经济全球化发展趋势，努力实现与各国的互利共赢和共同发展”；和谐的发展是指“坚持和平、发展、合作，与各国共同致力于建设持久和平与共同繁荣的和谐世界”。参见中国国务院新闻办公室《中国的和平发展道路》，《人民日报》2005年12月23日第15版。

④ 常欣欣：《中国特色社会主义与中国和平发展新道路》，人民出版社2013年版，第2页。

展、合作发展、共同发展”① 是以胡锦涛为总书记的中央领导集体对中国和平发展的准确思想认识和理论表达，是对改革开放以来的中国特色社会主义外交实践的完整总结。

（二）中国和平发展与区域合作是相辅相成的，中国和平发展离不开区域合作的支持

中国和平发展需要有一个良好的外部环境，其中，一个稳定的、和谐的区域环境是至关重要的。在不同的时代主题下，实现区域稳定与和谐会采取不同的基本方式，② 一是以区域对抗、冲突或战争为主要内容的区域武力征服，这种方式在以战争与革命为时代主题的近现代国际政治历史上被大多数国家，尤其是大国所认同并实践，一直到一战、二战的爆发，这种方式才被世界各国及其人们所摈弃；二是区域合作方式，这种方式在以和平与发展为时代主题的当代世界被大多数国家及其人们所认同，尤其是冷战结束后，区域合作方式已经是区域各国及其人们实现本国国家利益的主要行为方式。在和平、发展、合作、共赢成为世界主流的当代世界，中国必须而且只能通过区域合作方式实现和平发展。一方面，这是由中国的国情决定的，改革开放以前的中国是一个相对贫穷和落后的发展中国家，与中国作为政治大国的国际地位相比，中国的经济实力、军事实力以及文化实力都相对薄弱，所以说，改革开放以后的三十多年里，中国外交的总体目标就是为中国以经济建设为核心的综合国力发展创造最为和谐、有利的国际环境，其中，区域环境是实现中国综合国力持续、健康发展的最重要外在保障。③ 另一方面，这是由世情决定的，冷战结束以后，尤其是进入 21 世纪以来，全球化和区域化趋势在不同的方向同时向纵深发展，尤

① 科学发展是指尊重并遵循经济社会和自然发展规律，牢牢扭住经济建设这个中心，不断解放和发展社会生产力；自主发展是指始终坚持独立自主，把国家发展的基点和重心放在国内，主要依靠自身力量和改革创新推动经济社会的发展，不把问题和矛盾转嫁给别国；开放发展是指把改革开放作为一项基本国策，以开放的姿态融入世界，建立并完善内外联动、互利共赢、安全高效的开放型经济体系；和平发展是指中国绝不搞侵略扩张，永远不争霸、不称霸，始终作为维护世界和地区和平稳定的坚定力量；合作发展是指坚持以合作谋和平、以合作促发展、以合作化争端，同其他国家建立和发展不同形式的合作关系；共同发展是指坚持自身利益与人类共同利益的一致性，在追求自身发展的同时努力实现与他国发展的良性互动，促进世界各国共同发展。参见中国国务院新闻办公室《中国的和平发展》，《人民日报》2011 年 9 月 7 日第 14 版。

② 杨守明：《全球化、国际合作与中国和平发展》，《安徽师范大学学报》（人文社会科学版）2005 年第 4 期。

③ 仇华飞：《中国和平崛起与区域合作战略》，《毛泽东邓小平理论研究》2007 年第 5 期。

其是亚洲经济发展迅速，在整个世界中的地位和作用不断提升，世界权力重心从欧美大陆向亚洲转移。在这种背景下，中国与区域社会已经“依存”成为一个完全交织在一起的整体，中国的和平发展开始受到越来越复杂的区域环境的掣肘，尤其是像区域外大国的权力和利益介入、区域范围内领土主权争端久拖不决、重大国际性或区域性突发事件的产生等新挑战、新问题和新矛盾不断增加，[①] 中国必须通过各种形式的、各种领域的区域合作来解决这些问题，从而为中国的和平发展保驾护航。所以说，区域合作是中国和平发展的题中之义，[②] 是践行中国和平发展道路的一个不可或缺的重要载体。

四　和谐区域是中国区域合作的根本目标

（一）和谐区域是和谐世界在区域层面的具体体现

2005 年 4 月，胡锦涛在出席亚非峰会时首次提出“和谐世界”的新理念，[③] 这是“和谐社会”理念在国际层面的自然延伸，也可以称之为“国际和谐社会”[④]。同年 7 月，胡锦涛在访问俄罗斯的时候，将“和谐世界”理念正式写入《中俄关于 21 世纪国际秩序的联合声明》中，这是“和谐世界”理念在提出之后第一次被承认并成为构建双边关系的共识。[⑤]

---

① 李玉敏、王光厚：《论区域合作与中国的和平发展》，《理论探讨》2007 年第 5 期。

② 在这里，也有学者提出了一些比较独特的观点。国内学者车丕照认为，由于区域合作涉及区域社会中不同国家之间的关系，因此，就必然会产生一定的国际法问题。国内学者经常会产生一个误区，认为区域合作已经成为国家的一种国际法律义务，甚至成为国家法的一项基本原则，事实上，这种观点是不完全正确的。我们常说的区域合作可能是一种国际法律义务，也可能是一种纯粹的道德义务。那些在国际条约和国际习惯法中得到确认的区域合作才是国际法律意义上的区域合作，成员国必须履行不仅包括条约中为缔约国所设立的具体区域合作义务，还包括条约中所规定的进一步区域合作的义务。还有一些在国际习惯法中已经得到承认的规定，如不干涉他国内政，也都属于区域合作的法律义务。那些没有得到国际习惯法和国际条约规定的区域合作就属于道德意义上的区域合作，它不会产生任何法律意义上的责任，所以，国家履行与否要视具体情况而定。当然我们也应该看到，道德意义上的区域合作义务可以在条件成熟的时候转化成法律意义上的区域合作义务。参见车丕照《和平发展与国际合作义务》，《法学家》2004 年第 6 期。

③ 2005 年 4 月 22 日，胡锦涛在亚非峰会上发表《与时俱进 继往开来 构筑亚非新型战略伙伴关系》的讲话，提出“共同构建一个和谐世界”的宏观愿景。参见胡锦涛《与时俱进 继往开来 构筑亚非新型战略伙伴关系》，《人民日报》2005 年 4 月 23 日第 1 版。

④ 2005 年 9 月，胡锦涛在接见出席世界法律大会的部分代表时，就提出“国际和谐社会”的说法，这一说法与和谐世界的内涵完全一致，即“持久和平，共同繁荣”。

⑤ 在这里很容易让人联想到和平共处五项原则的“提出—得到双边承认—得到多边承认—得到几乎整个国际社会承认”的发展过程。

同年9月，胡锦涛在出席庆祝联合国成立六十周年首脑会议上发表讲话，郑重向全世界宣称中国将会和世界各国一道“努力建设持久和平、共同繁荣的和谐世界”①。根据以胡锦涛为总书记的中央领导集体关于和谐世界的相关论述，和谐世界的内涵是清晰的，应当是一个“民主的世界、和睦的世界、公正的世界和包容的世界”②。具体来讲就是，通过民主、平等的政治合作实现民主的世界，通过睦邻、互信的安全合作实现和睦的世界，通过公正、互利的经济合作实现公正的世界，通过包容、开放的文化合作实现包容的世界。③ 和谐世界的主要特征也是明确的，即“持久和平、共同繁荣”，事实上，持久和平与共同繁荣就是对和平与发展的时代主题在时间维度和空间维度上的无限延长、拉伸，持久和平赋予和平这个时代主题的一个无限时间延长，共同繁荣赋予发展这个时代主题在空间维度上的无限拉伸，在持久和平与共同繁荣的“平行发展”基础之上，二者相互之间也具有密切的逻辑联系，持久和平为共同繁荣创造了理想的外在环境基础，为共同繁荣提供了足够长的实现空间，而共同繁荣则为持久和平创造了丰富的物质资料和精神支撑，是实现持久和平的可靠保障。④和谐世界理想目标追求的提出是自从1949年新中国成立以来以毛泽东、邓小平、江泽民为核心的中国历届中央领导集体在相继提出和平共处的基本原则、和而不同的行为准则、和平发展的道路选择之后，对中国外交理论体系的进一步完善。在“和谐世界”理念提出来之后，国家领导人又在不同场合提出了“和谐区域”的理念，是“和谐世界”理念在区域层面的具体体现。2006年6月15日，胡锦涛在上海合作组织成员国元首理事会第六次会议上的讲话中，就上海合作组织所面临的现实机遇和重大挑战，提出“努力把本地区建设成为持久和平、共同繁荣的和谐地区”⑤ 的远景目标，这是“和谐区域”第一次出现在中央领导人的官方讲话中。两天后的6月17日，胡锦涛在亚洲相互协作与信任措施会议成员国领导人第二次会议上再一次就亚洲安全合作问题提出倡议，“所有亚

---

① 胡锦涛：《努力建设持久和平、共同繁荣的和谐世界》，《人民日报》2005年9月16日第1版。

② 中国国务院新闻办公室：《中国的和平发展道路》，《人民日报》2005年12月23日第15版。

③ 同上。

④ 胡树祥主编：《中国外交与国际发展战略研究》，中国人民大学出版社2009年版，第321页。

⑤ 胡锦涛：《共创上海合作组织更加美好的明天——在上海合作组织成员国元首理事会第六次会议上的讲话》，《人民日报》2006年6月16日第1版。

洲国家应该携手建设一个持久和平、共同繁荣的和谐亚洲”[①]。同年11月，胡锦涛在亚太经合组织第十四次领导人非正式会议上就亚太范围内各国之间的区域合作提出建议，并承诺中国“愿同亚太经合组织各成员携手努力，为推动建设持久和平、共同繁荣的和谐亚太大家庭作出贡献”[②]。2007年1月，温家宝在第十次东盟与中日韩领导人会议上就东亚合作的历史、现状及未来发表讲话，并提出“共建和平、繁荣、和谐的东亚”[③] 的倡议。“和谐亚洲”、“和谐东亚”“和谐亚太”等都是“和谐区域”理念在不同具体区域上的具体表述，在国际法上属于道德义务，而在2007年上海合作组织成员国元首理事会第七次会议上，“和谐区域”以《上海合作组织成员国长期睦邻友好合作条约》的国际条约形式正式确定下来，[④] 这里的“和谐区域”已经成为缔约国家及其人们具有约束力的法律义务。“和谐区域”的内涵及特征与“和谐世界”是一脉相承的，即是一个持久和平、共同繁荣的民主、和睦、公正、包容的区域。提出“和谐区域”的意义还体现在，丰富了中国积极“统筹国内国外两个大局”的具体内容，即透过“国内—区域—世界”的逻辑层次链条，根据中国的“中国之中国”、“亚洲之中国”、“世界之中国”的三个不同身份[⑤]，依次提出“和谐社会”、“和谐区域”、“和谐世界”三个层次的目标追求，从而形成一个既具有完整性，又具有系统性，还具有内在逻辑统一性的中国特色内政外交理论体系。[⑥]

---

① 胡锦涛：《携手建设持久和平 共同繁荣的和谐亚洲——在亚洲相互协作与信任措施会议成员国领导人第二次会议上的讲话》，《人民日报》2006年6月18日第1版。

② 胡锦涛：《推动共同发展 谋求和谐共赢——在亚太经合组织第十四次领导人非正式会议上的讲话》，《人民日报》2006年11月19日第1版。

③ 温家宝：《共建和平、繁荣的和谐东亚——在第十次东盟与中日韩领导人会议上的讲话》，《人民日报》2007年1月15日第3版。

④ “上海合作组织成员国长期睦邻友好合作条约”，中国人大网，http：//www. npc. gov. cn/wxzl/gongbao/2008 - 12/24/content_ 1467393. htm。

⑤ 1901年，梁启超发表《中国史叙论》一文，提出了“中国民族”的概念，并将中国民族的演变历史从纵向划分为三个时代：（1）上世史，自黄帝迄秦之一统，是为中国之中国，即中国民族自发达、自竞争、自团结之时代也；（2）中世史，自秦统一后至清代乾隆之末年，是为亚洲之中国，即中国民族与亚洲各民族交涉、繁赜、竞争最激烈之时代也；（3）近世史，自乾隆末年以至于今日，是为世界之中国，即中国民族合同全亚洲民族与西人交涉、竞争之时代也。本书在横向维度上，借用“中国之中国”、“亚洲之中国”、“世界之中国”来说明处于不同层次、具有不同角色身份的当今中国，有着不同层次的但内在逻辑一致的战略目标。参见梁启超《中国史叙论》，《饮冰室合集》（第1册，文集之六），中华书局2003年版，第11—12页。

⑥ 刘昌黎：《和谐世界与东亚和谐》，东北财经大学出版社2011年版，第138—139页。

（二）中国区域合作是构建和谐区域的关键一环[①]，和谐区域是中国区域合作的根本目标

在今天这样一个相互依赖程度不断加深的“地球村”时代，构建一个稳定、和平、繁荣的和谐区域，就需要中国通过各种方式和途径，在不损害中国的核心国家利益[②]的前提下，参与并构建各种区域性组织、制度或机制等平台，不断加强与区域内国家在政治、安全、经济、文化各方面的区域或次区域合作，积极解决中国与区域范围内国家之间所存在的各种区域性障碍，包括边境争议、岛屿争端、经济利益冲突、跨国性区域问题等，借鉴其他区域相对比较成熟的区域合作模式，创建符合本区域实际情况的新型区域合作体系，走一条有自己特色的区域合作道路。只有这样，才能够消除那些对中国宣称“走和平发展道路，实现和谐区域理想”持怀疑态度的国家的疑虑，真正将“和谐区域”从口号变成行动，从理想变为现实。

---

① 余建华：《构建和谐世界的关键一环：中国与亚洲区域合作》，上海市社会科学界联合会。《和谐世界：和平发展与文明多样性——上海市社会科学界第四届学术年会文集》（2006年度），上海人民出版社2006年版，第31—40页。

② 中国的核心利益包括：国家主权，国家安全，领土完整，国家统一，中国宪法确立的国家政治制度和社会大局稳定，经济社会可持续发展的基本保障。参见中国国务院新闻办公室《中国的和平发展》，《人民日报》2011年9月7日第14版。

第五章　面向未来的中国区域合作的前瞻思考

第四章主要对改革开放以来中国区域合作的理论演进进行了抽象总结，可以说取得了一定的成绩，但不可否认的是，改革开放以来中国区域合作理论也存在着很多问题。这主要体现在两个方面。

一是作为主观认识的中国区域合作理论在一定程度上缺乏“问题意识”，“实践导向性”不足，与中国在现实实践中所获取的实际区域合作经验存在不一致性。这种矛盾构成了中国区域合作理论的“外部困难”，主要体现为由于中国区域合作理论建构远远落后于中国区域合作实践而造成的新的“理论短缺”。[①]

二是中国区域合作理论本身存在着内部逻辑矛盾，如前所述，中国区域合作理论是在“摸着石头过河”的中国区域合作的实施过程中逐渐形成的，在不同的时期和阶段产生了不同的区域合作理论。这些区域合作理论尽管在本质上是一致的，但是在理论表述上却有着各自不同的话语体系，缺少明确的、清晰的、透明的、前后连贯的区域合作概念、框架、体系，这就容易使中国区域合作理论产生一定的内在逻辑矛盾，这是中国区域合作理论的“内在困难”。

中国区域合作理论的“外在困难”和“内在困难”并不是孤立存在的，而是相互影响、相互制约的，[②] 不仅不利于指导中国区域合作实践的持续健康发展，也容易引起区域内其他国家对中国区域合作的不信任，尤其是在区域内国家特别关心的相关问题上，诸如中国区域合作的根本目的究竟是什么？区域合作的底线是什么？在哪些国家利益上可以协商？哪些

---

① 叶淑兰：《中国外交的理念创新与“中国特色”——评〈创造性介入：中国外交新取向〉》，《国际政治研究》2012 年第 3 期。

② 孙正聿：《思想中的时代 当代哲学的理论自觉》，北京师范大学出版社 2004 年版，第 259—261 页。

不能够协商？等等，中国一直保持着一种比较模糊的区域合作理论和政策表达，在外交语言理解上模棱两可，甚至“自说自话”，① 这些都是当前中国区域合作理论的困难所在。

基于以上两个理论困难，这就要求“中国外交的实践者和理论工作者”② 积极发挥自身主观能动性，对中国区域合作理论进行前瞻性的创新思考，建构一个适合中国自身发展实际的、具有一定创新性的、以引领和开创中国未来区域合作为理论导向的、能够获得区域内所有国家理解和认可的、具有中国特色的区域合作理论。笔者认为，对区域合作理论的前瞻性思考，需要从两个方面入手：

一是要有关于区域合作的理论自觉意识。理论自觉意识③是指从事国际政治和国际关系学科教学研究的相关理论工作者和从事中国外交领域具体工作的相关实践者要对包括中国区域合作在内的世界区域合作的相关理论有所觉悟，有“自知之明”④，即对区域合作的历史渊源、形成过程、

① 张蕴岭主编：《中国与世界：新变化、新认识和新定位》，中国社会科学出版社2011年版，第37—38页。

② 杨洁勉：《中国特色外交的实践自觉和理论自觉》，《外交评论》2012年第1期。

③ 根据笔者的不完全查询，“理论自觉”这个概念是国内学者肖箑父在1984年提出来的，他在《船山学报》上发表《用科学的态度研究王船山辩证法思想》一文，认为王船山辩证法思想“具有某种理论自觉，并形成了一定的范畴体系”。经过20年的发展，截至2003年，关于理论自觉的研究，一直较为平淡，一共才有37篇文章提及。但从2004年开始，关于理论自觉的研究逐渐热烈起来，截至2013年的10年间，一共有982篇文章。可见，理论自觉已经发展成为一个显性话题。

④ “自知之明”是费孝通在界定“文化自觉”的含义时所用的词语，即“明白它的来历、形成过程、所具有的特色和它的发展趋向不带任何‘文化回归’的意思，不是要‘复旧’，同时也不主张‘全盘西化’或‘全盘他化’”（费孝通：《反思 对话 文化自觉》，《北京大学学报》（哲学社会科学版）1997年第3期）。在这里，需要强调一下文化自觉和理论自觉的关系，现在有很多学者将理论自觉看成是文化自觉在某一具体学科及其现实实践中的具体体现，这在逻辑上是行得通的，因为理论自觉是在文化自觉的基础上产生的。然而，这并不意味着文化自觉概念的提出就一定早于理论自觉概念的提出。从笔者搜集的资料来看，“文化自觉”是由林克欣在1987年的《文艺争鸣》杂志上发表的《文化自觉与文化心理——评〈田野又是青山帐〉的得与失》一文中最早提出的，他认为：“《田野又是青纱帐》……凝结着作者对一个风云际会、鱼龙混杂的变革时代的冷静思考，寄寓着对回头四顾、艰难举步的乡亲们深深的厚爱与无限的惋惜，表现了当代文化意识与审美选择的自觉。”截至2002年，理论自觉研究一直处于平淡期，每年只有个位数，最多两位数的文章发表。经过12年的研究积累，总共只有165篇文章涉及。从2003年开始，理论自觉研究进入上升期，每年都有三位数的文章公开发表，截至2010年的8年期间，总共有3301篇文章。从2011年开始，文化自觉研究开始进入新层次，每年有多达四位数的文章面世。到2013年的3年期间，已经有6217篇文章，是过去20年文章总和的近两倍。通过对理论自觉研究的历史回顾，可以得出两点结论：一是尽管文化自觉是理论自觉的逻辑基础，但理论自觉的概念提出比文化自觉的概念提出早，所以说，文化自觉的概念提出和理论自觉的概念提出相互之间并没有明确的因果联系；二是文化自觉并不是费孝通首先提出来的，准确地说，是费孝通最早应用于人类学和社会学研究当中的，但是目前学术界好多学者都错误地认为文化自觉是费孝通首先提出来的，这是一个需要明确指出的问题。

主要特色以及未来发展趋向有客观、清楚的认识。[①] 同时，在觉悟和“自知之明”的基础上，能够主动将本土区域合作理论和西方区域合作理论自觉区分，在学习、借鉴和吸收西方优秀的、成熟的西方区域合作理论基础上，对本土区域合作理论进行理解和反思，从而达到“用中国的理论研究和话语体系”解读中国区域合作实践，中国区域合作道路，“不断概括出理论联系实际的、科学的、开放融通的新概念、新范畴、新表述，打造具有中国特色、中国风格、中国气派”的“学术话语体系”[②]。

二是要有具体的理论顶层设计。顶层设计（top-down design），也叫“逐步求精”（stepwise refinement），亦被称为“分解”（decomposition）的代名词，原本是网络工程学科里面的一个专业术语，是在20世纪70年代由IBM公司的研究员哈伦·米尔斯（Harlan D. Mills）较早提出来的。[③] 他将系统工程学里面的系统概念成功运用到信息科学和软件工程学中，采用由上到下、由整体到部分、新的设计理念和设计方法将系统设计里面大型的、复杂的问题转化成更小的、更简单的子问题。在本质上它是指将一个现实问题看成一个相对抽象的整体系统，预先设定好该系统的需要或目标，按照一定的逻辑将这个系统分解成若干个子系统，“每个子系统同样需要经过提炼的理念并向下一级系统延伸，直到阐明系统的基本要素为止”[④]，并最终对这个结构化分解方案进行运用、测试、优化，从而达到最佳结果。自20世纪90年代初期以来，中国计算机领域的著名学者周兴社等人开始将顶层设计理念引入国内，“在介绍分布式计算机控制系统顶层设计的概念与内容基础之上，提出并讨论了系统顶层设计的基本方法和步骤”[⑤]。顶层设计理念不仅在网络工程领域得到成功运用，还引用到军事、政治、文化以及社会管理等领域；不仅在各个现实领域得到广泛运

---

① 郑杭生：《“理论自觉”与中国风格社会科学——以中国社会学为例》，《江苏社会科学》2012年第6期。

② 李长春：《在马克思主义理论研究和建设工程工作会议上的讲话》，《人民日报》2012年6月4日第2版。

③ Harlan D. Mills, “Top-down Programming in Large Systems,” *Debugging Techniques in Large Systems*, 1971: 41-55.

④ 《学校科学发展需要“顶层设计”——访省教育学会常务秘书长、研究员纪大海》，《四川日报》2011年10月22日第15版。

⑤ 周兴社、韩兆轩、王毅：《分布式计算机控制系统顶层设计方法论》，《微电子学与计算机》1992年第10期。

用，还在学科建设和理论研究方面得到深入运用，尤其是在中国特色比较明显的人文学科和社会科学等领域，顶层设计显得尤为重要。近些年来，随着中国共产党和中央政府开始将顶层设计理念引入改革领域中①，已经有越来越多的专家和学者将目光转向顶层设计研究。在这种背景下，作为中国特色社会主义外交理论体系重要组成部分的中国区域合作理论也需要构建一个具有自身特色的、符合自身实际的“顶层设计”，这就要求“中国外交的实践者和理论工作者”以国家利益作为出发点，从国家需要和发展层面对那些影响中国未来区域合作顺利发展的全局性、根本性和关键性问题进行顶层预先判断，提出解决问题的“全方位、深层次和战略性设计”②，以此作为处理中国与区域内各个国家或各个国家集团的双边或多边区域互动关系的总体“标杆”与整体规范，从而最大限度地降低中国区域合作实践进程的潜在风险，保证中国区域合作顺利向前发展。③ 需要强调的是，关于中国区域合作的理论顶层设计并不是一次性就可以完成的，而是需要一个过程，也并不是说最初的顶层设计就没有任何差错，在具体执行过程中，还需要有一个“纠错机制”。只有这样，中国区域合作的理论顶层设计才能最大限度地发挥其应有的重要作用。总之，通过理论自觉意识的主动建构和理论顶层设计的具体落实，实现中国区域合作理论的前瞻性思考，已经显得至关重要。

本书在充分借鉴美国著名社会学家和后现代主义思想家丹尼尔·贝尔（Daniel Bell）的中轴理论④和英国著名哲学家伊姆雷·拉卡托斯（Imre

---

① 在2010年10月18日中国共产党第十七届中央委员会第五次全体会议上通过的《中共中央关于制定国民经济和社会发展第十二个五年规划的建议》提出要“更加重视改革顶层设计和总体规划”的理念，并且在同年12月的中央经济工作会议上进一步提出要“加强改革设计”。在2011年的两会上，时任总理温家宝在《政府工作报告》中明确强调“要更加重视改革顶层设计和总体规划”。自此以后，顶层设计就风靡全国，成为中国各个领域、各个行业、各个学科的专家和学者们相互进行谈论、交流、反思和争论的“显性话题”。参见葛国耀、刘家俊《改革发展的现实困境与“顶层设计”的理论反思》，《学习与实践》2013年第5期。

② 王一木：《中国文化顶层设计的基本内涵和路径选择》，《江西社会科学》2012年第2期。

③ 汪玉凯：《准确理解“顶层设计”》，《北京日报》2012年3月26日第17版。

④ 丹尼尔·贝尔的中轴理论包括中轴原理、中轴结构和旋转的中轴三个重要组成部分，其中，中轴原理是中轴理论的最基础部分，是在一切逻辑中作为首要逻辑的动能原理或社会的核心规则，不同的社会和领域从属于不同的核心规则；中轴结构是指其他结构环绕在它的周围的那种组织结构，是社会的核心结构，与中轴原理是相契合的，而旋转的中轴则是指中轴原理的多样性和变动性。参见［美］丹尼尔·贝尔《后工业社会的来临》，高铦等译，商务印书馆1984年版，第13—17页；严翅君、韩丹、刘钊《后现代理论家关键词》，凤凰出版传媒集团、江苏人民出版社2011年版，第2—6页。

Lakatos）的“科学研究纲领”[①] 等各个学科和领域的理论建构成果的基础上，坚持马克思辩证唯物主义和历史唯物主义的基本立场，立足于中国区域合作的历史和现实实践，对中国区域合作的理论图景体系进行具体规划。作为中国外交理论体系的重要组成部分，中国区域合作理论是马克思主义与中国外交，尤其是与中国区域合作实际相结合的理论产物，“应当是适用于中国是否区域合作、为何区域合作、怎样区域合作的行动指导体系”[②]，它主要包括四个相互具有内在逻辑联系的方面，分别是中国区域合作的指导思想、基本原则、目标设定以及手段选择。这四部分共同构成中国区域合作理论前瞻性思考的核心内容。

第一节　中国区域合作的指导思想

指导思想是中国区域合作的性质保证，有无指导思想，指导思想正确与否，会在中国区域合作理论演进过程中产生不同的结果。[③] 一方面，指导思想是中国区域合作理论的灵魂和生命，没有指导思想，中国区域合作理论也就没有生命，没有灵魂，也就丧失其根本价值[④]；另一方面，在任何历史时期，在任何国家和区域，意识形态和思想理论“不可能只有一种，而是多种，不是单数，而是复数”[⑤]，这就要求理论创新必须对现代社会越来越多的意识形态或思想理论持开放和包容态度，但是意识形态或思想理论的多元化存在并不意味着指导思想的多元化，这是因为在任何国

---

① 伊姆雷·拉卡托斯的“科学研究纲领”包括“硬核”、“辅助假说保护带”、“启示法”三个部分，其中，“硬核”是理论的核心，是一种理论区别于另外一种理论的根本标志，是理论的灵魂所在；“辅助假说保护带”是为了维护硬核的地位而存在的一个完整的理论体系或理论链条，每个后继的具体理论都更充分地表达理论硬核，更好地保护理论硬核；“启示法”引导理论不断发展完善，包括正面启示法和反面禁止法：正面启示法告诉我们如何改进和发展理论中的可反驳部分，通过调整和完善辅助假说来发展理论。参见［英］伊姆雷·拉卡托斯《科学研究方法论》，兰征译，上海译文出版社 2005 年版，第 140—148 页。

② 秦亚青：《构建具有中国特色的社会主义外交理论体系》，《中国教育报》2011 年 12 月 9 日第 8 版。

③ 田心铭：《为什么不能搞指导思想多元化——二论“为什么必须坚持马克思主义的指导地位”》，《马克思主义研究》2009 年第 8 期。

④ 黎晓兰、邹学荣：《创新——哲学社会科学研究的灵魂》，《科学咨询》2003 年第 1 期。

⑤ 秋石：《为什么必须坚持马克思主义在意识形态领域的指导地位而不能搞指导思想的多元化》，《求是》2009 年第 6 期。

家的任何时期，占据主导地位的意识形态往往是统治阶级的思想。[①] 也就是说，在中国共产党领导下的、由社会主义公有制占主导地位的社会主义中国，占据统治地位的指导思想应当是一元的，而不是多元的，指导思想的多元化不利于中国区域合作的可持续发展。从以上两点来看，中国区域合作的指导思想有且只有一个，应当而且必须是马克思主义，坚持好马克思主义在中国区域合作中的根本指导思想地位不动摇，就必须推进以毛泽东思想和中国特色社会主义理论体系为主要内容的中国化的马克思主义，而中国特色社会主义理论体系又包括邓小平理论、“三个代表”重要思想以及科学发展观，也就是说，马克思主义的中国化是中国区域合作的重要指导思想。离开马克思主义和中国化的马克思主义的指导，中国区域合作“就会因为没有正确的理论基础和思想灵魂而迷失方向，走上歧途”[②]。

一　中国区域合作的根本指导思想是马克思主义

马克思主义是科学的理论。自理论诞生以来，马克思主义就以辩证唯物主义方式和历史唯物主义方式，从人类未来发展的视角辩证地思考和阐释人类历史发展进程，深刻揭示“曾经被人们当作空气般自然而然存在的”[③] 资本主义社会、资本主义生产方式以及资本主义制度在产生、运行、发展过程中的内在弊病，并在此基础上创造性地提出相应的理论和现实对策，即马克思主义理论及其科学指导下的社会主义运动（或者说共产主义运动），这是人类“有史以来影响最为深远的社会变革运动，也是第一个不限于某个特定群体，而受到不同种族、国别、宗教和文明的所有人支持的思想潮流”[④]。在这个意义上，马克思主义“是指引人民推动社会进步、创造美好生活的科学理论”[⑤]。尽管囿于时

---

① 吴佩芬:《意识形态“多元论”的实质、危害及警示》,《毛泽东邓小平理论研究》2012年第4期。

② 吴树青:《创新是繁荣哲学社会科学的灵魂》,《安阳日报》2006年2月7日第6版。

③ ［英］特里·英格尔顿:《马克思为什么是对的》，李杨等译，新星出版社2011年版，英文版出版前言第3页。

④ Robin Blackburn, Fin de Siecle, “Socialism after the Crash,” *New Left Review*, 1991, 185: 5—66. 转引自［英］特里·英格尔顿《马克思为什么是对的》，李杨等译，新星出版社2011年版，英文版出版前言第2页。

⑤ 《中共中央关于深化文化体制改革推动社会主义文化大发展大繁荣若干重大问题的决定》，人民出版社2011年版，第12页。

代和历史的局限性[①]，马克思主义不可能提出国际政治体系形成之后的关于现当代区域合作的理论，因而并没有提出相对完整的、系统的区域合作理论，但是在马克思、恩格斯以及列宁所面临的时代，他们仍然提出了世界交往理论、世界历史理论等一些关于国际政治互动的基本观点，提出了阶级分析法、历史分析法以及政治与经济相结合的基本方法，马克思主义的这些立场、观点和方法为当前中国区域合作理论创新体系的建立提供了“科学世界观和方法论”[②]，具有普遍的理论指导意义。因此，“从纷然杂陈的各种观点和路径中，经过反复比较和鉴别”[③]慎重选择出来的，“不是个别人也不是一个党的主观意志决定的”[④]，经过历史实践和人民选择证明是正确的、科学的马克思主义应当成为而且必须成为中国区域合作理论的根本指导思想，而根本指导思想上的完全不同也恰恰成为中国区域合作理论与西方区域合作理论的最大区别所在。

二　中国化的马克思主义是中国区域合作的重要指导思想

马克思主义是中国区域合作理论的根本指导思想，并不意味着我们对待马克思主义的态度是照抄照搬的“本本主义”和简单套用的机械主义，而是要密切结合中国国情的不断变化和中国社会的历史变迁，根据不同历史发展阶段出现的不同情况和不同问题，提出不同的、具体的、更具有针对性和现实意义的重要指导思想，这就是具有系统整体性和内在同一性的中国化的马克思主义，主要包括毛泽东思想和以邓小平理论、“三个代表”重要思想以及科学发展观为主要内容的中国特色社会主义理论体系。新中国建立六十多年以来，中国化的马克思主义为中国各个时期、各个阶段的区域合作提供了坚实的重要理论指导。

其一，在新中国成立之初到改革开放之前的近三十年里，作为马克思

---

① 这是因为在马克思和恩格斯所面临的时代，尽管全球化进程已经开启了300多年，但全球化程度仍然非常低，国际政治的发展不是很充分，世界体系也并未实现，关于国际政治理论，尤其是区域合作理论的专门研究基本上没有实现。到了列宁时代，国际政治已经得到初步发展，但是仍然不可能提出国际政治体系形成之后关于现当代区域合作的理论。

② 陈岳：《国际政治学概论》，中国人民大学出版社2010年版，序言第5页。

③ 习近平：《在纪念毛泽东同志诞辰120周年座谈会上的讲话》，《人民日报》2013年12月27日第2版。

④ 秋石：《为什么必须坚持马克思主义在意识形态领域的指导地位而不能搞指导思想的多元化》，《求是》2009年第6期。

主义中国化第一大理论创新成果的毛泽东思想一直是中国区域合作实践的重要指导思想。在这个时期内，基于对国家政权生存和国家安全的极度强调与严肃考虑，中国政府在与区域内国家的交往和互动过程中一直坚持独立自主与和平共处五项原则，“高举无产阶级国际主义的大旗”①，将“推动一国的无产阶级革命扩展到区域范围内，实现区域化的无产阶级革命运动”作为中国区域合作的主要目标②，因而，这一时期的中国区域合作具有鲜明的意识形态特征和浪漫的革命理想主义色彩，这种“意识形态和理想主义至上”的区域合作观念一直在中国区域合作实践中占据相对主导地位。不过，到了 20 世纪 70 年代初期，毛泽东晚年时期已经开始逐渐修正过去的“重视意识形态大于国家利益”的区域合作理论观点和实践行为。1972 年的中日正式建交，就是这种转变的现实体现。中日建交之后，两国在政治、经济和文化等领域上的区域合作实践就像泄闸的洪水一样，以前所未有的速度迅猛向前发展。不仅如此，由于中日两国在区域范围内有着极高的国家影响力，中日区域双边和多边的合作还大大带动了整个区域内的区域合作范围和领域的扩大。区域合作程度的提高，中日建交及区域合作的发展，标志着中国已经开始逐渐弱化和降低意识形态因素对中国区域合作实践的影响力，逐渐恢复国家利益在中国区域合作实践中的第一重要性地位。然而，由于惯性思维的原因，毛泽东晚年的这种转变并没有给当时中国区域合作的总体方向带来决定性转变和根本性扭转，就像 1976 年时任外交部部长的乔冠华在联合国大会第三十一届全体会议上的发言所说的那样，中国政府仍然会把“无产阶级革命事业进行到底”，仍然认为“人民要革命”是不可阻挡的历史潮流，仍然会“坚持毛主席的

① 牛军主编：《中国对外政策分析：理论、历史与前景》，世界知识出版社 2013 年版，第 23 页。

② 这一时期，中国对于具有不同社会制度的区域内国家有着不同的区域合作态度。一方面，中国政府与亚洲范围内的社会主义国家有着密切的双边或多边的区域政治、经济和军事合作。比如，1950—1953 年，中国与朝鲜共同抗击美国的抗美援朝战争，1965—1973 年，中国与越南共同抗击美国的抗美援越战争。不仅如此，中国还与朝鲜、越南、柬埔寨、老挝等社会主义国家建立了各种形式的区域政治和经济合作。另一方面，中国区别对待与非社会主义国家之间的关系，对于那些与中国友好的区域内非社会主义国家，如印度、尼泊尔、蒙古、巴基斯坦、阿富汗等国家，通过友好政治协商成功解决了相互之间的边界问题，并建立外交关系，保持良好的区域合作关系。对于那些从属于以美国为首的帝国主义阵营的、敌视社会主义制度的非社会主义国家，如泰国、印度尼西亚、马来西亚、菲律宾等国家，中国未与其建立正常的外交关系，一直到 1972 年中美关系正常化之后，中国才陆续与这些国家建立外交关系。

革命外交路线和政策”，并且认为“毛主席亲自为我们制定的革命外交路线和政策，过去是、今后也永远是照耀我国外交工作的胜利前进的灯塔”①。所以说，从新中国成立初期到改革开放之前这近三十年以“革命和意识形态”为主要内容的中国区域合作实践历程，一直以毛泽东思想作为重要理论指导，尽管走了一些弯路，出现一些失误，甚至失败与挫折，但是从总体上看，毛泽东思想为以后的中国区域合作发展提供了丰富的理论支撑与坚实的实践借鉴，“为新的历史时期开创和建设中国特色社会主义发挥了重要作用”②。

其二，改革开放三十多年以来，作为对毛泽东思想继承与发展的、马克思主义中国化第二大理论创新成果的中国特色社会主义理论体系成为新时期中国区域合作实践的重要指导思想。从 1978 年到 20 世纪 80 年代末 90 年代初，以邓小平同志为核心的党的第二代中央领导集体在继承毛泽东思想的基础上，实现了中国对外部世界和周边区域客观变化的认知飞跃，对外提出“和平与发展”是当今时代的主题，对内提出“以经济建设为核心”的社会主义现代化战略决策，并在此基础上，果断开启改革开放进程，超越意识形态，以国家利益作为最高准则，成为新时期中国区域合作的重要特征。在这种大变革、大整合过程中，特别是在东欧剧变、苏联解体、以苏联为首的社会主义世界体系瞬间土崩瓦解、两极冷战对抗格局结束之后的不长时间里，中国开始主动摆脱过去以苏联为首的社会主义世界体系的各种束缚，逐渐向以美国、西欧和日本为核心的资本主义世界体系主动融入，③ 中国区域合作进程也由此发生重大变迁。1991 年中国

---

① 《中国政府继续坚决执行毛主席的革命外交路线和政策 中国代表团团长乔冠华在联合国大会第三十一届全体会议上的发言》，人民出版社 1976 年版，第 2—10 页。

② 习近平：《在纪念毛泽东同志诞辰 120 周年座谈会上的讲话》，《人民日报》2013 年 12 月 27 日第 2 版。

③ 有些学者认为，自新中国成立以来就是一个与国际体系不兼容、喜欢与现有国际体系对抗的国家，这种观点建立在以苏联为首的社会主义世界体系已经瓦解的前提下，是不完全正确的。事实上，在冷战期间，以苏联为首的社会主义世界体系的内部运行在很多方面具有重要的借鉴意义，中国在该体系内也占据着重要地位，发挥着重要的作用。随着以苏联为首的社会主义世界体系的瓦解，中国为了自身的国家利益，需要逐渐融入以美国、西欧和日本为核心的资本主义世界体系中，而这一资本主义世界体系无论是在体系目标、体系构成、体系规则以及体系运行方式各个方面都与以苏联为首的社会主义世界体系截然不同，这就需要中国学习该体系的各种基本知识。从这个意义上讲，中国开始从一个资本主义世界体系以外的国家逐渐向资本主义世界体系以内的国家进行相应的国际身份和国际行为的转变。所以说，不能将中国视为一个普遍意义上的“与国际体系不兼容、喜欢与现有国际体系对抗的国家”，而应该将中国视为一个“从社会主义世界体系向资本主义世界体系进行全面转换”的转型期国家。

以主权国家身份正式加入亚太经济合作组织（APEC）和1991年中国与东盟正式建立对话关系就是中国通过参与区域合作进程，在具体的区域合作沟通、交流和碰撞环境下，不断学习、适应和掌握区域合作规则和区域合作惯例的主要体现。从20世纪90年代初到21世纪初，以江泽民同志为核心的党的第三代中央领导集体在邓小平理论的指导下，深入贯彻"三个代表"重要思想，运用邓小平理论的科学立场、观点、方法深入观察和科学分析中国区域合作所面临的现实形势，始终牢牢把握和平与发展的时代主题和国家利益至上的国家利益观，从而提出"与邻为善、以邻为伴"的正确的、符合中国发展现实的区域合作理论；认为中国区域合作建立在经济全球化和世界多极化的国际大背景下，以双边或多边区域经济合作为核心内容，为中国区域合作的未来发展创造物质基础，以双边或多边区域安全合作作为辅助内容，为未来区域合作创造稳定的、安全的、和平的区域环境。其根本任务被确定为"推动建立和平稳定、公正合理的区域政治经济新秩序"①，为"争取和平，为我国社会主义现代化建设服务"②。正是在这种区域合作理论的指导下，中国在1996年参与并主导创立上海五国会晤机制，并在2001年将其升级为上海合作组织。在2001年开始参加东盟地区论坛，加强区域安全合作。在1997年参与建立东盟+中日韩"10+3"框架机制。在2001年倡议建立中国—东盟自由贸易区，推动区域经济合作的进一步发展。通过以上区域合作实践活动，中国已经开始从区域合作的"学习者"变成区域合作的"应用者"，主动运用区域合作方式及其相关规则、惯例。这样一来，一方面，中国能够将区域合作引向最为符合和有效实现中国国家利益的、"可预见"的和可管控的发展轨道；另一方面，中国充分利用现有的、被绝大多数国家所承认和认同的区域合作规则来实现本国国家利益，是"融入现有区域秩序和区域体系"的成熟行为举动，能够逐渐获得区域内国家，尤其是中小国家的政治信任，使中国真正融入区域社会中。到21世纪，中国经过三十年的对外开放已经迅速成长为一个有世界影响力的世界大国和区域大国。在这种国家实力和国际角色身份发生改变之下，以胡锦涛为总书记的中央领导集体在邓小平理论和"三个代表"重要思想的指导下，深入贯彻科学

---

① 中共中央文献编辑委员会：《江泽民文选》第3卷，人民出版社2006年版，第318页。

② 江泽民：《在第九次使节会议上发表重要讲话》，《人民日报》1998年8月29日第1版。

发展观，对区域合作的理论认知发生了更加深刻的变化。认为中国应当在全球化和区域化的双重进程中扮演更加积极的、主动的、有所作为的角色，不断提高驾驭全球化和区域化的能力，并且加快中国区域合作理论的完善步伐，即将区域合作纳入中国和平发展道路的轨道中，为区域合作提供指示灯和路线图，将区域合作的根本目标确定为和谐区域与和谐世界，为区域合作提供可预期的目标选择。正是在这一阶段，中国 2005 年参加创建了首届东亚峰会，并成为南亚合作联盟的观察国；2010 年全面启动中国—东盟自贸区；2013 年加入由东盟牵头组建的《区域全面经济伙伴关系协议》（Regional Comprehensive Economic Partnership，RCEP）谈判，中国区域合作进程呈现全方位、宽领域、深层次的综合发展态势。总之，从毛泽东思想、邓小平理论、“三个代表”重要思想以及科学发展观在引领新中国成立六十年，尤其是改革开放三十多年的中国区域合作各个阶段过程中发挥的重要思想指导作用来看，“完全契合马克思主义的基本理论逻辑”① 的中国化马克思主义作为认识和解决中国区域合作理论发展与实践进程中出现问题的指导思想是名副其实的。离开中国化的马克思主义的指导，中国区域合作“就会因为没有正确的理论基础和思想灵魂而迷失方向，走上歧途”②。

第二节　中国区域合作的基本原则

从逻辑思维上看，一个国家的区域合作基本原则是一国的基本外交理念在区域合作领域里的具体落实。一般而言，中国区域合作的基本原则是能够正确反映中国区域合作基本规律的“原生性行为准则”，具有指导和调节中国区域合作的“定向功能”③，与中国区域合作的指导思想相一致，是对中国区域合作理论总体前进方向的引领。依据马克思主义基本原理，纵观改革开放以来中国区域合作的理论渊源与借鉴、理论演进，大致可以抽象、辨析和提取出以下三个基本原则，即民主原则、共赢原则和包容原

① 宋福范：《中国特色社会主义理论体系是当代中国的马克思主义》，《中共中央党校学报》2012 年第 3 期。

② 吴树青：《创新是繁荣哲学社会科学的灵魂》，《安阳日报》2006 年 2 月 7 日第 6 版。

③ 施丽红、吴成国：《全球化视野下的人文教育价值定向功能》，《西南师范大学学报》（人文社会科学版）2004 年第 5 期。

则。这三个具有相对稳定性的基本原则在未来相当长的一段时间里将会成为中国区域合作的基本行为依据。

一　中国区域合作必须坚持民主原则

民主是人类永恒追求的终极愿景。从奴隶社会进化到封建社会，再进化到现代社会的漫长人类历史，就是一个从不民主到民主，从局部实现民主到普遍实现民主的不断反抗专制和强权，争取、追求和实现民主的人类文明发展进程。进入现代社会以来，民主已经能够为全世界所有国家及其人民所完全接受，尤其是在国内政治领域，成为处理个人、团体、民族等各个行为体之间相互关系的本质性要求和普遍性诉求，并且有比较成熟的国内制度作为客观保证。然而，到了国际政治领域，在以民族国家和国际法为主要内容的威斯特伐利亚体系建立以后，国际政治民主化进程真正开启，民主当仁不让地成为国际社会所有国家及其人民的主流伦理价值追求。但是，由于国际政治的无政府特性，国际政治领域缺少类似于国内政治领域具有最大权力的、拥有强制性约束力的政府，即便存在联合国这样的被绝大多数国家所承认的政府间国际组织，其权威性也无法得到根本保证，而且现在有趋于弱化的倾向。在这个意义上，国际政治伦理维度上的民主原则需要经受国际政治实践的严峻考验，并切切实实地经历一个“以统治、干涉和服从为特征的强权型国际关系，向以独立自主、平等参与和互利合作为特征的民主型国际关系的转化过程”①。

具体到中国区域合作的历史与现实，民主原则是指在区域合作过程中产生的任何具体问题和事务都需要由参与区域合作的区域内所有国家及其人民根据其自身利益共同“商量着办”②。它主要包含以下三个方面的内涵：

其一，国家平等是区域合作民主化的前提。不论大小、强弱，在国际法上具有完全平等地位的区域内国家及其人民是区域合作民主化的基本前提。

其二，国家的自主性是区域合作民主化的基础。这些区域内国家能够

① 郭树永：《试论国际关系民主化的几个问题》，《太平洋学报》2000 年第 1 期。

② 习近平：《携手合作 共同发展——在金砖国家领导人第五次会晤时的主旨讲话》，《人民日报》2013 年 3 月 28 日第 2 版。

完全根据自身国家利益和事情本身的是非曲直对区域内具体问题和事务进行独立判断。

其三，程序性法律、制度和政策是区域合作民主化的客观保证。通过制定带有一定约束力和制衡力的制度与政策能够保障民主原则在区域合作过程中得到完全落实。这样一来，不仅包括中国、日本在内的区域内大国能够发挥关键性的影响和作用，那些中小国家也能够表达自己的合理关切和利益诉求，即便其在区域合作中处于少数者的地位。[①] 将民主原则作为中国区域合作的首要原则，既是中国区域合作历史进程的必然产物，也是当代中国区域合作发展的时代要求。一方面，每当民主原则得不到执行和落实的时候，中国区域合作进程就会产生一系列问题，甚至有发生冲突与战争的风险。另一方面，每当民主原则得到真正执行和充分落实的时候，中国区域合作就会发展顺利，取得一个又一个成功。基于以上两点，民主原则毫无疑问是中国区域合作取得成功的重要理论经验。

二　中国区域合作必须坚持共赢原则

共赢原则是指“区域内国家双边或多边在完成区域合作的过程中互惠互利、相得益彰，能够实现共同收益”[②]。如果将民主原则作为中国开启区域合作成功进程的“钥匙”，那么共赢原则就是中国将区域合作可持续向前推进、维持和发展的关键因素。共赢原则在根本上涉及的是对国家利益的认识问题，这是参与区域合作的所有国家及其人民最为关心的内容。中国国家利益是指一个国家在区域合作过程中“所追求的主要好处、权利和受益点”[③]，其中核心利益包括“国家主权，国家安全，领土完整，国家统一，中国宪法确立的国家政治制度和社会大局稳定，经济社会可持续发展的基本保障”[④]，这是中国国家利益的底线，不容许其他任何国家挑战和侵犯，除核心利益以外的其他国家利益可以适度

---

① 伍贻康等：《多元一体：欧洲区域共治模式探析》，上海科学院出版社 2009 年版，第 298 页。

② 李忠：《论合作共赢的时代特点》，《辽宁大学学报》（哲学社会科学版）2011 年第 4 期。

③ 叶江：《全球治理与中国的大国战略转型》，时事出版社 2010 年版，第 240 页。

④ 国务院新闻办公室：《中国的和平发展道路》，《人民日报》2005 年 12 月 23 日第 15 版。

共享。作为一个受到“中华文化的优秀传统”[1]、社会主义价值观以及主流国家利益观影响的理性国家行为体，中国要保证在区域合作过程中获得国家利益，并在此基础上正确处理好物质国家利益和精神国家利益、现实国家利益和潜在国家利益、短期国家利益和长远国家利益之间的关系。与此同时，无论在过去还是在未来，中国还要在保证本国获得利益的基础上，处理好本国利益与区域内其他国家利益之间的关系，处理好本国利益与区域整体利益之间的关系。只有一个国家受益，而另外一个国家受损，就不能保证区域合作的可持续发展，“唯有共赢的区域合作才能更加深入和持久”[2]。在这个意义上，中国需要更多地重视区域内其他国家及其人民的利益主张，将区域内其他国家及其人民的利益诉求放在更加重要的地位上进行考量，努力实现区域内不同国家之间在区域合作上的共同利益，并努力扩大这些共同利益，推动区域合作的共赢。

不仅如此，国家利益还处于不断变化中，这就要求中国在区域合作过程中更加合理地统筹兼顾其他国家不断变化的国家利益诉求，把握共赢原则的时代特征。在过去三十多年的区域合作进程中，中国所面临的一个不可忽视的区域合作现实就是，中国在区域合作活动中所获得的国家利益要远远超过区域内其他国家所获得的国家利益，而且二者之间的差距将会越来越大，不平衡程度也会越来越重。如果说在区域合作初期，由于综合国力较弱、人民生活水平相对较低的缘故，区域内其他国家，尤其是中小国家更多地关注区域合作中所产生的绝对获益，那么，在经过三十多年区域合作的今天，随着中小国家的经济发展水平相当程度地提高和综合国力的较大幅度提升，在新的区域环境下，这些中小国家可能会更加重视区域合作中的相对获益。这主要是基于全球化趋势和地缘政治的考量，一方面，在当前复合相互依赖的区域交往过程中，中国与区域内所有国家已经完全交融在一起，不可能出现冷战时期相对隔绝的区域分裂状态。也就是说，未来的区域合作“坏也坏不到哪去”。另一方面，与具有客观大国地位和庞大经济实体的中国做邻居，区域内的中小国家不得不更多地从地缘政治

① 中华人民共和国国务院新闻办公室：《中国的和平发展》，人民出版社 2011 年版，第 24 页。

② 王公龙：《中国特色国际战略思想体系研究》，人民出版社 2012 年版，第 283 页。

和国家安全角度考虑区域合作的现实可行性，就像国内学者柳晖所说的那样："2001 年入世后，中国经济的强劲发展也使得东盟国家感受到中国经济发展的'威胁'。"[①] 也就是说，区域内的中小国家不会仅仅为了经济利益就与中国进行区域合作，这就要求中国在未来的区域合作中"建立区域利益协调、分享和补偿机制"[②]，更多地"让渡利益"[③]，让区域内其他国家，尤其是中小国家从区域合作中获取更多的利益。这里的受益既包括经济收益，也包括政治友好、安全保障、增加区域话语权等非经济收益。所以说，能够充分体现共享利益的"要谋求自身过得好，必须也让别人过得好"[④] 的共赢原则将是中国区域合作的主流规范和核心原则。

三　中国区域合作必须坚持包容原则

包容，顾名思义就是兼容并包、融合的意思，与"排斥"相对应，具体是指区域内所有国家及其人民都能公平、合理地参与区域合作活动，并且能够普遍地分享区域合作所带来的成果。中国在区域合作中始终坚持包容原则，主要是因为，一方面，区域内所有国家在政治制度、意识形态价值观、文化传统、宗教信仰、国家历史以及经济发展水平各个方面有着较大程度的差距和较大幅度的不同，这是影响区域合作的多样性挑战；[⑤]另一方面，在全球化和区域化的双重现实影响下，区域内的多样性挑战已经无法从根本上制约区域内国家相互之间的互动及其所产生的共同利益，尤其是随着区域互动频度的不断增加和区域互动程度的不断加深，区域共同利益最终会超越多样性挑战，促使区域合作成为众望所归、不可逆转的大趋势。面对无法在短时间内根本消除的区域多样性挑战，中国要持续进行区域合作就必须坚持包容原则，从而将区域范围内的所有国家最大限度地融合在一起。

---

① 柳晖：《合作共赢：中国与东盟关系的发展与启示》，《东南亚之窗》2011 年第 2 期。

② 张汉飞：《消弭体制性产能过剩：从非合作博弈到合作共赢》，《经济研究参考》2013 年第 18 期。

③ 既包括经济利益，也包括政治、安全等利益。

④ 习近平：《携手合作 共同维护世界和平与安全——在"世界和平论坛"开幕式上的致辞》，《人民日报》2012 年 7 月 8 日第 2 版。

⑤ 陈文：《尊重多样性 建设人民共同体——东盟 2009 年内外合作分析》，《东南亚纵横》2010 年第 4 期。

中国在区域合作中坚持包容原则主要体现在以下五个方面：

其一，在改革开放以来的三十多年里，中国作为区域内大国，主动承担了推动区域全面、平衡发展的责任，提高中小国家的区域合作能力和抗区域性风险能力，充分保证中小国家的国家利益，让中小国家在区域合作中获益更多。

其二，中国在推动区域合作的过程中，始终坚持参与区域合作的普遍性，既要求参与区域合作的成员国家的普遍性，也要求区域合作领域和内容的广泛性，反对将区域合作与人权等各种不相关、不必要的外在条件相挂钩。当然，这种普遍性和广泛性并不是说要一次性实现或者在短期之内必须实现，可以有一个过渡的进程，在条件合适和时机成熟的情况下逐步向前推进。

其三，中国采取灵活多变的区域合作方式和方法，在照顾区域内绝大部分国家及其人民的利益和区域发展不平衡的基础上，通过协商而不是强制的方式，通过循序渐进的“软性方法”而不是制度性立法的“硬性方法”,① 最大幅度地增强区域合作的基础，最深程度地激发区域合作的潜力，最大限度地实现区域合作的目标。

其四，中国始终强调区域合作成果要惠及区域内所有国家及其人民②，区域合作要充分体现以人为本的本质要求，这与以往那种受少数大国支配和主导的、大部分成果被少数大国攫取的、不可持续的区域合作格格不入。

其五，中国在推动区域合作的时候，保持开放性原则，始终尊重区域外国家的参与权利，加强与区域外国家的合作程度和范围，力图建立一个开放性的而非排他性的区域合作体系。

总而言之，坚持区域合作的包容性，积极推动包容性指导下的中国区域合作的发展，是区域“共享繁荣之道”③。

第三节　中国区域合作的目标设定

目标设定是中国区域合作理论的重要战略部署。众所周知，目标设定

---

① 张蕴岭：《“东盟方式”，柔性而富活力》，《人民日报》2006年8月23日第3版。

② 张蕴岭：《东北亚合作要提倡包容性》，《西伯利亚研究》2011年第4期。

③ 张幼文：《包容性发展：世界共享繁荣之道》，《求是》2011年第11期。

是在相对确定的客观环境下做出的决策行为，因此，当外在环境发生根本性改变的时候，目标也要随之进行调整。中国区域合作的目标设定亦是遵循这样的基本法则。自改革开放以来，中国对与区域内国家之间的交往越来越重视，中国区域合作的步伐也不断加快，取得了不少的成就，但在这个过程中，也逐渐出现很多横亘在中国区域合作道路面前的新问题和新挑战，比如，区域合作领导权之争、区域外国家对区域合作的掣肘、区域内国家对中国的“信任赤字”、区域内各国的国内政治对区域合作的负面影响、区域性问题的突变干扰，如历史认知问题、岛屿争端、边界争议等现实问题。在解决这些新问题和新挑战的过程中，中国逐渐形成一种效益主义倾向的区域合作路径依赖性，过多地关注短期的、能够快速实现眼前利益的区域合作，弱化了对中国区域合作的长远思考，中国区域合作的不确定性相对突出，无法向区域内国家准确传递中国的战略意图，[①] 这就在一定程度上制约着中国区域合作的进一步向前发展。为此，我们需要对中国过去的区域合作历史进行理论整合和理论升华，设定一套完整的、“跨越时空”的、能够指导中国区域合作未来发展的目标体系，具体包括短期目标、中期目标和长期目标三个有机构成部分。其中，中国区域合作的长期目标相对远大，不需要做出具体详细的规划，只要有一个比较粗略的大致轮廓就可以。当长期目标确定之后，就要对其进行分解，使其“具体化、可操作化、现实化”[②]，这就产生了中国区域合作的中期目标和短期目标。相比短期目标，中期目标在切实可行的基础上要有一定的高度。依据以上标准，本章确定中国区域合作的短期目标是区域命运共同体，中期目标是区域梦，而长期目标是区域和谐。

一　区域命运共同体是中国区域合作的短期目标

中国未来区域合作短期目标的提出，应当考虑到当前的区域现实。在当前全球化和区域化的共同影响下，整个区域内国家已经形成一种相互依存的关联性状态，一个国家的决策制定能够像“蝴蝶效应”一样迅速对区域内其他国家产生不同程度的影响。在相互交织的区域网络中，区域内

---

① 张蕴岭主编：《中国与世界：新变化、新认识与新定位》，中国社会科学出版社 2011 年版，第 164 页。

② 陈胜云：《文化演进的哲学思考：具体化、理性化与现实化》，《学术研究》2002 年第 9 期。

国家在诸多方面也形成了一些客观存在的区域共同利益，并且不断增长和壮大。还有就是全球化所带来的各种迅速增长的跨国性问题已经远远超越单一国家解决问题的能力，需要区域内所有国家联合起来共同应对和解决。

与此同时，中国未来区域合作短期目标的确定，建立在改革开放三十多年来中国区域合作的成就和存在问题的基础上。一方面，中国区域合作在实现本国综合国力较大发展和提升的同时，在很大程度上也实现了与区域内国家在物质方面的共利共赢；另一方面，中国区域合作在精神层面还无法取得区域内国家较大程度的认同，伴随着中国区域合作的是区域内国家不绝于耳的"中国威胁论"，尤其是区域内中小国家在与中国进行区域合作的时候，往往会不自觉地对中国未来发展走向的不确定性产生不信任感，甚至"恐惧"感。基于以上两个方面的考虑，本书将中国未来区域合作的短期目标确定为区域命运共同体，这也是中国未来区域合作比较明确的、切实可行的最低现实诉求。

所谓区域命运共同体①，是指在区域层面上，处于相似或相同社会历史条件下各个相对独立的国家及其人民基于整体主义思想和对未来命运的理性考量而自愿结合在一起的一种现代组织形式。简而言之，区域命运共同体就是指，在区域层面上，"无论兴衰荣辱，都休戚与共，将命运紧紧

---

① 区域命运共同体概念是笔者根据命运共同体的基本概念发展出来的。关于命运共同体的产生与发展，笔者做了一定的分析：命运共同体理念最早应用在经济领域，尤其是在企业管理方面，根据现有学者的研究，命运共同体理念起源于纳粹德国时期（1933—1945）的"企业共同体"劳资关系模式，后来经过二战结束初期日本企业的进一步拓展，发展成为一种以"全人格参与"、终身雇佣、忠诚、劳资一体、"年功序列制"等为主要特征的企业经营模式，被称为企业命运共同体价值观。尤其是当日本在20世纪五六十年代在战后短时间内就实现经济复苏和经济增长的奇迹以后，日本企业的这种命运共同体价值观被全世界广为熟知。命运共同体价值观在哲学领域也有着一定的应用，这就是我们常说的"生态中心论"的环境伦理思想，是由美国生物学家奥尔多·利奥波德（Aldo Leopold）在1949年出版的《沙乡年鉴》（Sand County Almanac）中提出来的，其主要观点是"人类应当把道德关怀的重点和伦理价值的范畴从生命的个体扩展到自然界的整个生态系统"。这种思想不仅仅要求各个生物之间将自己的命运紧密联系在一起，还要将"非生物"等整个自然界的命运一同纳入命运共同体价值观框架中来考虑。参见邓白桦《纳粹德国"企业共同体"劳资关系模式研究》，华东师范大学2009年博士学位论文；黎伟《日本企业的命运共同体与中国企业的理想共同体》，《广西大学学报》（哲学社会科学版）2009年第1期；［美］奥尔多·利奥波德《沙乡年鉴》，侯文蕙译，吉林人民出版社1997年版，第194页；赵晓红《从人类中心论到生态中心论——当代西方环境伦理思想评介》，《中共中央党校学报》2005年第4期。

联系在一起的各个行为体所构成的组织或团体”[①]。区域命运共同体主要有以下三个基本特征：一是区域命运共同体是一个历史性概念，不是永恒存在的，时间性构成了区域命运共同体之存在的根本属性，它是到了现代社会才会产生的团体组织形式，与古代社会就存在的“家庭共同体”、“地域共同体”和“宗教共同体”具有本质上的不同[②]；二是构成区域命运共同体的主体既可以包括区域内的自然人，也包括区域内的国家，由若干区域内自然人构成的区域命运共同体和由若干区域内国家构成的区域命运共同体构成了区域命运共同体的主要形式；三是形成区域命运共同体的动机不仅包含物质利益，而且在更大程度上是整体主义的伦理价值观，这是区域命运共同体与“学习共同体”、“科学共同体”和“学术共同体”等[③]其他现代社会共同体的主要区别所在；四是区域命运共同体的目标更多的是满足区域内国家及其人民的精神层次需要，如归属感等，使区域内国家及其人民形成一种“精神依赖”，在这个意义上，区域命运共同体是一个温暖的、舒适的“家”，是一个“精神的联合体”[④]或“温馨圈子”[⑤]。

作为中国区域合作短期目标的区域命运共同体的提出，不仅要求中国从区域社会中争取越来越多的有利于自己发展的各种客观条件，也要不断进行自我调整，增强区域整体意识，向区域内国家及其人民提供越来越多的物质性公共产品和精神性公共产品，以有助于改进中国在区域内国家及其人民中的区域大国形象，实现彼此之间的相互信任，构建起坚实的好朋友、好邻居和好伙伴关系。[⑥]只有这样，才能在物质层面和精神层面共同实现区域命运共同体这个目标。就像习近平总书记在2013年10月召开的周边外交工作座谈会上所说的那样，在区域合作中，“多做得人心、暖人心的事，使周边国家对我们更友善、更亲近、更认同、更支持，增强亲和

① 孙高昂：《基于命运共同体视角的我国企业绩效考评研究》，天津财经大学2011年硕士学位论文。

② 同上。

③ 张志旻等：《共同体的界定、内涵及其生成——共同体研究综述》，《科技政策与管理》2010年第10期。

④ 高鉴国：《社区意识分析的理论建构》，《文史哲》2005年第5期。

⑤ ［英］齐格蒙特·鲍曼：《共同体：在一个不确定的世界中寻找安全》，欧阳景根译，江苏人民出版社2003年版，第5—6页。

⑥ 王公龙：《中国特色国际战略思想体系研究》，人民出版社2012年版，第304页。

力、感召力、影响力"，"让命运共同体意识在周边国家落地生根"[①]。总而言之，作为中国区域合作短期目标的区域命运共同体的确立，标志着中国在积极融入区域社会的道路上将会采取更加负责任的态度，将会成为现有区域社会的"积极参与者、维护者和建设者"[②]，真正将中国自身的命运与区域内所有国家的命运紧密联系在一起，区域合作成果既不为中国及其人民所独有，也不为区域内其他国家及其人民所独有，而是要为整个区域社会内的所有国家及其人民所共同享有。即便在"面对区域经济的复杂形势和区域性问题"的情况下[③]，也要坚定不移地实现中国与区域内所有国家"患难与共"，"一荣俱荣，一损俱损"的区域价值观目标。

二　区域梦是中国区域合作的中期目标

作为中国区域合作目标体系中承上启下的部分，中国区域合作中期目标的确定，既需要建立在实现中国区域合作短期目标的基础上，也需要与中国区域合作的长期目标总体一致，为实现长期目标打下必要的基础。由此，本书将中国区域合作的中期目标确定为区域梦。

区域梦是相对于中国梦而言的。2012 年 11 月，习近平总书记在中国国家博物馆参观"复兴之路"展览时，首次提及中国梦，之后又在诸多公开场合对中国梦进行阐释，指出中国梦的核心是"实现中华民族伟大复兴"[④]，具体内涵是"国家富强、民族振兴、人民幸福"，实现路径是"走中国道路"，"弘扬中国精神"，"凝聚中国力量"，[⑤] 由此，中国梦成为新一届中央领导集体治国理政的指导思想。根据"内政是外交的基础，外交是内政的延伸"的互动、互构关系[⑥]和"统筹国内和国际两个大局"

---

① 习近平：《为我国发展争取良好周边环境 推动我国发展更多惠及周边国家》，《人民日报》2013 年 10 月 26 日第 1 版。

② 门洪华主编：《中国外交大布局》，浙江人民出版社 2013 年版，第 120—122 页。

③ 曲星：《人类命运共同体的价值观基础》，《求是》2013 年第 4 期。

④ 张烁：《承前启后 继往开来 继续朝着中华民族伟大复兴目标奋勇前进》，《人民日报》2012 年 11 月 30 日第 1 版。

⑤ 习近平：《在第十二届全国人民代表大会第一次会议上的讲话》，《人民日报》2013 年 3 月 18 日第 1 版。

⑥ 胡宗山：《新中国外交六十年：基本经验与未来转型——一项内政外交相互关系视角的观察》，《社会主义研究》2009 年第 5 期。

的政治话语情景[①]，区域梦与中国梦是辩证统一的，区域梦是中国梦在区域社会层面上的自然延伸，其核心是实现包括中国在内的区域内所有国家的区域振兴、区域发展以及区域崛起，从而在整体上成为世界上的一个重要“极”。中国古语言，“一花独放不是春，百花齐放春满园”，这就是说，单单一个国家或少数国家实现自身发展，并不是真正的发展，只有区域内所有国家实现共同发展，才能称之为区域梦。由此可以说，区域梦的具体内涵体现为区域内所有国家富强、所有民族振兴、所有人民幸福，体现了区域内所有国家和人民的整体利益和根本利益。区域梦的实现路径是包括区域政治合作、区域经济合作、区域文化合作以及区域安全合作在内的四位一体总体布局，就像曾经的泰国总理他信・西那瓦（Thaksin Shinawatra）所说的那样：“现在是亚洲各国联手合作的时候了，我们亚洲有超过世界一半的人口，有世界上最多的外汇储备，还有丰富的资源、矿藏，亚洲国家应该联合起来，共同建设富强的亚洲。”[②] 只有通过区域内所有国家的全方位区域合作，区域梦才能够最终实现。

区域梦是区域内所有国家及其人民的共同梦想，但这并不是说实现区域梦，就必须排斥区域外国家的积极参与。

一是区域梦的实现过程是开放的、包容的，在推进区域合作的过程中，既要积极借鉴欧盟、北美等主要外部区域的合作经验，也要对区域外国家建设性地参与本区域合作的基本诉求持欢迎态度，但前提是“域外国家也应该尊重亚洲的多样性特点和已经形成的合作传统”[③]。

二是作为中国区域合作中期目标的区域梦也要兼顾其他国家提出的与本区域相关联的区域合作目标。比如 2013 年 4 月 15 日，美国国务卿约翰・福布斯・克里（John Forbes Kerry）在日本进行访问的时候发表演讲，提出“太平洋梦”的新概念，“为将亚洲区域包含在内的太平洋区域设计和定义梦想”，其主要内涵“就是各个国家和人民打造一个共享未来的伙

① 郭树勇：《试论“建构主义革命”对于当代中国外交研究的若干意义》，《国际观察》2009 年第 1 期。

② 刘歌：《共同建设富强的亚洲——访泰国总理他信》，《人民日报》2004 年 9 月 4 日第 3 版。

③ 习近平：《共同创造亚洲和世界的美好未来——在博鳌亚洲论坛 2013 年年会上的主旨演讲》，《人民日报》2013 年 4 月 8 日第 1 版。

伴关系”[1]。每一个国家都可以自由地按照自己的意愿制定区域合作目标，太平洋梦与本书所提出的区域梦是不同的，但并不一定就是完全排斥的。一方面，二者在某些方面不完全一致，甚至相冲突，比如，太平洋梦的核心内容是自由民主的普世价值观，以美日、美韩为主要支柱的亚洲安全和军事同盟，以跨太平洋伙伴关系协议（Trans-Pacific Partnership Agreement，简称TPP）为主要代表的高水平经济贸易标准和服务，这与本书所确定的区域梦的内涵不完全一致；另一方面，二者也有相重叠、相一致、共通共容的地方，无论是区域梦，还是太平洋梦，都是为了实现亚洲的“和平、稳定、繁荣”[2]。

将区域梦作为中国区域合作的中期目标，能够将中国的自身发展、国家富强和人民幸福与区域内所有国家的利益相交融、相契合，能够超越区域内国家之间、区域内与区域外国家之间的各种分歧和矛盾，能够最大限度地拓宽中国区域合作的“筑梦空间”[3]。

三 和谐区域是中国区域合作的长期目标

中国区域合作的长期目标应当是在综合中国的国家性质、国家利益以及国家能力的基础上形成的，在较长一段时间里能够正确引领中国区域合作向前发展的总目标。即使中国区域合作的环境在短时间内发生了重大变化，这个长期目标也能够在根本上或本质上保证中国未来区域合作的方向不发生错误趋向的反转。和谐区域是以胡锦涛为核心的第四代中央领导集体提出来的外交理念，是和谐世界理念在区域层面上的具体体现。本书将其确定为中国区域合作的长期目标，是因为和谐区域是在以区域冲突和区域合作为主要表现内容的区域不和谐现实基础上抽象和升华出来的一种理想化的区域状态。相比区域命运共同体和区域梦而言，和谐区域更加遥远，实现起来也更为复杂和困难。按照罗伯特·基欧汉的观点，区域和谐是指区域范围内行为体“追求自身利益而不考虑他人”的政策能够“自动促进”其他区域范围内行为体目标的实现，也就是说，没有任何行为

① 江玮：《克里诠释“太平洋梦”》，《21世纪经济报道》2013年4月16日，http://www.21cbh.com/HTML/2013-4-16/xNNjUxXzY2MjgxNw.html。

② 晓岸：《中国、美国、太平洋：寻找梦想结合点》，中国网，2013年4月17日，http://www.china.com.cn/international/txt/2013-04/17/content_28566658.htm。

③ 高程：《和平亚太，中国筑梦空间》，《人民日报》2013年6月26日第5版。

体的政策和行为会对其他行为体造成任何程度的损害,[①] 这是一种理想化的区域状态，对于自私的、理性的国家来说，实现起来是十分困难的。华尔兹也认为，在一个缺乏最高政治权威的无政府状态下，“任何国家都有可能在任何时刻使用武力”，因此是不会存在自动的区域和谐状态的。[②] 而且，在区域和谐存在的地方，由于国家利益自动实现了，作为国家实现自身利益和目标的具体手段的区域合作和区域纷争就没有任何存在的必要了。这就要求包括中国在内的区域内所有国家及其人民通过长期的区域合作，有计划、有步骤、循序渐进地朝和谐区域这个长期目标迈进。和谐区域这一长期目标，从根本上回答了区域内国家及其人民对于中国未来要往何处去的疑问，尤其是有力地回答了“人类希望有一个什么样的区域社会，以及应当如何构建、创造这个区域社会”，初步勾画出一个具有中国特色的新区域观，反映了中国的和合思想和平主义精神。[③] 所以说，和谐区域理应成为中国区域合作所为之努力奋斗和长久追寻的长期目标。

第四节 中国区域合作的手段选择

手段选择是一个国家对其所基本掌握的、可调配的各种资源的实际运用。[④] 它具有多样性和灵活性的特点，既可以选择运用单一的手段去实现区域合作的既定目标，也可以选择运用组合式的手段去实现区域合作的既定目标，其最优选择是运用最少的手段成本尽可能地实现最多的目标回报。手段选择与目标设定之间的最大区别在于，手段选择限制着目标设定能否实现，而目标设定则决定着手段选择的现实可行性空间。[⑤] 在指导思想和基本原则等条件基本确定的前提下，手段选择与目标设定之间的互动组合将会在很大程度上决定中国区域合作成功与否。如果二者相互合理匹配，那么中国区域合作就会取得成功，如果二者之间相互“失调”，那么中国区域合作就会面临很大的风险。因此，在目标体系已经基本确定的情

① ［美］罗伯特·基欧汉：《霸权之后：世界政治经济中的合作与纷争》，苏长和等译，上海人民出版社 2006 年版，第 51 页。

② ［美］肯尼斯·华尔兹：《人、国家与战争——一种理论分析》，信强译，上海世纪出版集团 2012 年版，第 126 页。

③ 王毅：《和谐世界：真正具有中国特色的外交理念》，《世界知识》2008 年第 5 期。

④ 刘丰：《中国周边战略的目标、手段及其匹配》，《当代亚太》2013 年第 5 期。

⑤ 同上。

况下，在复杂多变的现实区域地缘环境的影响下，中国需要根据目标设定手段选择之间的相互关系原理，采取更加行之有效的、与所设定的目标最大限度契合的区域合作手段，这是当前中国区域合作理论的根本着眼点。在改革开放三十多年来，尤其是经历21世纪头十年的快速发展之后，中国区域合作已经迈上了一个新层次和“新高地”，为了进一步解决中国区域合作所面临的“骤然增加的机遇、压力和复合型的内外矛盾”[①]，中国需要对自身的区域合作手段或路径进行自我修正、更新和完善，在继承既有的区域合作传统的基础上，在不断强大的国家实力和不断提高的国际政治地位面前，选择更加积极进取的，更加“有所作为”的，具有更大外交视野的区域合作手段，用国内学者王逸舟的话来说，就是要不断提高中国区域合作手段的“引导性、主动性和建设性”，塑造更加有利于中国的、被绝大多数区域内国家所认可的区域合作制度规范，实现一种“创造性介入”的理想区域合作实践状态。[②] 在这个意义上，以国家战略能力建设、区域公共产品供给、区域治理体系构建为核心的区域合作手段选择是中国区域合作的主导实现路径。

一　加强国家战略能力建设，提升中国的区域合作主导权

主导权问题一直是区域合作进程中所不可避免的重点问题。所谓区域合作的主导权，是指在很大程度上能够决定区域合作规则、控制区域合作方向、影响区域合作进程的权力。谁获得主导权，谁就将获得“决定区域内规则的能力和指导一体化发展方向和进程的作用”[③]。主导权主要由参与区域合作的国家或国家集团承担，可以只有一个，也可以有两个。区域合作主导权的建立主要是为了解决区域合作过程中所产生的各种客观问题。如美国著名学者加勒特·哈丁（Garret Hardin）提出的“公地悲剧”命题[④]，即区域合作的参与国家明明知道某一个行为或某些行为会导致区域合作的停滞或失败，但是每一个国家都对阻止这些行为的发生感到无能为力或无可奈何，在这种情况下，很多国家就会在区域合作失败之前

① 王逸舟：《创造性介入：中国外交新取向》，北京大学出版社2011年版，第3页。

② 同上书，第5页。

③ 陈峰君、祁建华：《新地区主义与东亚合作》，中国经济出版社2007年版，第234—235页。

④ G. Hardin, “The Tragedy of the Commons,” *Science*, 1968, 162 (3859): 1243-1248.

“先下手为强”，从而保证自身国家利益的最大化。再如美国学者梅里尔·弗勒德（Merrill Flood）和梅尔文·德雷希尔（Melvin Dresher）提出的“囚徒困境”[①]，即在信息沟通不畅或缺失的情况下，区域合作参与国家会在较大概率上采取背叛行为，而不是合作行为，即便合作行为能够给区域合作全体国家带来最大的收益，其最终结果是区域合作的所有参与国家的利益都会受到很大程度的损害。还有如美国学者曼瑟尔·奥尔森（Mancur Lloyd Olson）提出的搭便车问题[②]，即由于区域合作这个集体行动所产生的“不合理的成本—收益结构”，理性的、自利的区域合作参与国家，尤其是小国，往往会倾向于不为区域合作付出任何努力和行动成本，而同样能够继续获得区域合作所带来的回报和受益。只有确立区域合作的主导权，才能够成功解决和超越以上这些在区域合作中所产生的“集体行动困境”或“集体行动失败”。

从历史视角来看，主导权对于区域合作必不可少，是区域合作的“发动机”和“火车头”。[③] 一方面，主导权问题解决得好，区域合作进程就会发展迅速，就会产生巨大的成就，比如，德法轴心对于欧洲区域合作的主导作用。20 世纪 50 年代以来，欧洲区域合作进程取得了巨大成就，从最初的 6 个创始国增加到 2013 年的 28 个成员国，从欧共体升级为欧盟，并建立了欧洲联盟理事会、欧洲理事会、欧盟委员会、欧洲议会、欧洲法院、欧洲中央银行等高度一体化的机构和制度，实现欧洲范围内的经济、政治、社会、外交和安全政策的深度一体化，成为当今世界一体化程度最高的国家联合体。欧盟能取得这样巨大的成就，与欧洲实力最强大、拥有推进欧洲一体化强烈意愿的德国和法国之间的相互合作与配合密不可分，特别是要归功于德国和法国在欧洲区域合作发展进程中的“方向性共同主导”作用，即“通过联合施加政治压力，界定共同利益，提出一体化建议，提供足够的经济补偿，提供政策集中点”等方法来有效解决欧洲区域合作进程中出现的大部分集体行动问题。[④]除此之外，在世

---

① K. C. Clements, D. W. Stephens, “Testing Models of Non-kin Cooperation: Mutualism and the Prisoner's Dilemma,” *Animal Behaviour*, 1995, 50 (2): 527-535.

② M. Olson, *Logic of Collective Action: Public Goods and the Theory of Groups* (Cambridge: Harvard University Press, 1965), p. 2.

③ 钟声：《东亚合作进程中的大国角色》，《人民日报》2011 年 11 月 17 日第 3 版。

④ 古莉亚：《欧洲一体化的悖论》，吉林大学出版社 2010 年版，第 110—111 页。

界其他区域的区域合作进程中，美国之于北美区域合作、巴西之于南美区域合作、南非之于非洲区域合作都发挥着类似的主导作用。另一方面，主导权问题解决得不好，甚至出现主导权之争，就会在很大程度上导致区域合作进程的迟滞。比如，亚洲区域合作进程中就明显存在着这样的领导权问题，中国和日本都在不遗余力地争夺区域合作主导权，由于在历史问题、领土纷争等问题上严重缺乏政治和安全互信，[①] 两国都坚决反对由对方主导区域合作进程。然而，基于当前不相上下的国家实力，双方在可预见的将来都无法完全获得区域合作的主导权，这就使得中日之间的主导权之争呈现长期化、胶着化的趋势。国内学者王逸舟说过："在全球社会近200个成员里还没有哪一对大国，像中国和日本这样历史上如此交往甚密而现实中如此隔阂对峙，地理上如此接近而心理上如此遥远，经济上如此密切而政治上如此紧张。"[②] 中日两国在区域合作主导权上的争夺，给亚洲区域合作，尤其是东亚区域合作的制度化建设造成严重制约，并导致其停滞不前，尤其是对于中日两国都具有极大裨益的东亚共同体建设仍然处于设想和计划阶段，这是因为东亚共同体的建成需要以中日两国实现完全历史和解，并建立能够"协调一致发挥政治主导力"[③] 的伙伴关系作为基本前提。没有这个基本前提的实现，作为东亚区域合作历史性标志的东亚共同体就不可能建成。在这种现实背景下，中日两国为了推进东亚区域合作，采取折中路线，共同转向支持东盟作为东亚区域合作的主导者，这是因为东盟具有主导东亚区域合作的强烈意愿，既是基于自身利益考量，为了避免在未来区域合作中被中日等区域大国完全边缘化，也是因为东盟在过去几十年的东南亚区域合作进程中积累了很多的有益经验。[④] 但是我们应该清楚，这只是中日两国在无法实现根本和解和完全政治互信的客观现实条件下的权宜之计，由东盟这匹"小马"来拉东亚区域合作这辆"大车"具有先天的缺陷和不足，不仅难以调动区域内大国参与区域合作进程的积极性，而且东盟自身内部也存在着各种政治、经济和安全问题，如某些东盟国家没有主导东亚区域合作的意愿，东盟国家的整体经济实力有

① 具天书：《"东亚共同体"建设的障碍与出路：韩国的视角》，《当代亚太》2012年第1期。

② 朱宁：《胜算——中日地缘战略与东亚重塑》，浙江人民出版社2007年版，序言。

③ 井上寿一：《没有美国的共同体无法发挥机能》，《产经新闻》2009年10月27日。

④ 方长平：《东亚一体化与中国的东亚战略》，《现代国际关系》2011年第2期。

限，对主导东亚区域合作进程力不从心，还有就是东盟国家内部也存在着悬而未决的领土争端问题，等等。①

基于以上对区域合作主导权的认识，笔者认为，为了最大限度地实现中国所设定的区域合作目标体系，不断提升中国的区域合作主导权仍然是未来中国区域合作的必然选择。而实现这一目标的根本路径就是加强中国的国家战略能力建设。所谓国家战略能力，是指一个国家在一定历史时期或阶段，利用其所实际拥有的、掌握的和可供分配的所有国家实力，有效地、能动地实现既定国家战略目标的能力。② 中国在 2001 年的“9・11”事件和美国对阿富汗进行军事打击之后，首次提出国家战略能力这个概念，江泽民指出：“国家战略能力，涉及经济社会发展、国防和军队建设的各个方面，包括经济实力、国防实力、民族凝聚力构成的全部综合国力。……增强国家战略能力……是一项长期而又艰巨的任务。”③ 根据以上定义，我们可以通过以下三个主要手段来不断加强中国的国家战略能力建设，提升中国的区域合作主导权。

一是加强中国的国家实力建设，为提升中国的区域合作主导权奠定物质基础。所谓的国家实力，也可以称之为综合实力，主要包括以军事实力、经济实力、政治实力为代表的国家硬实力和以文化、价值观、意识形态、国家威望为主要代表的国家软实力。国家实力对于国家战略能力的重要性体现为：国家实力是一个国家具备国家战略能力的物质基础和前提，没有国家实力的支撑，就谈不上拥有国家战略能力。有学者认为，“中国是东亚区域唯一一个有实力却无主导意愿的国家”④，这种观点实际上是不完全正确的。其一，中国现阶段还没有足够的国家实力完全取得区域合作的主导权，尽管中国已经崛起为世界第二大国，但是中国并不具有对日本、韩国以及东盟及其联合起来的绝对实力优势，更不用说美国对东亚区域合作的外在干扰了。其二，从理论上讲，中日联合主导东亚区域合作是中国区域合作的次优选择，但是由于中日之间的矛盾和争端至少在可预见

① 莫翔：《东盟主导下的东亚区域合作进程分析》，《云南财经大学学报》（社会科学版）2010 年第 1 期。

② 国略：《提高国家战略能力 维护国家安全统一》，《国家安全通讯》2003 年第 9 期。

③ 中共中央文献编辑委员会：《江泽民文选》第 3 卷，人民出版社 2006 年版，第 356—357 页。

④ 范斯聪：《东亚经济一体化过程中的主导权问题探究：困境与出路——基于欧洲的经验》，《湖北社会科学》2012 年第 6 期。

的将来仍然没有解决之道，这种选择目前也不可能实现，所以，单纯说中国没有主导意愿也是不成立的。其三，中国现阶段对东盟主导东亚区域合作的公开支持，是在以上两种选择都无法实现现状下的不得已的第三选择，这是因为无论如何东亚区域合作都需要向前发展，即便发展程度不高，也有利于中国的和平发展，目前虽无法达到中国的理想预期目标，但在未来还存在着可能性。当前中国所要做的最重要的一件事就是不断提升中国的国家实力，不断提升中国的“国家强度”[①]。随着中国国家实力的不断强大，区域国家之间的权力对比开始朝着有利于中国的方向发展，这就必然导致中国在区域事务治理和区域问题解决上越来越有发言权，对区域秩序的建构、变迁和重塑越来越有影响力，特别是在区域合作主导权的争夺上，中国会占据越来越有利的地位，发挥越来越重要的主导作用。

二是完善中国国家实力向国家战略能力的媒介转化机制，为提升中国的区域合作主导权提供机制保障。一个国家的媒介转化机制，主要包括用于国家实力整合、控制、动员和转化的一系列机构、机制和制度，是国家实力转化成国家战略能力的“桥梁”。2014 年 1 月 24 日，中国建立的由习近平担任主席的国家安全委员会就是这样的一个媒介转化机制。[②] 新建立的国家安全委员会能够将原有的各个相对分散的安全部门和机构进行有效整合、协调和优化，能够将中国的综合安全实力成功转化成国家战略能力，从而更好地、更有效率地解决威胁中国国家安全的各种传统安全问题和非传统安全问题。缺少媒介转化机制这一环节，国家实力与国家战略能力就可能会相互分离和相互脱节。也就是说，拥有了国家实力也不等同于拥有国家战略能力，国家实力的大小并不一定会带来国家战略能力强弱的变化，国家实力不会自然而然地形成国家战略能力，需要具备一定的客观条件才能成功转化。约瑟夫·奈曾将这种媒介转化机制形象地比喻成“打牌”，认为“有些高超牌手即使拿到弱牌也能赢得胜利一样，有些国家比别的国家更善于将资源转化为有效的影响力”[③]，这是从国家实力角度思考国家战略能力时所必须正视的一个问题。一方面，如果运用媒介转

---

① 黄宝玖：《国家能力：涵义、特征与结构分析》，《政治学研究》2004 年第 4 期。

② 《研究决定中央国家安全委员会设置　审议贯彻执行中央八项规定情况报告》，《人民日报》2014 年 1 月 25 日第 1 版。

③ ［美］约瑟夫·奈：《美国定能领导世界吗》，何小东等译，军事译文出版社 1992 年版，第 21 页。

化机制得当，一个资源弱小的国家，可能会产生远远超过其有限的国家资源的国家战略能力，如亚洲的新加坡，尽管国土面积只有716平方公里，人口也只有543万，是个名副其实的"微型国家"，但就是这样一个"人少、物寡、实力弱"[①]的弹丸小国，偏偏在国际政治舞台上展现出强大的国家战略能力，它不仅是联合国、东盟、不结盟运动等一些国际和区域组织的成员国，同中国、日本、韩国、印度、澳大利亚、新西兰、美国等国家建立自贸区，还发起倡议建立亚欧会议、东亚—拉美合作论坛、亚洲—中东合作对话等区域间合作组织，并且与新西兰、智利和文莱三个国家共同建立跨太平洋战略经济伙伴关系协定（TPP），等等。所以说，新加坡之所以实现了自身国家战略能力的腾飞，主要还是因为其良好的、持续的、有效的媒介转化机制。另一方面，如果运用媒介转化机制不当，即便是一个资源富庶的大国，也可能产生不出强大的国家战略能力，甚至会导致本国的国家利益受损。1840年左右的中国就是一个实例。根据法国著名经济学家保罗·贝洛赫（Paul Bairoch）的定量分析，"1800年中国GDP占世界的比重高达44%，1840年的中国GDP占世界的比重高达37%"[②]，而英国著名经济学家安格斯·麦迪森（Angus Maddison）经过定量分析，也得出1820年中国GDP占世界GDP总量的32.9%，1870年中国GDP占世界GDP总量的17.2%，[③]通过这些数据可以看出，中国的国家实力在当时世界上名列前茅，但是，中国相对较强的国家实力并没有完全转化成强大的国家战略能力。从1840年开始，中国在对外战争中接连失败，赔款割地，丧权辱国，最终沦为殖民地半殖民地国家。[④]通过以上分析可以看出，中国只有建立并维持良好的媒介转化机制，才能将自身的国家实力成功地转化成相应地强大的国家战略能力，才能够在区域合作主导权的争夺过程中发挥出惊人的、持久的战斗力。

三是优化国家战略能力的现实运用谋略和技巧，为提升中国的区域合

① 周聪：《小国能办大外交》，《环球时报》2003年12月26日第14版。

② P. Brecke, "Violent Conflicts 1400 AD to the Present in Different Regions of the World," Paper for the 1999 Meeting of the Peace Science Society, Ann Arbor, Michigan. 转引自《刘逖：1600—1840年中国国内生产总值的估算》，《经济研究》2009年第10期。

③ ［英］安格斯·麦迪森：《世界经济千年史》，伍晓鹰等译，北京大学出版社2003年版，第208页。

④ 孙力舟、周建波：《晚清中国：GDP世界第一照样挨打》，《中国发明与专利》2011年第1期。

作主导权提供“倍增器”。所谓的谋略和技巧，是指一国“在适当时机、适当地点恰当地使用自己的国家战略力量”的一门艺术。[①] 上文所说的国家实力建设和媒介转化机制属于国家战略能力的产生和积累阶段，而谋略和技巧则属于国家战略能力的运用阶段。相比国家战略能力的产生和积累而言，国家战略能力的运用对于区域合作主导权的竞争更加具有现实意义，因为当前区域合作主导权的竞争在很大程度上取决于国家战略能力的有效性。也就是说，单纯产生和积累国家战略能力还不够，更需要对其进行充分的能动性运用，将其“释放”和扩散出去，使其对竞争区域的合作主导权产生明显的外在效用，而这种效用主要由一国对国家战略能力的现实运用谋略和技巧决定，这是衡量一国国家战略能力的“重要尺度和基本维度”[②]。在了解谋略和技巧对竞争区域合作主导权的重要性后，我们需要弄清楚如何对谋略和技巧进行操作。这就是，中国要根据国家战略能力的大小和强弱，适时选择恰当的区域合作参与方式，使其真正达到提升中国区域合作主导权的目标。一方面，在国家战略能力相对弱小、发挥不出明显效用的时候，中国要在区域合作中采取“冲击强度相对较弱”的跟随战术，谨慎运用和可控性利用有限的国家战略能力，更多地借助外在有利力量，积极接纳和内化现有世界秩序中的区域合作规范，尽量避免挑战现有区域合作主导国，并与其和谐相处，将中国所面临的区域合作外在压力和制衡控制在最低程度；另一方面，在国家战略能力相对强大、能够发挥巨大外在效用的时候，中国要在区域合作中采取“冲击强度相对较强”的冲击战术，更加积极地利用自身国家战略能力，“有意识地和前瞻性地”主动塑造有利于中国的区域合作制度规范，积极创造既具有中国特色的又具有国际普遍意义的区域合作理念，在“负责任的利益攸关方”和“规范性行为体”的可接受角色认同中，在现有区域政治经济秩序内与当前的区域合作主导国进行良性竞争，积极谋取区域合作主导权。[③] 不过，需要注意的是，尽管当前中国的国家战略能力已经达到世界大国或者区域强国的高度，但是中国不能随心所欲，四面出击，肆意挥

---

① 杨毅：《国家战略能力的建设与运用》，《新视野》2012 年第 3 期。

② 曹海军：《试论国家能力建设的科学内涵》，《内蒙古民族大学学报》（社会科学版）2006 年第 6 期。

③ 潘忠岐：《从随势到谋势：中国的国际趋向与战略选择》，复旦大学出版社 2012 年版，第 317—323 页。

霍，过度透支现有的国家战略能力。

总之，国际战略能力对于提升中国的区域合作主导权具有根本性的意义，没有国际战略能力的产生、积累和有效运用，中国在未来几十年的区域合作主导权的竞争过程中就不会取得最终胜利，“打铁还需自身硬”就是这个道理。

二　增加区域公共产品供给，满足区域国家及其人民的合作需求

公共产品（public goods）原本是政府经济学里面的一个核心概念，也被称为公共物品，与私人产品或私人物品（private goods）相对应，意指在一个国家范围内部的具有消费上的非排他性和非竞争性两大特性的产品，即那些“无法排除不付费之行为体的消费行为……某一行为体的消费不会造成他人对公共产品消费数量的减少”的产品。[①] 根据满足这两个特性的程度，可以将公共产品分为完全具有非排他性或非竞争性的纯公共产品（pure public goods）和部分具有非排他性或非竞争性的准公共产品（impure public goods），而准公共产品又可分为具有可排他性和部分非竞争性的俱乐部产品（club goods）和具有非排他性和竞争性消费的公共资源（common pool resources）。这里所讲的公共产品主要是指在国内意义上的，因而也可以统称它们为“国内公共产品”。自 20 世纪 70 年代以来，经济全球化趋势日益明显，国家与国家之间的互动越来越频繁，相互依赖程度日益加深，以商品、服务、技术、劳动力、资本等为主要内容的生产要素开始跨越国家边界，在国际甚至全球范围内流动。与此同时，一些国内问题（如环境污染、毒品犯罪等）也开始产生国际化的趋势，这带动了那些提供公共服务或解决问题的国内公共产品的功能“外溢”。在这种背景下，一些国际政治经济学者开始把公共产品与全球化联系起来，并且在国际政治研究领域引入“国际公共产品”的重要概念，这其中，最为著名的就是美国学者曼瑟尔·奥尔森。他 1971 年在《国际组织》（International Organization）杂志上发表的《增加国际合作的动机》（Increasing the incentives for international cooperation）一文中最早提出“国际公共产

---

① Paul A. Samuelson, “The Pure Theory of Public Expenditure,” *The Review of Economics and Statistics*, 1954: 387-389. 转引自樊勇明、薄思胜《区域公共产品理论与实践——解读区域合作新观点》，上海人民出版社 2011 年版，第 25 页。

品”这一概念。在这篇对后来的国际政治学者影响深远的文章中，奥尔森认为，世界上现有的正式的或非正式的国际组织对新出现的全球性问题已越来越力不从心，因此，国家必须将一部分原本属于自己的权力放弃，并“让渡”给国际组织，支持国际组织进行“足够的、有组织的合作努力”，这就是国际合作产生的缘由。但是，进行国际合作的国际组织所提供的国际公共产品不可避免地会使国际组织所有成员国受益，甚至会使全世界国家都受益。假设所有国家自主决定贡献多少收益，当这个国家从国际公共产品供应中所得到的收益达到其所付出的成本的时候，它就可能会停止继续贡献，这种情况下的国际合作水平远远低于理想水平。因此，奥尔森提出用不对称分配收益的方法来解决国际公共产品提供过程中的搭便车弊端，也就是说，一国为国际公共产品的提供所付出的代价或成本越大，所做的努力和贡献越多，其所获得的国际公共产品的收益就会越多，这样一来就会激励一国积极参与国际公共产品的供给。① 但是，需要注意的是，国际政治领域并不像国内领域那样存在着最高权威的国内政府，因而以国际货币基金组织、世界银行、世界贸易组织和联合国等国际组织为主要代表的国际公共产品提供者必然不会为整个国际社会服务，也有可能成为国际政治霸权国家实现本国私利的工具，② 这种“私物化”的国际公共产品与霸权国家紧密联系在一起，会随着霸权国家的盛衰而产生相应的正向变化轨迹。当霸权国家力量增强的时候，它提供国际公共产品的能力和意愿就会强烈；当霸权国家力量衰减的时候，它提供国际公共产品的能力和意愿就会变得弱小。进入 21 世纪，以中国、印度、巴西、俄罗斯和南非等金砖国家为主要代表的新兴发展中国家逐渐兴起，其力量不断壮大，产生越来越多的新需求，曾经依托国际政治霸权国家美国而建立起来的提供国际公共产品的主要国际组织和机制，如国际货币基金组织、世界银行以及世界贸易组织，越来越不能反映新的、不断变化的国际政治现实，出现了国际公共产品“供给不足”的问题，受到越来越大的挑战，需要进行较大程度的机制改革，以反映金砖国家显著提高的国家利益。在霸权国家变弱和新兴国家变强并趋于多极化的国际体系中，与全球化和全

① M. Olson, “Increasing the Incentives for International Cooperation,” *International Organization*, 1971, 25 (4): 866-874.

② Charles P. Kindleberger, “International Public Good without International Government,” *American Economic Review*, 1986, 76 (1): 1-13.

球主义协同发展起来的区域化和区域主义开始展现其更加具有优势的一个方面。这就是区域公共产品，它是“只服务于本区域、只适用于本区域、成本又是由域内国家共同分担的安排、机制和制度”[①]，是介于国内公共产品和国际公共产品之间的一种新型公共产品形式。从目前来讲，世界上不同区域、不同领域所产生的区域公共产品供给模式各不相同。一般而言，越是社会经济发达的区域，区域公共产品的种类和内容愈加丰富，供给机制也就越加稳定和有效，而且各个区域的公共产品大都随着各自区域一体化实践进程的推进而不断深化、进步与完善。[②] 其中，主要由发达国家组成的欧洲区域和北美洲区域具有比较完善的、成功的区域公共产品供给模式和相关机制，而主要由发展中国家组成的亚洲区域、拉美区域和非洲区域的公共产品供给则相对比较匮乏，不稳定性较为明显。区域公共产品所面临的挑战和限制性因素主要有[③]：由于利益的区域特殊性导致溢出效应无法惠及区域公共产品供给国，缺少主导区域国，由区域竞争而导致的区域对抗，由于信息沟通不畅或信息失衡而导致的不确定性增加，缺少支持区域公共产品有力的主流文化，没有获得贷款、提供担保和促进区域议程的明确实体，等等。尽管存在这些问题，区域公共产品还是具有很多的优点，比如，能够有效避免搭便车的弊端，能够更加直接反映本区域各个国家的不同需求，更加有针对性地解决本区域所出现的各种跨国性问题，推动本区域更好更快的发展，从而让区域内所有国家都获得收益，相比国际公共产品更加具有吸引力和现实优势。[④]

通过以上对区域公共产品的基本认知可以确认，这种有效的、为各方所接受的区域公共产品供给对区域合作具有重要意义，将会成为推动区域

---

① 樊勇明、薄思胜：《区域公共产品理论与实践——解读区域合作新观点》，上海人民出版社 2011 年版，第 89 页。

② Todd Sandler, "Global and Regional Public Goods: A Prognosis for Collective Action," *Fiscal Studies*, 1998, 19 (3): 221-247.

③ Todd Sandler, "Regional Public Goods and Regional Cooperation," Secretariat of the International Task Force on Global Public Goods. Expert Paper Seven Cross-Cutting Issues. Washington, D. C.: Communications Development Incorporated, 2006: 143-178.

④ Todd Sandler, "Regional Public Goods, Aid and Development," Asian Development Bank, available at http: //www. adbi. org/conf-seminarpapers/2007/11/06/2407. regional. public. goods. aid. development/ (accessed 2 March 2011). 2007.

合作进程的有效方式和新途径。[①] 从这个意义上，笔者认为，在中国的国家战略能力还没有达到完全获得区域合作主导权的情况下，可以通过提供区域公共产品来获得区域内国家的深度信任和积极支持，绕开区域合作主导权这个棘手问题，从而以较小的成本与代价推动区域合作进程朝着有利于中国的方向发展。中国学者王玉主就认为，尽管区域合作主导权在根本上与国家战略能力相关，但是在一定程度上也与区域公共产品供给相联系，这就是"在没有现存主导者的情况下，区域范围内公共产品的提供将导向区域主导权的获得"[②]。所以说，从现实来讲，致力于增加区域公共产品供给，满足区域国家及其人民的现实需要和合作需求，将是中国未来区域合作的重要手段选择。为此，我们需要深入思考两个问题：[③] 一是中国需要提供什么样的区域公共产品，这涉及提供区域公共产品的内容问题，与中国的国家战略能力和国家利益相关联。也就是说，中国所要提供的区域公共产品，必须符合中国的国家利益，尤其是核心国家利益，主要包括区域稳定与安全、区域和平、区域发展与繁荣等，必须与中国的国家战略能力相适应，不能超出这个基本能力范围。用国内学者王逸舟的话来说，[④] 在现有国家能力的约束下和现有国家利益的制约下，要优先提供"那些比较小的倡议、次领域的安排、局部的创新"之类的区域公共产品，并将这些区域公共产品优先"提供给周边地区，特别是一些邻近国家"，这些细微举措都是中国向未来重大的区域公共产品提供者迈进的具体路径。二是中国应当怎样提供这些区域公共产品，这就涉及区域公共产品的提供方式问题，总体原则是代价较少，阻力较小，更能为国际社会接受。一方面，由于在亚洲范围内中日两国区域合作主导权的白热化竞争以及美国在亚洲范围内不断扩大的客观利益存在，通过单一的霸权国家来提供区域公共产品已经不现实；另一方面，以区域制度和区域组织为载体提供区域公共产品，是目前国际社会推动区域合作的主流做法，可以成为中国提供区域公共产品的优先选择。具体来说，可从以下几个方面推动中国

① 樊勇明：《区域性国际公共产品——解析区域合作的另一个理论观点》，《世界经济与政治》2008 年第 1 期。

② 王玉主：《区域公共产品供给与东亚合作主导权问题的超越》，《当代亚太》2011 年第 6 期。

③ 樊勇明：《从国际公共产品到区域性公共产品——区域合作理论的新增长点》，《世界经济与政治》2010 年第 1 期。

④ 王逸舟：《用国际贡献赢得世界认同》，《环球时报》2008 年 10 月 10 日第 11 版。

区域公共产品的供给建设。

其一，增强区域公共产品供给的多主体性和多层次性，满足区域内不同国家及其人民不同层次的区域公共产品需求。众所周知，无论是霸权供给方式，还是区域组织的供给方式，主权国家始终是区域公共产品供给的主要提供者，国家之间的合作关系、竞争关系或是对抗关系，对于区域公共产品供给具有重要影响。尤其是在亚洲区域，不仅存在着域内国家之间关于区域产品供给的竞争，还存在着域内国家与域外国家关于区域公共产品供给的分歧，而且在不同的领域，也存在着截然不同的区域公共产品供给模式。就目前来说，中国、日本和东盟是当前区域公共产品的主要提供者，以这些域内国家为核心建立起来的区域机制、区域制度和区域组织主要包括东盟与中日韩等国分别建立的“10+1”机制、东盟与中日韩共同建立形成的“10+3”机制、东盟峰会、东亚峰会、东盟区域论坛、中日韩领导人会议、南亚区域合作联盟、上海合作组织等。中国要在现有的区域机制、区域制度和区域组织基础上，根据其各自具体情况，继续稳步参加和积极推进，使其更加符合中国的国家利益。不过，需要指出的是，在全球化和区域化蓬勃发展的今天，以国家为主导和基础所提供的区域公共产品无法完全覆盖所有领域，无法惠及区域内的所有人民。也就是说，突出存在着区域公共产品供给的不平衡性，过于集中在与本国的国家利益切实相关的安全、政治、经济等核心问题领域，而在那些目前看来与国家利益并不十分密切的边缘问题领域，如以传染性非典型肺炎（SARS）和禽流感（主要是H7N9）为主要代表的区域卫生领域[①]，以水资源权益分配为主要内容的水资源冲突问题领域[②]，以“空气污染、生物多样性减少、气候变化”为主要内容的区域环境问题领域[③]，围绕着这些问题而产生的区域公共产品供给，无论在数量上还是质量上都相对稀缺，而且存在着不可持续性、低制度化等问题。因此，中国可以支持非政府组织、非营利机构、跨国公司、慈善基金以及个人等非国家行为体及其组合建立并不断完善以这些边缘问题领域为导向的区域公共产品供给模式，扩大区域公共产

① 陈霞：《区域公共产品与东亚卫生合作（2002—2009）》，复旦大学2010年博士学位论文。

② 李志斐：《水问题与国际关系：区域公共产品视角的分析》，《外交评论》2013年第2期。

③ 郇庆治：《全球环境治理与东亚区域环境合作》，《复旦国际关系评论》2007年第7期。

品供给的主体范围，有效补充以国家为主导的区域公共产品供给模式所存在的不足，为区域合作进程提供新的动力源泉。①

在增强区域公共产品供给的多主体性的同时，还要扩大区域公共产品供给的多层次性，主要包括区域层面、区域间层面和次区域层面。也就是说，不仅要提供能够影响整个区域范围层面的区域公共产品，还要提供能够辐射次区域范围层面的次区域公共产品，如包含中国、柬埔寨、泰国、越南、老挝和缅甸六国在内的大湄公河次区域（Great Mekong Subregional Cooperation，简称 GMS）范围内的次区域公共产品供给，包含中国、俄罗斯、朝鲜、蒙古和韩国五国在内的大图们江次区域（Great Tumen Initiative，简称 GTI）范围内的次区域公共产品供给，包含中国、塔吉克斯坦、吉尔吉斯斯坦、哈萨克斯坦、乌兹别克斯坦、土库曼斯坦六国在内的丝绸之路经济带（The Silk Road Economic Belt，简称 SREB）范围内的次区域公共产品供给，等等。相比区域公共产品供给，这些次区域公共产品供给更加具有广泛性、针对性和复杂性，② 因为这些次区域公共产品供给的主体会进一步向下延伸到地方政府层面。这就要求不仅应考虑到国家利益，还应重视这些次区域范围内地方政府的利益，充分协调好中央与地方之间的利益关系。而且，“从中国次区域合作的实践来看，中国边境地区一个省份的经济总量往往都大大超过毗邻次区域一个国家的经济总量”③，具备提供次区域公共产品的客观能力和主观意愿，能够切实将国内和国际两个大局联系起来，这也是我们未来更加重视次区域公共产品供给的一个重要原因。另外，有些学者还将区域间层面的公共产品供给也纳入中国区域公共产品供给的研究范围当中，认为区域间公共产品是由两个不同区域之间建立的区域间机制、制度和组织所提供的，服务这两个区域国家及其人民的产品，是沟通区域公共产品和国际公共产品的桥梁和纽带，其优势主要是既充分弥补国际公共产品的“私物化”或“供给不足”的缺陷，又有效弥补区域公共产品针对区域外国家存在的“区域供给壁垒”弊端，

---

① 黄河：《区域性公共产品：东亚区域合作的新动力》，《南京师范大学学报》（社会科学版）2010 年第 3 期。

② 朱锋：《中国提出“新丝绸之路经济带”构想》，《今日中国》（中文版）2013 年第 10 期。

③ 贾若祥：《推进我国次区域经济合作的思路与重点领域》，《中国发展观察》2013 年第 7 期。

最终实现世界各个国家和区域之间的相对均衡发展。[①] 在中国区域间合作实践中，主要有亚欧会议、东亚—拉美合作论坛等区域间机制、制度和组织提供区域间公共产品。以亚欧会议为例。亚欧会议 1994 年由新加坡总理吴作栋提出倡议，1996 年成为现实，截止到 2012 年，亚欧会议已经举行九届，分别在政治、经济和文化等领域内以及重大区域和全球性问题上生产出重要的区域间公共产品：[②] 在政治上，主要包括首脑会议、外长会议、部长级会议等政府间不同级别的互动机制以及非政府部门层面的互动机制；在经济上主要包括《投资促进行动计划》《贸易便利行动计划》《实现更有效全球经济治理布鲁塞尔宣言》和《关于加强世界和平与发展伙伴关系的万象宣言》的制定和落实；在文化上，主要包括各种用来资助各类人员、文化和学术交流项目的亚欧基金会等非营利性基金组织的成立以及一些类似亚欧青年运动会、亚欧政党青年组织领导人论坛、国际艺术节、博览会、研讨会以及亚欧博物馆网络项目等文化与文明对话活动的开展。[③]

其二，区域公共产品供给要坚持实用主义、渐进主义和开放主义的原则。坚持区域公共产品供给的实用主义原则，是指中国要根据区域公共产品对本国国家利益轻重缓急的影响程度进行提供，成熟一个，提供一个，对于目前仍然不成熟的区域公共产品，可以先期进行学术研究、讨论、协商，为日后的实施提供政策和理论支持。坚持区域公共产品供给的渐进主义原则，是指中国对区域公共产品的供给，要采取循序渐进的稳健途径，可以优先从上文所提到的环境、卫生、社会等“低级政治领域”开始，这些边缘问题领域与区域内国家之间的利益竞争和权力争斗存在着“微弱联系”，再逐渐过渡到安全、经济等“高级政治领域”，这种从“低级政治领域”外溢到“高级政治领域”的功能主义区域公共产品供给模式，已经被欧洲区域合作实践所证明，将会推动本区域合作稳步向前发展。坚持区域公共产品供给的开放主义原则，是指包括中国在内的所有区域内国家对区域公共产品供给要采取自愿和自主的态度，不要过于看重形式，而

---

① 郑先武：《区域间主义与国际公共产品供给》，张建新：《国际公共产品与地区合作》，上海人民出版社 2009 年版，第 85—98 页。

② 这部分内容是本书作者在《太平洋学报》公开发表文章的核心、主体内容。参见王在亮、高英彤《国际政治学中“区域”概念重构及现实考量》，《太平洋学报》2013 年第 1 期。

③ 参见新华网，http：//news. xinhuanet. com/world/2008 -08/28/content_ 9729328. htm。

应更加注重内容，特别是在亚洲区域合作进程中，要根据不同阶段所面临的不同具体问题，设计和供给区域公共产品。①

这里，我们以亚洲范围内的区域安全公共产品供给为例。当前在亚洲范围内，尤其是东亚范围内，美国仍然是最大的区域安全公共产品供给者。自二战结束以来，美国就在亚洲建立了直接的军事存在，分别与日本和韩国建立双边军事盟友关系，这种带有冷战性质的军事同盟结构在冷战结束后仍然没有终结，反而得到不同程度的强化。客观来讲，这种由美国主导的军事同盟结构为冷战后的亚洲提供了稳定的区域安全公共产品，一方面，它具有非竞争性的基本特征，即包括中国在内的所有亚洲国家就是在这种相对稳定的、和平的区域安全环境中取得了巨大的经济成功，这个国家对这种区域安全公共产品的消费不会造成其他亚洲国家对这种区域安全公共产品消费数量的减少，如 20 世纪 80 年代的东亚四小龙（中国香港、中国台湾、新加坡和韩国）、20 世纪 90 年代的东南亚四小虎（泰国、马来西亚、菲律宾和印度尼西亚）以及中国改革开放以来所取得的巨大成功；另一方面，它具有非排他性的基本特征，包括中国在内的大部分亚洲国家在没有付出或很少付出成本的前提下就可以获得这种区域安全公共产品所带来的好处。所以说，区域外大国美国对亚洲范围内的区域安全公共产品供给的影响已经到了根深蒂固的地步。但是，随着美国国家实力的相对下降，美国对亚洲范围内的国家所提供的区域安全公共产品呈现下降的趋势，只能有选择性地对部分亚洲国家提供不同数量和质量的区域安全公共产品，这与亚洲国家不断增长的区域安全公共产品需求呈矛盾关系，因此，由亚洲范围内国家或国家集团联合起来共同承担区域安全公共产品供给成为主流呼声。这就是实用主义，当自己没有能力提供或不需要自己提供区域安全公共产品的时候，就尽量不提供；当别人无法再持续提供的时候，就需要根据现实，采取有效措施，积极参与区域安全公共产品的供给。但是，需要强调的是，由亚洲范围内的国家或国家集团提供区域安全公共产品还没有太多的经验，因此，需要采取渐进主义的路径，即先在一些相对简单、具体的安全问题上进行尝试，取得一定经验后，再以点带面，广泛推广。比如，为亚洲安全问题进行交流和沟通而建立的东盟区域论坛，为解决朝核危机而建立的六方会谈，为解决中亚分裂主义、恐怖主

---

① 秦治来：《准确理解地区主义的“开放性”》，《世界经济与政治》2008 年第 12 期。

义、极端主义而建立的上海合作组织，为解决中国与部分东南亚国家之间的南海争端而制定的《南海各方行为宣言》和南海各方行为准则等，都是区域安全公共产品供给在不同具体安全问题上的有益尝试。与此同时，这些区域安全公共产品的供给，都不应当将美国这个在亚洲具有重大安全利益的域外国家排除在外，而是要兼顾美国的正当利益，使美国在新的区域安全公共产品供给过程中发挥建设性的而非破坏性的作用。[①]

三　构建和推进多层次区域治理体系，提高中国的区域治理能力

作为一个概念，治理，既很老，也很新。说它老，是因为治理所代表的“控制、引导和操纵”的含义，自从人类出现以来，就已经存在了，在一定程度上，可以说和人类历史一样久远；说它新，是因为治理这个概念一直到20世纪八九十年代才被学者们所重视，纳入研究议程，并掀起一股治理研究热潮，成为正在快速发展中的流行话语。最具代表性的研究成果是，成立于1992年的全球治理委员会（Commisson on Global Governance，简称为CGG）在1995年发布了一份研究报告，对治理的概念进行了最为全面的总结，意为“个体和机构、公共和私人管理共同事务的诸多方式的总和，它是一种持续不断的过程，在这个过程中，各种相互冲突的、多样化的利益能够达到基本调和、相互融合的状态，并最终能够采取合作的共同行动”[②]。从治理的这个概念就可以清晰地看出，治理的主体不再仅仅包含国家或政府等公共机构，也可以包含其行为体，如私人机构，还可以是公共机构与私人机构的联合体。不仅如此，治理建立在平等协商而非强制力的基础上。此外，治理既可以通过正式的制度安排，也可以通过非正式的制度安排实现。治理不是一个简单的个别行为，而是一个持续不断的、连续的过程。[③] 随着全球化和区域化的迅速发展，国际社会正在发生根本性改变，过去意义上绝对的、排他的国家主权受到前所未有的质疑和挑战，就像塞尔尼所说的那样，国家及其中央政府的“权威、

① 倪建平：《美国与东亚一体化：地区公共产品的视角》，张建新：《国际公共产品与地区合作》，上海人民出版社2009年版，第200—212页。

② Commission on Global Governance, *Our Global Neighbourhood* (Oxford: Oxford University Press, 1995), p. 2.

③ T. G. Weiss, “Governance, Good Governance and Global Governance: Conceptual and Actual Challenges,” *Third World Quarterly*, 2000, 21 (5): 795-814.

合法性、政策制定能力、政策实施效果都会受到不同程度的侵蚀和削弱"[①]。在这个基础之上，治理概念的外延开始同时向全球层面和区域层面扩展，逐渐衍生出全球治理和区域治理两个新概念。作为在全球层面对后冷战时代混乱的、看似日益加快的国际体系结构转型的一种反应，全球治理具体是指包括国家、政府间组织、非政府组织、跨国公司、全球资本市场各个层面上的国际政治行为体，通过正式的和非正式的制度、机制和机构等路径，为了解决和应对那些由国家无法单独解决的，容易引起不稳定、无秩序和混乱的全球性问题而做出的各种法律的、政策的、规范的、制度的集体性努力。[②] 区域治理是国家治理的区域化延伸，是治理理念与区域主义的有效融合，也是国际治理的关键环节和重要补充，具体是指"在具有某种政治安排的区域内，通过创建公共机构、形成公共权威、制定管理规则，以维持区域秩序，满足和增进区域共同利益所开展的活动和过程，它是区域内各种行为体共同管理区域各种事务的诸种方式的总和"[③]。区域治理是在区域主义进程中产生的，因而也会在区域主义进程中得到不断发展和完善，这就是多层次区域治理体系的建构，这是一种在没有最高权威的区域无政府秩序之下应运而生的，经过私人、国家、区域组织等不同区域行为体在处理区域共同问题的持续不断互动过程中所发展出来的，为区域绝大多数行为体所共同接受和认同的多元网格化结构和规范。多层次区域治理体系是在区域治理的实践基础上建立起来的一种相对成熟的成功典范，以欧洲联盟所采用的"柱式治理结构"最为突出，[④] 即在不同的"支柱"政策领域采用不同的治理体制和结构，即便在同一"支柱"政策领域内部，也可能会灵活地采取一些不同的规则。比如，可以在某些条约中添加对某些特定成员国或其他主体的特别安排，这样一来，就能够将"所有可指导、掌舵或管理社会的政治和行政角色的活动"[⑤] 包含进多层次区域治理体系中，以实现多元行为体与功能决策过程

---

① P. G. Cerny, "Globalization and the Changing Logic of Collective Action," *International Organization*, 1995, 49 (4): 595-625.

② T. G. Weiss, R. Thakur, *Global Governance and the UN: An Unfinished Journey* (Bloomington: Indiana University Press, 2010), p. 6.

③ 杨毅、李向阳：《区域治理：地区主义视角下的治理模式》，《云南行政学院学报》2004年第2期。

④ 朱贵昌：《多层治理理论与欧洲一体化》，《外交评论》2006年第6期。

⑤ 朱贵昌：《多层治理理论与欧洲一体化》，山东大学出版社2009年版，第42页。

的相互影响和相互渗透。“行为体通过功能决策过程实现自身的预期和利益，功能决策过程也只有在行为体的多层次参与下才能达到预先设定的目标。”[①] 但是，这并不意味着它在未来就会一直成功地持续下去，或者在世界上任何区域都会成功地实施下去，这就涉及多层次区域治理体系的有效性和合法性问题。多层次区域治理体系的有效性，是指多层次区域治理体系给区域内国家及其人民所带来的效益，主要体现为现实生活的物质改善，尤其是多层次区域治理体系在欧洲区域的成功并不代表着它就一定能够在亚洲、南美洲、非洲等区域取得成功。多层次区域治理体系的合法性，是指区域内国家及其人民对多层次区域治理体系的自觉认同、服从和支持水平，主要体现在心理层面和精神层面。多层次区域治理体系的有效性和合法性，都是由多层次区域治理体系最大限度满足区域内国家及其人们的区域共同需求和区域共同利益的能力决定的。[②] 多层次区域治理体系的有效性与合法性之间的关系是：多层次区域治理体系的有效性与合法性之间是相对独立的，有效性并不一定会带来合法性，因为多层次区域治理体系的合法性同时也会受到区域治理所存在的区域社会的传统文化、宗教伦理主导意识形态、核心价值观和法律传统的深刻影响和内化。如果该区域社会里的国家及其人民本身就对多层次区域治理体系的合法性持否定态度，那么即便多层次区域治理体系的有效性再高，也不太可能在短时间内转化成合法性。当然，如果一个多层次区域治理体系长期以来一直不断产生有效性，那么它就会最终获得合法性。与此同时，当一个已经具有合法性的多层次区域治理体系长期以来一直无法产生有效性，无法满足区域内国家及其人民的物质生活需求，那么其合法性就会慢慢削减，甚至丧失。

作为区域治理的多元主体之一，作为多层次区域治理体系的共同设计者之一，作为主权民族国家的中国，究竟应当通过哪些路径来构建和推进多层次区域治理体系，实现中国的区域合作模式创新呢?

其一，鉴于区域性问题的多样性、普遍性和复杂性，中国应当建立一个区域性问题的解决清单，主导区域治理议题和议程的设定，优先解决那

---

① 刘文秀、汪曙申：《欧洲联盟多层治理的理论与实践》，《中国人民大学学报》2005 年第 4 期。

② 蔡拓、吴娟：《试析全球治理的合法性》，《教学与研究》2005 年第 4 期。

些对中国国家核心利益有重要影响的区域性问题。[①] 议题和议程设定，对于区域治理来说意义重大。在一定意义上，决定哪些区域性问题将成为区域治理议题，甚至比决定采用哪种区域治理政策更为重要。[②] 对于中国来讲，在区域合作过程中，首先要做的事情，是从大大小小的区域性问题中选出一个或若干个最迫切需要解决的、不可忽视的、对本国最有意义的问题，将其作为区域治理的核心议题来进行讨论和研究。当这个区域治理议题出现之后，中国要做的事情就是将这个区域治理议题持续放大，让区域范围内的大部分国家都对这个议题产生兴趣，并清楚地认识其所具有的重要意义。当中国实现了对这个区域治理议题的主导之后，下一步要做的事情，就是设定并主导一定的区域治理议程，决定哪些区域治理议题能够优先被关注和解决，因为区域内不同国家围绕着这些已经被遴选出来的区域治理议题可能会存在不同的意见，甚至截然相反的观点，这就要求中国通过发挥自己的硬实力和软实力，牢牢掌握区域治理议程的主导权，引导区域治理议程朝着符合中国国家利益的方向发展，最终产生一些意义深远的、影响重大的甚至能够成为区域各个国家基本共识的区域治理成果。同时主导区域治理议题和区域治理议程，是中国在区域治理方面的最优选择，不过，这并不容易同时实现，在一些中国无法主导的区域治理议题和区域治理议程上，中国要做的事情就是积极参与区域治理议题和议程的设定过程，积极向相关的主导国家表达自己的利益诉求，通过游说、说服、抗议等各种方式和方法尽最大能力对主导国家施加影响力，尽可能达成有利于本国国家利益的区域治理成果。[③]

其二，鉴于区域组织和区域制度是区域治理的重要载体，中国应当通过影响区域组织和区域制度的初始框架设计，来提高中国的区域治理能力。就目前来讲，大部分的区域组织和区域制度主要是由主权民族国家组成的，是在主权民族国家相互谈判和协商的基础上建立起来的，达成了很多妥协，包容了很多不同的价值观和主要规则，因而对这些区域组织和区域制度的改造和重新改进相当不容易。所以说，对于这类区域组织和区域制度，中国最好的选择是在其建立之初就参与其初始框架设计，使其最大

① 唐纲：《中等强国参与全球治理研究——议程设置的视角》，上海外国语大学 2012 年博士学位论文。

② ［美］托马斯·R. 戴伊：《理解公共政策》，彭勃译，华夏出版社 2004 年版，第 32 页。

③ 闫飞飞：《协商民主视域下的政策议程设定》，《太平洋学报》2011 年第 2 期。

限度地反映中国的利益诉求。如果中国不是这类区域组织和区域制度的创始国，那就需要中国与这类区域组织和区域制度中、具有一定决定权的核心成员国家建立良好的伙伴关系，使它们在一些影响中国国家利益的相关问题上支持中国。与此同时，中国要大量培养与区域治理相关的国际化人才，将这些具有国际视野的人才推荐到越来越多的区域组织和区域制度的各个层次的岗位上，尤其是核心领导岗位，这样既能够将符合中国国家利益的观念、价值观和利益诉求反映到这些区域组织和区域制度的日常运作和改进完善中，也能够学习这些区域组织和区域制度所体现出的、为区域内所有国家和人民所共同拥有和分享的基本价值和共同思想。就像国内学者庞中英所说的那样，中国不仅在区域治理进程中与区域内所有国家及其人民建立紧密的利益关系，还在区域治理进程中与区域内所有国家及其人民建立共享的价值关系，在区域治理进程中发挥不可替代的“知识作用”，“逐步生产具有区域一样的知识、价值、观念和标准，将为区域治理提供更多的中国方案”①，为区域治理做出最大的贡献。

其三，鉴于非政府行为体在区域治理和多层次区域治理体系中的重要性，中国应当加强与非政府行为体的交流、沟通和协调，甚至可以有意识地影响非政府行为体的建立和发展，使其最大限度地符合至少不会损害中国的国家核心利益。二战结束以来，以国际（或区域）非政府组织和国际（或区域）政府间组织为主要代表的非政府行为体逐渐在国际政治领域崭露头角。在冷战结束后，非政府行为体开始对区域治理的发展产生重要影响，尤其是在当今世界的区域事务和区域性问题的参与和解决方面，发挥着越来越重要的作用。② 非政府行为体参与区域治理和多层次区域治理体系的主要方式：③ 一是直接方式，即利用自己的专业知识，在防疫、禁雷、反核、环境保护和人道主义救援等各种功能性领域中，通过组织跨国性的、制度化的区域集体活动，发出自己的正当利益呼声；二是间接方式，即通过游说和协商，影响区域内主要国家关于区域性问题的观点、看法、决策及其行为方式，参与区域治理进程。因此，中国应当通过资金援助、人力资源建设以及制度民主改革等不同途径支持与本国国家利益相关

① 庞中英：《全球治理与世界秩序》，北京大学出版社 2012 年版，第 62—64 页。

② 叶江、甘锋：《试论国际非政府组织对当代国际格局演变的影响》，《国际观察》2007 年第 3 期。

③ 叶江：《试论国际非政府组织参与全球治理的途径》，《国际观察》2008 年第 4 期。

的非政府行为体参与区域治理和多层次区域治理体系，积极化解与这些非政府行为体之间的矛盾，有效引导这些非政府行为体有关区域治理的价值取向和行为模式，与这些非政府行为体共同构建一个以和平、发展、和谐和繁荣为根本导向的区域治理秩序。

结 语

自改革开放以来，中国开始从过去较为封闭的国家向未来较为开放的国家转型。在这个转型过程中，中国的国际身份逐渐从国际体系的反对者转变成国际体系的被动参与者，再进一步转变成国际体系的积极参与者。通过这种国际身份的转变，中国的国家行为也不断进行着修正，那种过时的、不再合理的国家行为逐渐被抛弃，那种满足中国现实需要的新型国家行为被吸收和接纳，这种国家行为的修正并不是对历史的完全割裂，而是在对历史的选择性继承基础上形成的一种更加理性的、成熟的行为。在诸多的、历经修正过程的国家行为中，区域合作成为一个较为璀璨夺目的新型国家行为。说它“新”，并不是因为中国在成立后到改革开放之前这段时间里就没有产生过任何区域合作行为，而是因为中国在改革开放以后才真正开始以国家利益作为区域合作的出发点和落脚点，而且这种区域合作行为随着中国参与国际体系的程度和深度的增强而不断进行着优化和改进。

随着中国区域合作实践的发展和经验的积累，具有自身特色的中国区域合作理论也在不断酝酿、产生、发展和完善中，已经有了长足的进步。不过，实事求是地讲，现有的中国区域合作理论更多的是对过去中国区域合作实践的总结和归纳，不可否认其所具有的历史经验意义，但是这种进步并不足以完全支撑当前中国区域合作所面临的新形势和新机遇，尤其是在指导未来中国区域合作实践方面，仍然存在着很大的问题，比如，过多地对西方区域合作理论进行“移植”，原创性区域合作理论较为匮乏。面对这些问题，中国既需要在主观上具备较为强烈的关于区域合作的“理论自觉”意识，也需要在客观上主动进行关于区域合作理论的“顶层设计”。笔者在最后一章所进行的关于中国区域合作理论的前瞻性思考也是出于这个目的。笔者希望通过对中国区域合作理论的指导思想、基本原则、目标设定以及手段选择四个方面的细化分析，为未来一段时期里中国区域合作实践提供具体的理论指导。当然，仅仅从这四个方面进行思考，还不十分完整和全面，还需要进一步对具有中国特色的区域合作理论进行深入的挖掘，这也是笔者下一步将要思考的核心问题。

在以习近平为总书记的新一届中央领导集体上任以来，我们国家在区域合作方面，采取了一系列创造性的新举措。

其一，召开周边外交工作座谈会。2013 年 10 月 24—25 日，中国周边外交工作座谈会在北京召开。这次周边外交会议的不同之处在于：它是由中共中央专门就周边外交工作召开的，7 位中央政治局常委全体参加，各个地方部门、军队、国有企业、相关金融机构、外交部门的大使、特使等重要部门和角色也都出席，足以体现出周边外交工作在新形势下中国总体外交布局当中的重要性。通过这次会议，中国未来 5—10 年的周边外交工作面临的主要问题和顶层设计规划也基本清晰。根据会议精神，中国未来 5—10 年的周边外交工作的战略目标是坚决服从和服务于实现“两个一百年”奋斗目标，实现中华民族伟大复兴，其基本方针是坚持与邻为善、以邻为伴，坚持睦邻、安邻、富邻，突出体现亲、诚、惠、容的理念，通过这些努力，使中国与周边国家真正建立起休戚与共的利益共同体和命运共同体。①

其二，提出“一带一路”战略构想。所谓“一带一路”，具体是指“丝绸之路经济带”和“21 世纪海上丝绸之路”，是在 2013 年 9 月和 10 月由习近平总书记在不同的场合提出来的。2015 年 3 月，国家发展改革委、外交部和商务部联合发布《推动共建丝绸之路经济带和 21 世纪海上丝绸之路的愿景与行动》文件，基本明确了“一带一路”的时代背景、共建原则、框架思路、合作重点、合作机制等重要内容，尤其是强调了“一带一路”的开放性、灵活性、多元性、包容性等特征，将“一带一路”定位于“互尊互信之路”、“合作共赢之路”和“文明互鉴之路”。“一带一路”战略构想的提出和实践，是对中国区域合作理论和道路的重要创新。

其三，主导建立亚洲基础设施投资银行（以下简称“亚投行”）。由

① 钱彤：《为我国发展争取良好周边环境 推动我国发展更多惠及周边国家》，《人民日报》2013 年 10 月 26 日第 1 版。

中国倡导并主导筹建的亚投行已经获得亚洲很多国家的欢迎和支持。在2014年1月24日举行的筹建亚投行第一次多边工作磋商会议上，包括中国在内的很多国家已经就组建亚投行设定了时间轴和路线图，即在2014年秋季签署政府之间的框架备忘录，进而签署《亚洲基础设施投资银行宪章》，并在条件合适和成熟的时候，积极推动亚投行的正式运作。2015年3月31日，是亚投行接收新意向创始成员国申请的截止日期。截至4月15日，经过多边征求意见的法定程序，正式成为亚投行意向创始成员的国家共有57个，这其中亚洲区域范围内的国家有37个、亚洲区域范围外的国家有20个，而且，成员国遍及亚洲、欧洲、大洋洲、非洲、美洲五大洲。① 需要指出的是，尽管像美国、日本等一些国家因为种种原因没有能够成为亚投行意向成员国，但它们以后仍然可以通过相关程序，作为普通成员加入亚投行。可以说，亚投行的建立恰逢其时：其一，亚洲国家的自拥资金相对较充足，目前亚洲不仅是世界上经济活力和潜力最强大的区域之一，还是世界上国民储蓄率最高的区域；其二，亚洲的基础设施建设却严重滞后，严重制约了本区域内国家和人民的发展权；其三，现有的亚洲银行等区域性金融机构，已经远远无法满足本区域国家的发展需求。这就要求亚洲范围内的所有国家在区域经济合作方面，尤其是区域金融合作方面，积极提供区域公共产品，有效满足亚洲范围内所有国家的基础设施建设和其他领域的投资需求。其中，中国作为亚洲最大的区域国家，势必要在亚投行的筹建过程中发挥自己的建设性主导优势，这也是中国作为负责任的区域大国所起的重大表率作用。

通过对三件新近发生的区域合作大事的讨论，笔者认为，未来区域合作还会面临更多的、不可预见的挑战，这就要求中国区域合作理论的构建，既要高屋建瓴、方向正确，又要突出“问题意识”和“现实意义”，能够快速具体解决区域合作实践中所发生的各种问题。

---

① 崔文苑：《五大洲57个国家成为亚投行意向创始成员国》，《经济日报》2015年4月16日第7版。

参考文献

（一）中文文献

《马克思恩格斯选集》（第1—4卷），人民出版社1995年版。

《列宁选集》（第1—4卷），人民出版社2012年版。

《马克思恩格斯文集》（第1—10卷），人民出版社2009年版。

《毛泽东选集》（第1—4卷），人民出版社1991年版。

《毛泽东选集》（第5卷），人民出版社1977年版。

《毛泽东外交文选》，中央文献出版社/世界知识出版社1994年版。

《邓小平文选》（第1—2卷），人民出版社1994年版。

《邓小平文选》（第3卷），人民出版社1993年版。

《江泽民文选》（第1—3卷），人民出版社2006年版。

中共中央文献研究室：《邓小平年谱》（1975—1997），中央文献出版社2004年版。

中共中央文献研究室：《三中全会以来重要文献选编》（上、下），中央文献出版社2011年版。

中共中央文献研究室：《十二大以来重要文献选编》（上、中、下），中央文献出版社2011年版。

中共中央文献研究室：《十三大以来重要文献选编》（上、中、下），中央文献出版社2011年版。

中共中央文献研究室：《十四大以来重要文献选编》（上、中、下），中央文献出版社2011年版。

中共中央文献研究室：《十五大以来重要文献选编》（上、中、下），中央文献出版社2011年版。

中共中央文献研究室：《十六大以来重要文献选编》（上、中、下），中央文献出版社2011年版。

中共中央文献研究室：《十七大以来重要文献选编》（上、中、下），中央文献出版社 2013 年版。
《中国共产党第十八次全国代表大会文件汇编》，人民出版社 2012 年版。
中共中央文献研究室：《十八大以来重要文献选编》（上），中央文献出版社 2014 年版。
习近平：《习近平谈治国理政》，外文出版社 2014 年版。
中共中央宣传部：《习近平总书记系列重要讲话读本》，学习出版社 2014 年版。

杨烨等：《欧盟一体化：结构变迁与对外政策》，华东师范大学出版社 2009 年版。
荣敏德等：《区域合作：欧洲经验与东亚》，中国经济出版社 2007 年版。
张蕴岭：《世界区域化的发展和模式》，世界知识出版社 2004 年版。
汪新生：《中国—东南亚区域合作与公共治理》，中国社会科学出版社 2005 年版。
秦亚青：《国际关系理论：反思与重构》，北京大学出版社 2012 年版。
陈玉刚：《国家与超国家——欧洲一体化理论比较研究》，上海人民出版社 2001 年版。
白云真、李开盛：《国际关系理论流派概论》，浙江人民出版社 2009 年版。
秦治来编著：《国际政治学简明教程》，浙江人民出版社 2006 年版。
秦亚青：《权力·制度·文化》，北京大学出版社 2005 年版。
宋秀琚：《国际合作理论：批判与建构》，世界知识出版社 2006 年版。
宋伟：《国际关系理论——从政治思想到社会科学》，上海教育出版社 2011 年版。
段霞：《中国外交空间的拓展——邓小平国际战略思想研究》，首都经济贸易大学出版社 2004 年版。
王光厚：《冷战后中国东盟战略关系研究》，吉林大学出版社 2008 年版。
郭胜伟：《邓小平外交谋略》，中央文献出版社 2008 年版。
陈岳：《国际政治学概论》，中国人民大学出版社 2010 年版。
愈新天：《国际体系中的中国角色》，中国大百科全书出版社 2008 年版。
胡树祥主编：《中国外交与国际发展战略研究》，中国人民大学出版社

2009 年版。
刘传春：《马克思主义国际合作思想：演进与逻辑》，人民出版社 2013 年版。
储新宇：《区域合作秩序的建构与中国的策略选择——历史与现实维度的经验分析》，吉林大学出版社 2012 年版。
朱立群等：《中国与国际体系：进程与实践》，世界知识出版社 2012 年版。
秦亚青等：《国际体系与中国外交》，世界知识出版社 2009 年版。
杨洁勉等：《中国共产党和中国特色外交理论与实践》，东方出版中心 2011 年版。
《郑必坚论集》（下卷），上海人民出版社 2005 年版。
刘昌黎：《和谐世界与东亚和谐》，东北财经大学出版社 2011 年版。
上海市社会科学界联合会：《和谐世界：和平发展与文明多样性——上海市社会科学界第四届学术年会文集》，上海人民出版社 2006 年版。
孙正聿：《思想中的时代 当代哲学的理论自觉》，北京师范大学出版社 2004 年版。
张蕴岭主编：《中国与世界：新变化、新认识和新定位》，中国社会科学出版社 2011 年版。
陈岳：《国际政治学概论》，中国人民大学出版社 2010 年版。
牛军主编：《中国对外政策分析：理论、历史与前景》，世界知识出版社 2013 年版。
伍贻康等：《多元一体：欧洲区域共治模式探析》，上海科学院出版社 2009 年版。
叶江：《全球治理与中国的大国战略转型》，时事出版社 2010 年版。
王公龙：《中国特色国际战略思想体系研究》，人民出版社 2012 年版。
潘忠岐：《从随势到谋势：中国的国际趋向与战略选择》，复旦大学出版社 2012 年版。
樊勇明、薄思胜：《区域公共产品理论与实践——解读区域合作新观点》，上海人民出版社 2011 年版。
张建新：《国际公共产品与地区合作》，上海人民出版社 2009 年版。
朱贵昌：《多层治理理论与欧洲一体化》，山东大学出版社 2009 年版。
王逸舟：《创造性介入：中国外交新取向》，北京大学出版社 2011 年版。

陈峰君、祁建华：《新地区主义与东亚合作》，中国经济出版社 2007 年版。
古莉亚：《欧洲一体化的悖论》，吉林大学出版社 2010 年版。
朱宁：《胜算——中日地缘战略与东亚重塑》，浙江人民出版社 2007 年版。
庞中英：《全球治理与世界秩序》，北京大学出版社 2012 年版。
严翅君、韩丹、刘钊：《后现代理论家关键词》，凤凰出版传媒集团、江苏人民出版社 2011 年版。
王文奇、赵静华：《世纪大棋局——区域化的世界》，长春出版社 2011 年版。
徐春祥：《东亚贸易一体化：从区域化到区域主义》，社会科学文献出版社 2008 年版。
星野昭吉、刘小林：《全球政治与东亚区域化：全球化、区域化与中日关系》，北京师范大学出版集团 2012 年版。
杨虹：《新地区主义：中国与东亚共同发展》，中国社会科学出版社 2011 年版。
卢光盛：《地区主义与东盟经济合作》，上海辞书出版社 2008 年版。
李少军等：《国际体系——理论解释、经验事实与战略启示》，中国社会科学出版社 2012 年版。
高英彤：《理想国际政治秩序探寻》，吉林人民出版社 2012 年版。
阎学通：《中国国家利益分析》，天津人民出版社 1996 年版。
俞正梁等：《全球化时代的国际关系》，复旦大学出版社 2009 年版。
崔颖：《上海合作组织区域经济合作——共同发展的新实践》，经济科学出版社 2007 年版。
房乐宪：《欧洲政治一体化：理论与实践》，中国人民大学出版社 2009 年版。
郑先武：《安全、合作与共同体——东南亚安全区域主义理论与实践》，南京大学出版社 2009 年版。
刘述先：《论儒家思想与中国现实的互动关系》，中国广播电视出版社 1992 年版。
姜秀敏：《全球化时代的国际文化关系研究》，中央编译出版社 2011 年版。

赵常庆:《中国与中亚国家合作析论》，社会科学文献出版社 2012 年版。
唐踔:《马克思世界交往理论及其当代价值研究》，中国出版集团/世界图书出版公司 2013 年版。
姜爱华:《马克思交往理论研究》，知识产权出版社 2009 年版。
刘明合:《交往与人的发展》，中央编译出版社 2008 年版。
李百玲:《晚年马克思恩格斯交往观研究》，中央编译出版社 2009 年版。
范宝舟:《论马克思交往理论及其当代意义》，社会科学文献出版社 2005 年版。
任平:《走向交往实践的唯物主义》，人民出版社 2003 年版。
李素霞:《交往手段革命与交往方式变迁》，人民出版社 2005 年版。
张晓忠:《列宁全球化思想及其中国化研究》，人民出版社 2012 年版。
张中云等:《马克思主义国际政治理论发展史研究》，重庆出版集团/重庆出版社 2011 年版。
李爱华等:《马克思主义国际关系理论》，人民出版社 2006 年版。
李爱华:《马克思主义国际关系理论专题研究》，人民出版社 2013 年版。
郭树勇:《从国际主义到新国际主义》，时事出版社 2006 年版。

[英] 爱德华·卡尔:《二十年危机（1919—1939）：国际关系研究导论》，秦亚青译，世界知识出版社 2005 年版。
[美] 汉斯·摩根索，肯尼斯·汤普森等修订:《国家间政治：权力斗争与和平》，徐昕等译，北京大学出版社 2006 年版。
[美] 肯尼斯·华尔兹:《国际政治理论》，信强译，上海世纪出版集团 2008 年版。
[美] 罗伯特·基欧汉主编:《新现实主义及其批判》，郭树勇译，北京大学出版社 2002 年版。
[美] 肯尼斯·奥耶主编:《无政府状态下的合作》，田野等译，上海世纪出版社 2010 年版。
[美] 罗伯特·基欧汉、约瑟夫·奈:《权力与相互依赖》，门洪华译，北京大学出版社 2002 年版。
[美] 罗伯特·基欧汉:《局部全球化世界中的自由主义、权力与治理》，门洪华译，北京大学出版社 2004 年版。
[美] 戴维·鲍德温主编:《新现实主义与新自由主义》，肖欢容译，浙江

人民出版社 2001 年版。

［美］亚历山大·温特：《国际政治的社会理论》，秦亚青译，上海世纪出版集团 2008 年版。

［美］肯尼斯·华尔兹：《国际政治理论》，信强译，上海世纪出版集团 2008 年版。

［美］道格拉斯·C. 诺斯：《制度、制度变迁与经济绩效》，刘守英译，上海三联书店 1994 年版。

［英］特里·英格尔顿：《马克思为什么是对的》，李杨等译，新星出版社 2011 年版。

［英］齐格蒙特·鲍曼：《共同体：在一个不确定的世界中寻找安全》，欧阳景根译，江苏人民出版社 2003 年版。

［美］约瑟夫·奈：《美国定能领导世界吗》，何小东等译，军事译文出版社 1992 年版。

［英］安格斯·麦迪森：《世界经济千年史》，伍晓鹰等译，北京大学出版社 2003 年版。

［美］托马斯·R. 戴伊：《理解公共政策》，彭勃译，华夏出版社 2004 年版。

［保加利亚］亚历山大·利洛夫：《文明的对话——世界地缘政治大趋势》，马细谱等译，社会科学文献出版社 2007 年版。

［英］维特根斯坦：《哲学研究》，李步楼译，商务印书馆 1996 年版。

［法］雅克·德里达、［法］伊丽莎白·卢迪内斯库：《明天会怎样》，苏旭译，中信出版社 2002 年版。

［法］雅克·德里达：《声音与现象》，杜小真译，商务印书馆 1973 年版。

程恩富、胡乐明：《经济学方法论》，上海财经大学出版社 2002 年版。

［英］理查德·道金斯：《自私的基因》，卢允中、张岱云、王兵译，吉林人民出版社 1998 年版。

［美］罗伯特·基欧汉：《霸权之后：世界政治经济中的合作与纷争》，苏长和等译，上海世纪出版集团 2006 年版。

［美］罗伯特·吉尔平：《全球政治经济学：解读国际经济秩序》，杨宇光等译，上海人民出版社 2003 年版。

［美］肯尼斯·华尔兹：《人、国家与战争：一种理论分析》，信强译，上海世纪出版集团 2012 年版。

［美］亚历克斯·英克尔斯：《社会学是什么？——对这门学科和职业的介绍》，陈观胜、李培茱译，中国社会科学出版社 1981 年版。

［英］巴里·布赞、理查德·利特尔：《世界历史中的国际体系——国际关系研究的再建构》，刘德斌译，高等教育出版社 2004 年版。

［英］赫德利·布尔：《无政府状态：世界政治秩序研究》，张小明译，世界知识出版社 2003 年版。

［美］塞缪尔·亨廷顿：《文明的冲突与世界秩序的重建》，新华出版社 1998 年版。

［日］平野健一郎：《国际文化论》，张启雄等译，中国大百科全书出版社 2011 年版。

［日］星野昭吉：《全球政治学》，刘小林等译，新华出版社 2000 年版。

［美］朱迪斯·戈尔茨坦、罗伯特·基欧汉编：《观念与外交政策：信念、制度与政治变迁》，刘东国等译，北京大学出版社 2005 年版。

［美］鲁思·本尼迪克特：《菊与刀——日本文化的诸模式》，张莹等译，《国际文化出版公司 2010 年版。

［美］玛莎·芬妮莫尔：《国际社会中的国家利益》，袁正清译，上海世纪出版集团 2012 年版。

［英］巴里·布赞、［丹麦］琳娜·汉森：《国际安全研究的演化》，余潇枫译，浙江大学出版社 2011 年版。

［英］巴里·布赞：《人、国家与恐惧》，闫健、李剑译，中央编译局 2009 年版。

［英］巴里·布赞、［丹］奥利·维夫：《地区安全复合体与国际安全结构》，潘忠岐等译，上海世纪出版集团 2010 年版。

［意］安东尼奥·葛兰西：《狱中札记》，曹雷雨等译，中国社会科学出版社 2000 年版。

［意大利］但丁：《论世界帝国》，朱虹译，商务印书馆 1985 年版。

［俄］米哈伊尔·亚历山大罗维奇·巴枯宁：《国家制度和无政府状态》，马骧聪等译，商务印书馆 1982 年版。

［英］安特耶·维纳、［德］托马斯·迪兹主编：《欧洲一体化理论》，朱立群等译，世界知识出版社 2009 年版。

［美］詹姆斯·多尔蒂、小罗伯特·普法尔茨格拉夫：《争论中的国际关系理论》，阎学通、陈寒溪等译，世界知识出版社 1987 年版。

[美] 卡尔·多伊奇:《国际关系分析》, 世界知识出版社 1992 年版。

(二) 外文文献

Richard H. Yang eds. *Chinese Regionalism: The Security Dimension.* Boulder: Westview Press, 1993.

R. A. Bitzinger. *China's Syndrome: Chinese Military Modernization and the Rearming of Southeast Asia.* S. Rajaratnam School of International Studies, 2007.

Christopher M. Dent. *China, Japan and Regional Leadership in East Asian.* Cheltenham: Edward Elgar, 2008.

Emilian Kavalski. *China and the Global Politics of Regionalization.* Farnham: Ashgate, 2009.

Bruce M. Russett. *International Regions and the International System: A Study in Political Ecology.* Chicago: Rand Mcnally & Company, 1967.

Karl W. Deutsch. *Political Community and the North Atlantic Area: International Organization in the Light of Historical Experience.* Princeton: Princeton University Press, 1957.

Tom Nierop. *System and Regions in Global Politics, An Empirical Study of Diplomacy, International Organization and Trade:* 1950-1991. New Jersey: John Wiley and Sons, 1994.

Louis J. Cantori and Steven L. Spiegel. *The International Politics of Regions: A Comparative Framework.* New Jersey: Prentice Hall, 1970.

Joseph S. Nye. *Peace in Parts: Integration and Conflict in Regional Organization.* Boston: Little, Brown and Company, 1971.

Martin Levis and Karen E. Wigen. *The Myth of Continents: A Critique of Metageography.* Berkeley: University of California Press, 1997.

Fredrik Söderbaum and Timothy M. Shaw eds. *Theories of New Regionalism. A Palgrave Reader.* Basingstoke: Palgrave, 2003.

Fredrik Söderbaum. *Consolidating Comparative Regionalism: From Euro-centrism to Global Comparison.* 3rd GARNET Annual Conference on Mapping Integration and Regionalism in a Global World: The EU and Regional Governance outside the EU in Bordeaux, France, 17-20 September. 2008.

E. Solingen. *Regional Orders at Century's Dawn: Global and Domestic Influences on Grand Strategy*. Princeton: Princeton University Press, 1998.

T. Risse-Kappen. *Cooperation among Democracies: The European Influence on U. S. Foreign Policy*. Princeton: Princeton University Press, 1995.

Edward D. Mansfield, Helen V. Milner. *The Political Economy of Regionalism*. New York: Columbia University Press, 1997.

Robert Axelrod. *The Evolution of Cooperation*. New York: Basic Books, 1984: 55-70.

P. J. Katzenstein . *A World of Regions: Asia and Europe in the American Imperium*. Ithaca: Cornell University Press, 2005.

B. Hettne, A. Inotai, O. Sunkel eds. *Comparing Regionalisms: Implications for Global Development*. New York: Palgrave, 2001: 94.

B. Hettne, A. Inotai and O. Sunkel eds. *Globalism and the New Regionalism*. London: Macmillan/New York: St. Martin's Press, 1999: 1-24.

Robert Z. Lawrence. *Regionalism, Multilateralism, and Deeper Integration*. Washington, DC: Brookings Institution Press, 1996.

K. Tehranian and M. Tehranian eds. *Restructuring for World Peace*. Cresskill, NJ: Hampton Press, 1992.

M. Schulz et al. *Regionalization in a Globalizing World: A Comparative Perspective on Forms, Actors and Process*. New York: Zed Books, 2001.

Suthiphand Chirathivat eds. *Asia-Europe on the Eve of the 21st Century*. Bangkok: Saksopha Press, 2001.

Heiner Hänggi, Ralf Roloff, Jürgen Rüland, eds. *Interregionalism and International Relations: A Stepping Stone to Global Governance?* London and New York: Routledge Press, 2006.

Ken Booth & Steve Smith, eds. *International Relations Theory Today*. Cambridge: Polity Press, 1995.

J. N. Rosenau *Public Opinion and Foreign Policy: An Operational Formulation*. New York: Random House, 1961.

J. N. Rosenau. *Domestic Sources of Foreign Policy*. New York: The Free Press, 1967.

J. N. Rosenau. *Linkage Politics: Essays on the Convergence of National and International Systems*. New York: The Free Press, 1969.

Peter B. Evans, Harold Karan Jacobson, and Robert D. Putnam, eds. *Double-edged Diplomacy*: *International Bargaining and Domestic Politics.* Berkeley : University of California Press, 1993.

Thomas Risse-Kappen, ed. *Bringing Transnational Relations Back in*: *Non-state actors*, *Domestic Structures and International Institutions.* Cambridge: Cambridge University Press, 1995.

Robert O. Keohane and Helen V. Milner, eds. *Internationalization and Domestic Politics.* Cambridge: Cambridge University Press, 1996.

J. W. Burton. *Systems*, *States*, *Diplomacy and Rules.* New York: Cambridge University Press, 1968.

Joseph Nye. *Soft Power*: *The Means to Success in World Politics.* New York: Public Affairs, 2004.

Clifford Geertz. *The Interpretation of Cultures.* New York: The Free Press, 1973.

Ernst B. Haas. *The Uniting of Europe*: *Political*, *Social and Economic Forces.* Stanford: Stanford University Press, 1958.

David Mitrany. *A Working Peace System.* Chicago: Quadrangle Books, 1966.

Karl W. Deutsch. *The Nerves of Government.* New York: Free Press of Glencoe, 1963.

Karl W. Deutsch. *Political Community at the International Level*: *Problems of Definition and Measurement.* New York: Doubleday & Company, 1954.

Ernst B. Hass. *Beyond the Nation-State*: *Functionalism and International Organization.* California: Stanford University Press, 1964.

Ernst B. Hass. *The Uniting of Europe*: *Political*, *Social*, *and Economic Forces 1950-1957.* Stanford, CA: Stanford University Press, 1958.

Leon N. Lindberg. *The Political Dynamics of European Economic Integration.* London: Stanford University Press, 1963.

B. Rosamond. *Theories of European Integration.* Basingstoke: Palgrave Macmillan, 1999.

Leon N. Lindberg, S. A. Scheingold. *Europe's Would-be Polity*: *Patterns of Change in the European Community.* Englewood Cliffs: Prentice-Hall, 1970.

Helen Wallaceand, William Wallace (eds.). *Policy-Making in the European Union.* Oxford: Oxford University Press, 1996.

EdwardH. Carr. *Twenty Years' Crisis, 1919-1939*. New York: Harper and Row, 1964.

Robert Art, Robert Jervis. *International Politics*. Boston: Little Brown, 1986.

Link, Arthur. *The Papers of Woodrow Wilson*. New Jersey: Princeton University Press, Vol. 53, 1986.

Charles Lindblom. *The Intelligence of Democracy*. New York: The Free Press, 1965.

Commission on Global Governance. *Our Global Neighbourhood*. Oxford: Oxford University Press, 1995.

T. G. Weiss, R. Thakur. *Global Governance and the UN: An Unfinished Journey*. Bloomington: Indiana University Press, 2010.

致谢

本书是对改革开放以来中国区域合作理论演进的一个思考，也是笔者在东北师范大学攻读博士学位期间的思想结晶。这本书，从选题到写作、修改，再到最后成稿，聚合了很多人的心血。

首先，这本书选题和基本框架的形成是在我的导师高英彤教授用心、用力指导下完成的。在本书的写作过程中，导师在材料的收集和内容的修改方面给予大量无私的帮助，导师的鼓舞自始至终激励着我将这部书稿完成。

其次，本书还得到了东北师范大学政法学院郑德荣老师、田克勤老师、刘彤老师、柏维春老师、赵连章老师、孙堂厚老师、张顺老师、李彩华老师、杨弘老师、刘亚娜老师，东北师范大学教育学部王凌皓老师，山东理工大学王柏松老师等的诸多建议和大力支持，再次对他（她）们表示感谢。

再次，本书能够得以出版，得到了我的工作单位山东理工大学的大力支持，特别是马克思主义学院各位领导将本书列入学院 2015 年著作支持出版规划，也得到社科处各位领导的大力支持，获得 2015 年度“山东理工大学人文社会科学发展基金资助”，在这里一并感谢。

最后，本书也是笔者所主持的 2014 年度山东理工大学博士科研启动基金项目“中国特色区域合作理论体系研究”（项目编号：4033—714012）和 2015 年度山东省高等学校科研计划项目“改革开放以来中国区域合作理论的历史演进及其现实启示研究”的阶段性研究成果。

本书是笔者对中国区域合作理论进行思考的阶段性成果，其中难免会有很多不足，甚至错误，在以后的研究中，笔者一定会虚心接受各位专家的批评和指正意见，进一步完善对中国区域合作理论的思考。

王在亮

2015 年 6 月 18 日